Traum

W0465093

Über den Autor:

William G. Niederland wurde 1904 in Ostpreußen geboren, absolvierte in den 20er Jahren seine Ausbildung zum Nervenarzt und Psychoanalytiker. Er mußte 1934 emigrieren, zunächst nach Italien, dann in die USA, wo er bis zu seiner Emeritierung in New York als klinischer Professor der Psychiatrie an der State University von New York arbeitete. Als praktizierender Psychiater und Vertrauensarzt des Generalkonsulats der BRD widmete er sich vor allem jüdischen Emigranten. Sein Buch „Folgen der Verfolgung: das Überlebenden-Syndrom" (Suhrkamp) und „Der Fall Schreber" (Suhrkamp) machten ihn in der BRD bekannt.

William G. Niederland

Trauma und Kreativität

Herausgegeben von Wenda Focke
Mit einer Einleitung von Hans-Martin Lohmann

Nexus

CIP-Titelaufnahme der Deutschen Bibliothek
Niederland, William G.:
Trauma und Kreativität / William G. Niederland. Hrsg. von Wenda Focke. Mit e. Einl. von Hans-Martin Lohmann. – Frankfurt am Main: Nexus, 1989
ISBN 3–923301–43–X

© by Nexus Verlag
Fichardstr. 38, 6000 Frankfurt am Main 1
Satz: Nexus Verlag, Frankfurt
Druck: Nexus Verlag, Frankfurt
Umschlaggestaltung: Bernd Wendt unter Verwendung einer Arbeit des niederländischen Bildhauers Henk van den Idsert
Printed in Germany

ISBN 3–923301–43–X

Inhalt

William G. Niederland. Foto: Barbara Klemm

Einleitung

William G. Niederland, den deutschen Lesern vor allem durch seine beiden Bücher *Der Fall Schreber. Das psychoanalytische Profil einer paranoiden Persönlichkeit* (1978) und *Folgen der Verfolgung. Das Überlebenden-Syndrom. Seelenmord* (1980) bekannt, zählt ohne Zweifel zu den produktivsten und originellsten psychoanalytischen Autoren der zweiten Generation nach Freud. Obwohl ausgebildeter Arzt und Psychiater, hat sich Niederland stets geweigert, die von Freud begründete Wissenschaft vom Unbewußten in jener Weise zu verengen, die von heutigen Kritikern als „Medizinalisierung" der Psychoanalyse, d. h. als deren Reduktion auf eine rein ärztlich-therapeutische Praxis, beklagt wird. Die zahlreichen Arbeiten Niederlands auf dem Feld der angewandten Psychoanalyse legen eindrucksvoll Zeugnis davon ab, wie sehr es ihrem Autor zeitlebens darum zu tun war, die Lehre vom Unbewußten vor ihrer Vereinnahmung durch die Nurärzte (denen bereits Freud mit tiefem Mißtrauen begegnet war) in Schutz zu nehmen. Es ist daher sehr zu begrüßen, daß sich der Nexus-Verlag dazu entschlossen hat, Niederlands Studien zur angewandten Psychoanalyse, die er an verstreuten Orten publiziert hat und die hier zum Teil erstmals in deutscher Übersetzung vorgestellt werden, in einer repräsentativen Auswahl zugänglich zu machen.

Der deutsche Leser sei daran erinnert, daß Freud, dem wir selbst eine Reihe ingeniöser Aufsätze zu Literatur und bildender Kunst, zu Ethnopsychoanalyse und Religionswissenschaft verdanken, frühzeitig darum besorgt war, der angewandten Psychoanalyse ein Forum zu verschaffen, auf welchem sie ungeniert ihre Interessen und Forschungsgegenstände ausbreiten konnte. Mit der Gründung der Zeitschrift *Imago*, deren erste Nummer im Jahre 1912 erschien, etablierte sich ein Organ, das Freuds ausgeprägtem Wunsch entsprach, die „Anwendungen der Psychoanalyse außerhalb der Medizin" (Ernest Jones) zu dokumentieren. Die Berufung zweier Nichtärzte – Otto Rank und Hanns Sachs – zu verantwortlichen Herausgebern und Redakteuren der *Imago* (die ursprünglich den Namen „Eros – Psyche" führen sollte) bekräftigte noch einmal die feste Absicht Freuds, die angewandte Psychoanalyse *gleichberechtigt* neben die klinisch-therapeutisch erprobte Psychoanalyse zu stellen. Das von Rank und

Sachs gemeinsam verfaßte Werk *Die Bedeutung der Psychoanalyse für die Geisteswissenschaften* (1913) steht ebenso programmatisch für die außerklinische Anwendung psychoanalytischer Denk- und Forschungsweisen wie Freuds im selben Jahr veröffentlichte Schrift *Totem und Tabu*. Auch wenn Freud später – in seiner *Selbstdarstellung* von 1925 – seine eigenen Beiträge zur angewandten Psychoanalyse eher als gering veranschlagt hat, so ist doch hervorzuheben, daß wichtige Aufsätze aus seiner Feder – so *Das Motiv der Kästchenwahl, Der Moses des Michelangelo, Die Verneinung* und Teile des Alterswerks *Der Mann Moses und die monotheistische Religion* – in der *Imago* gedruckt wurden, die für seine Schüler und Nachfolger richtungweisend waren.

Die hier vorgelegten Arbeiten Niederlands stehen in der ehrwürdigen Tradition der alten *Imago*, die 1938, mit dem triumphalen Einmarsch von Hitlers Wehrmacht in Österreich, eingestellt werden mußte (auch wenn sie ab 1939, in Fusion mit der *Internationalen Zeitschrift für Psychoanalyse*, in Freuds Londoner Exil für kurze Zeit fortgeführt werden konnte). In mancher Hinsicht hat freilich die Anfang der vierziger Jahre ins Leben gerufene *American Imago*, in der Niederland in den vergangenen Jahrzehnten eine Reihe von Aufsätzen publiziert hat, die Tradition ihrer Vorgängerin aufgenommen – wenn auch unter den besonderen Bedingungen, unter denen die Entwicklung der Psychoanalyse in den Vereinigten Staaten steht.

Das ungewöhnlich weite Spektrum von Niederlands Forschungsinteressen, seine wissenschaftliche Neugier sowie seine geistige Beweglichkeit und sein Ideenreichtum kommen in den hier gesammelten Arbeiten glänzend zum Ausdruck. Einen ersten Schwerpunkt des Buches bilden zwei Aufsätze zu psychohistorischen und psychogeographischen Themen: die große Studie über „Flußsymbolik" und die inspirierte Skizze „Psychoanalytische Bemerkungen zur Geschichte und Bedeutung Kaliforniens".

In diesen Arbeiten gelingt es Niederland in überzeugender – und in für den Leser oft auch überraschender – Weise, Zusammenhänge zwischen konkreten Körpererfahrungen und dem dazugehörenden „Körperbild" einerseits, spezifischen Symbolisierungen und unbewußten Phantasien, die von Körpererfahrung und Körperbild auf die Geographie gleichsam „übertragen" werden, andererseits herzustellen. So kann Niederland anhand mittelalterlicher und frühneuzeitlicher Kartenwerke zeigen, wie sehr körpernahe Erfahrungen und die damit verbundenen symbolischen Bedeutungen in die geographische Vorstellungswelt der Zeitgenossen – etwa von den „Inseln der Glückseligen" – eingegangen sind und die geographische Phantasie jahrhundertelang besetzt haben.

Die beiden (am Schluß des Bandes abgedruckten) Arbeiten zum Fall des Senatspräsidenten Daniel Paul Schreber, der bereits Freud zu einer ausführlichen Falldarstellung anregte, gehören in den Kontext von Forschungen, die Niederland seit Beginn der fünfziger Jahre betreibt. Bei dem Aufsatz „Drei Bemerkungen zum Fall Schreber" handelt es sich um das sechste Kapitel von *Der Fall Schreber* (1974, dt. 1978), beim zweiten um eine Ergänzung der amerikanischen Neuauflage des Buches *The Schreber Case* (New York 1984), die hier erstmals in einer deutschen Übersetzung vorgelegt wird. Niederlands wahrhaft intime und einfühlende Beschäftigung mit dem berühmten Fall führt zu Einsichten, die den vermeintlichen „Unsinn" der paranoiden Produktionen Schrebers als wie bizarr auch immer verkleideten „Sinn" zu dechiffrieren erlauben. Wie keinem vor ihm ist es Niederland mit seinen Schreber-Forschungen nachzuweisen gelungen, daß der angebliche „Wortsalat" in Schrebers autobiographischen *Denkwürdigkeiten eines Nervenkranken* (1903) mit tatsächlichen Ereignissen in der frühen Vater-Sohn-Beziehung in Verbindung gebracht werden kann – eine Verbindung, die sichtbar werden läßt, daß das Wahnsystem des Sohns sehr wohl einen „rationellen Kern" besitzt. Nicht zuletzt aber verdanken wir Niederlands Schreber-Studien die humane Erkenntnis, daß die „Fremdheit", welche der geisteskranke Mensch für seine Umwelt verkörpert, durch einfühlendes Verstehen ein Stück weit rückgängig, „weniger fremd" (Niederland) gemacht zu werden vermag.

Das – quantitative wie qualitative – Zentrum des vorliegenden Bandes bilden Arbeiten, die sich als psychobiographisch charakterisieren lassen, in denen es mit anderen Worten um die Psychoanalyse der schöpferischen Persönlichkeit geht. Dazu zählen die Aufsätze über den „Vater der modernen Archäologie" Heinrich Schliemann, über Francisco Goya, Conrad Ferdinand Meyer, H. G. Wells und – über Freud selber. Je mehr biographisches und autobiographisches Material über den Entdecker des Unbewußten ans Tageslicht gefördert und je größer der historische Abstand zur säkularen Figur Freuds wird, desto unabweisbarer stellt sich dem Wissenschaftler und dem Historiker der Psychoanalyse die Aufgabe, sich jener unbewußten Anteile zu versichern, denen sich das revolutionäre Werk Freuds *auch* verdankt.

In seiner kleinen Studie über den englischen Schriftsteller H. G. Wells schreibt Niederland: „Kreativität ist die Anstrengung, dem Tod zu wehren.“ Dieser Satz ist nicht nur auf Wells gemünzt, der seinen vielleicht berühmtesten Roman, *Die Zeitmaschine*, in einer Phase schwerster körperlicher Beeinträchtigung verfaßte, sondern könnte als Motto über allen psychobiographischen Arbeiten Niederlands stehen. Aufgrund eingehender Beschäftigung mit den Werken und Biographien von Künstlern und Gelehrten (die durch eigene klinische Beobachtungen an Künstlerpatienten ergänzt und bestätigt wird) kann er in nachvollziehbarer Weise geltend machen, daß schöpferische Leistungen häufig Traumatisierungen, Verluste – sei's am eigenen Körper, sei's von Objekten – zur Voraussetzung haben, die, im Sinne der Ichpsychologie, weitreichende psychische Anpassungsstrategien reparativer Art nach sich ziehen. Ob im Falle Goyas, Schliemanns, Wells' (oder unbekannterer Personen): immer geht der Entstehung des – künstlerischen oder wissenschaftlichen – Werkes ein Trauma voraus, dessen Verarbeitung in der psychischen Überbesetzung der Läsion oder des Verlorenen besteht. In diesem Zusammenhang hat Niederland den Terminus technicus „Loss-Restoration-Principle“ geprägt – eine glückliche Formulierung, wie mir scheint. Tatsächlich kann Niederland in seinen psychobiographischen Arbeiten höchst plausibel nachweisen, daß das unbewußte Substrat vieler schöpferischer Leistungen in dem Wunsch besteht, ein psychisches oder physisches Handikap zu kompensieren, etwas Verlorenes oder Zerbrochenes zurückzugewinnen bzw. „wieder ganz zu machen“, zu „restaurieren“, dem Tod, der sich hinter jeder Traumatisierung verbirgt, durch symbolische Wiedergeburt Paroli zu bieten. Insofern transzendiert jeder kreative Akt die individuelle Misere des schöpferischen Menschen, macht ihn in gewissem Sinne „unsterblich“.

Natürlich wäre es naiv – und Niederland erliegt nirgends solcher Naivität – zu meinen, die psychobiographische Forschung könne das Geheimnis der schöpferischen Leistung bzw. des begabten oder genialen Individuums endgültig lüften. Kreativität ist überdeterminiert, sie läßt sich nicht mit Hilfe *einer* Determinante zureichend erklären.

Oder um Freud zu zitieren: „Solche Untersuchungen sollen nicht das Genie des Dichters erklären, aber sie zeigen, welche Motive es geweckt haben und welcher Stoff ihm vom Schicksal aufgetragen wurde.“ Wenn Niederland also versucht, auf dem Wege der Traumaforschung das Rätsel des Schöpferischen im Menschen zu entziffern, so ist das alles andere als illegitim. So prätentiös es wäre, ein angeborenes oder erworbenes Trauma als letzte und einzige Ursache für die schöpferische Leistung zu reklamieren, so resignativ wäre es, wissenschaftliche oder künstlerische Kreativität als gleichsam „metaphysische Begnadung“, wie es Alexander Mitscherlich einmal ironisch formuliert hat, zu akzeptieren und sie jedem rationalen Begründungsversuch zu entziehen. Niederlands diesbezügliche Arbeiten leisten nicht mehr – aber auch nicht weniger –, als daß sie uns *einen* möglichen Weg weisen, auf welchem wir dem Verständnis kreativer Prozesse ein wenig näherkommen.

„Nur durch freie Assoziationen“, lesen wir in Lawrence S. Kubies Buch über *Psychoanalyse und Genie,* „vermag der Geist gleichsam aus dem ausgefahrenen Geleise zu springen.“ Niederland besitzt diese Fähigkeit zur freien Assoziation, ja zum spekulativen Höhenflug und zur ungewöhnlichen Kombinatorik in überreichem Maße. Solche Fähigkeit, zu deren ungehinderter Entfaltung einiger Mut gehört, ist in psychoanalytischen Kreisen selten geworden. Dort hält man sich lieber ans Bekannte und Eingeschliffene, fährt vorzugsweise in jenen Geleisen, die zum immer schon Vertrauten führen. Daß Niederland gerade mit seinen Arbeiten zur angewandten Psychoanalyse so furchtlos Neuland betritt, daß er sich nicht scheut, gelegentlich sehr gewagte – man könnte auch sagen: unfrisierte – Gedanken zu artikulieren, weist ihn selbst als eine bemerkenswerte kreative Persönlichkeit aus.

Vielleicht sind Interesse und Verständnis Niederlands für das schöpferische Individuum auch deshalb so ausgeprägt, weil ihm als deutschem Juden selbst jener traumatische Verlust widerfahren ist, dem er in seinen psychobiographischen Fallgeschichten nachgegangen ist. Niederland mußte zweimal emigrieren: zunächst, in den frühen dreißiger Jahren, aus dem nationalsozialistischen Deutschland nach Italien, dann, nachdem er einige Jahre dort gelebt und sich die italienische Sprache angeeignet hatte, über Umwege in die Vereinigten Staaten. Es fällt auf, wie viele Arbeiten Niederlands um „europäische“ Themen zentriert sind, um Personen, geographische Orte, kulturelle Topoi, die der Emigrant unwiederbringlich verloren hat: Freud und Schliemann, Goya und Wells, Athen und Orvieto, Mykene und Rom, Gmunden in Österreich und Heinrich Heines „Prinzessin Ilse“ im Harz – dürfen wir nicht sagen, Niederland habe den Verlust einer materiellen und geistigen Heimat mit seiner Arbeit schöpferisch kompensiert, das verlorene Objekt symbolisch „wiederhergestellt“?

*

Zum Editionstechnischen bleibt anzumerken, daß einige der hier gesammelten Aufsätze geringfügig gekürzt worden sind, um Wiederholungen und Überschneidungen zu vermeiden. Die Jahreszahlen hinter den Namen zitierter Autoren verweisen auf die Bibliographie am Schluß des Bandes.

Daß *Trauma und Kreativität* zum 85. Geburtstag von William G. Niederland erscheinen kann, ist der Initiative und dem Engagement verschiedener Personen zu verdanken, die sich Niederland freundschaftlich verbunden und seinem Werk wissenschaftlich verpflichtet fühlen. Neben den Mitarbeiterinnen und Mitarbeitern des Nexus-Verlags, die sich mit Tatkraft und Sachverstand der nicht unkomplizierten Realisierung des Buches gewidmet haben, sei vor allem Wenda Focke (Bergen, Holland) gedankt, die als verantwortliche Herausgeberin die Aufsätze zusammengestellt und zu einem Gutteil aus dem Amerikanischen übersetzt hat. Besonderer Dank gebührt Dagmar Schmieder-Friedrich (Konstanz), Eckhardt Friedrich (Konstanz) und Hans-Heinrich Otto (Frankfurt a. M.), ohne deren großzügige finanzielle Förderung das Buch in der vorliegenden Gestalt nicht hätte erscheinen können.

Heidelberg, im Juli 1989 *Hans-Martin Lohmann*

Flußsymbolik

1. Das Wasser und seine Bedeutung

Für Kinder im Alter von zwei bis sechs Jahren ist Wasser in den meisten Fällen ein Quell der Freude und der Aktivität. Mit ihrem ganzen Körper nehmen sie an den Bewegungen des Wassers teil. Sie hüpfen, springen, rennen hin und her – schier unermüdlich.

Natürlich kann man auch das Gegenteil beobachten: Kinder, die Wasser angstvoll meiden.

In den Vereinigten Staaten gehört ein Ausflug zu den Niagarafällen zum Brauch Neuvermählter, so wie in Europa das „meergeborene" Venedig häufig das Ziel Hochzeitsreisender ist.[1] Ernest Jones behauptet (1912), daß die Stadt Niagara in Kanada gewöhnlich „Baby-City" genannt wird, der vielen Schwangerschaften wegen, die von einem Besuch dort herrühren. In Italien ist die bekannteste „Baby-City" Salsomaggiore, unweit von Parma, wo es viele Quellen und Brunnen gibt.

Der Ruf der Niagarafälle und Salsomaggiores wird von anderen, älteren Orten fast noch übertroffen. In den *Monumenta Historica Norwegiae* (vgl. Herrmann, 1954), einer Sammlung, in der Ereignisse der mittelalterlichen Geschichte Norwegens dokumentiert werden, findet sich der Bericht norwegischer Seeleute über ein von ihnen entdecktes Land, „in dem die Jungfrauen schwanger werden, wenn sie Wasser trinken". Adam von Bremen, ein Geograph des 11. Jahrhunderts, siedelt dieses Land am Bottnischen Meerbusen, nahe bei Finnland, an. 330 n. Chr. veröffentlichte ein anonymer Reisender ein Manuskript *Reisebeschreibung von Bordeaux nach Jerusalem,* in dem er von einem Berg Syna spricht, „wo es einen Quell gibt, in dem eine Frau, wenn sie darin badet, schwanger wird".

Wasser, vor allem fließendes Wasser, ist als wichtigstes Fruchtbarkeitsprinzip universal. Im antiken Griechenland war es üblich, daß der Bräutigam im nahen Fluß badete und sich mit Wasser besprengte, „indem er während der Zeremonie um Kindersegen bat ..., da das Wasser eines Flusses lebenerweckend und befruchtend war" (Róheim, 1952).

Wie Plinius und andere römische Schriftsteller mitteilen, bewirkte das getrunkene Wasser des „Nachfahren schenkenden Nils" bei den

Einwohnern des alten Ägypten die Geburt von mehr als drei Kindern zugleich. Noch 1653 schrieb Izaak Walton, daß Schwangerschaften bei den Bewohnern der Trobriand-Inseln nicht durch sexuelle Handlungen bewirkt wurden, sondern durch Baloma, einen Geist. Dieser Geist schwängere gewöhnlich die Frau während des Bades.

2. Linguistische Bemerkungen

Das englische Wort „river", vom lateinischen „rivus" abgeleitet, ist dem Wort „ripa" (Ufer, Küste) verwandt. Die englischen Wörter „rive" (trennen, auseinanderziehen) und „rival" entspringen derselben Wurzel. Ein anderes lateinisches Wort ist „fluvius", „floss" im Englischen, „Fluß" im Deutschen. Das Wort „Fluß" hat unmittelbar gynäkologische Bedeutung: Weißfluß = Leukorrhö und Rotfluß = Menstruation. Ein drittes lateinisches Wort für Fluß ist „amnis". Obgleich nicht bewiesen werden kann, daß dieser Ausdruck dem Wort „amnion" und „amniale Flüssigkeit" verwandt ist, einem aus dem Griechischen abgeleiteten Wort für Membrane = Fruchtblase, so ist die klangliche Ähnlichkeit doch bemerkenswert. Auch kann ich nicht beweisen, daß das lateinische „amnis" dasselbe Wort ist wie „omnis" = alle. Es gibt jedenfalls in Ostpreußen einen Fluß, der Alle heißt.

Seen, außer daß sie ein Binnengewässer bezeichnen, beziehen sich ebenfalls auf den erweiterten Teil des Flusses. *Ozean* bedeutete ursprünglich den alles umschließenden Fluß, der die Erde umgab.

Der berühmteste Fluß in der Bibel ist der Euphrat, einer der vier Ströme des Paradieses. Sein hebräischer Name lautet Perath, da sein Wasser fruchtbar war und Gesundheit schenkte – der Fluß als Fruchtbarkeitsspender. Ein Derivat dieser Vorstellung ist möglicherweise dem englischen Wort „offspring" inhärent, das häufig mit „Leibesfrucht" oder „Frucht des Körpers" übersetzt wurde.

Wie sehr Vorstellungen von Fluß und Körper miteinander verknüpft sind, zeigt sich in Ausdrücken wie Nebenarm, Flußmündung oder Wasserader oder wie im Englischen für Quelle des Flusses = river-head. Nach Onians (1951) entstand dieser Ausdruck, weil man in früheren Zeiten glaubte, der Kopf enthalte die Lebensflüssigkeit, den Samen, und sei so Quell des Lebens. Der lateinische Name für den Kopfinhalt, das Gehirn, lautet „cerebrum". Er ist abgeleitet von dem alten Verb „cereo", besser bekannt als „creo" = ich bringe hervor, und findet sich in dem Namen von Ceres, der Fruchtbarkeitsgöttin. Man glaubte, der Quell der Samenflüssigkeit im menschlichen Körper sei der Kopf. So heißt es (Niederland, 1929): „Augustinus inquit spermatem ex cerebro esse". Diese Vorstellung ist uns hinlänglich aus Masturbationsphantasien männlicher Patienten bekannt, die das Gefühl haben, ihr Kopf trockne wegen des verlorenen Samens aus. Auch die Wörter Flußbett und Flußlauf sind in diesem Zusammenhang erwähnenswert. Ströme von Blut oder Öl, ein Schlagfluß, ein Redefluß, Wörter wie Zufluß, Einfluß, Ausfluß, Zusammenfließen sind höchst gebräuchliche Ausdrücke. Das alte anglofranzösische Wort „arrivaille" bedeutete ursprünglich, einen Ort über den Wasserweg erreicht haben, gewöhnlich nach einer Tagesreise auf einem Fluß. Das deutsche Wort „Reise" ist wahrscheinlich dem Ausdruck „river" ebenso verwandt wie das englische „rise" und „raise". Das Essentielle, Charakteristische des Flusses ist, außer Wasser, Bewegung. Oder wie Pascal es ausdrückt: „Flüsse sind Straßen, die sich bewegen."

3. Klinische Beobachtungen

In einer früheren Arbeit (Niederland, 1954) habe ich gewisse klinische und kulturelle Aspekte dessen, was ich die symbolische Entsprechung des Flusses genannt habe – Schwester, Brust und Mutter –, thematisiert.

So zeigen die Studien zu diesem Thema von Friedman (1952), Freud (1908, 1916/17), Ferenczi (1921, 1922) und Jones (1912, 1916) sowie verschiedene Beobachtungen in den Arbeiten von Bonaparte (1946) und Lewin (1952), daß die besondere Intensität der Emotion, „diese Mischung aus Nostalgie und Angst, die den Menschen am Rande des Wassers ergreift", offenbar mit einer universalen Symbolik zusammenhängt, die Leben, Geburt, Liebe, Schuld und Tod umfaßt. Die zahllosen Mythen und Legenden über Flußgeburten und -tode, über Wassergötter und -göttinnen, über mysteriöse Flüsse, die das Leben vom Tode scheiden, über die verborgenen Wunder und Geheimnisse ozeanischer Königreiche spiegeln augenscheinlich das Universelle dieser Symbolik wider.

3.1. Die Geburt

Die ersten Flüssigkeiten, die im Leben eines Kindes eine Rolle spielen, sind die Muttermilch und sein eigener Speichel, sein Urin und seine Fäzes. Ein „aquatisches" Ereignis in der Vorgeschichte eines Neugeborenen muß in diesem Zusammenhang jedoch erwähnt werden. Dieses Ereignis, das Teil der Geburt ist, ist das Zerreißen der Fruchtblase, der amnialen Membrane. Ohne weiter auf die Kontroversen über das Geburtstrauma einzugehen, ist festzustellen, daß in dem biologischen Prozeß der Geburt die Hauptphase mit einer jähen „Flut" beginnt, die normalerweise einsetzt, kurz bevor der Fötus den Uterus verläßt. Die sogenannte Warmwasserwelt des Fötus hört mit dem Zerreißen der Fruchtblase jählings auf.

Der Gebrauch des Ausdrucks „Wasserwelt" weist auf den Wohnort des Fötus im mütterlichen Körper hin, doch auch auf die universellen Mythen über Fluten, die über das Ende der Welt berichten. Zweifelsohne liegt die „Welt" des Unbewußten innerhalb des mütterlichen Körpers. Weiter ist anzumerken, daß von allem, was der Uterus abstößt, nicht der Fötus das erste ist, sondern das Fruchtwasser. Frühzeitiger Riß der Fruchtblase oder übermäßiges Fruchtwasser gehen der tatsächlichen Geburt nicht nur zeitlich voraus, sondern bedeuten oft auch große, heftige Wassermengen.

Diese besondere Phase des Geburtsvorgangs verdient meiner Meinung nach nähere analytische Betrachtung im Hinblick auf gewisse klinische Daten, die bisher nicht vollständig geklärt werden konnten. Ich beziehe mich auf Erwachensträume, die zur gleichen Zeit Geburtsträume darstellen.[2]

Freud meint (1916/17, S. 162 f.), daß die Geburt mit Wasser zusammenhängt, daß Eintauchen ins Wasser dem Entsteigen des Wassers gleichkommt, d. h. der Geburt oder der Wiedergeburt, und daß Wasserträume im allgemeinen Geburtsträume sind.

Silberer (1912) hat Träume berichtet, in denen das Erwachen als ein Dem-Fluß-Entsteigen oder Den-Fluß-Überqueren erscheint.

Einer meiner Patienten berichtete von einem wiederholten Geburtstraum, in dem er als Kind in häufigen Alpträumen von einem Karren, der über eine Brücke fuhr, in den Fluß hinabfiel.

„Die Geburt ist eine gewaltige Erfahrung", behauptet Greenacre (1955) und fragt: „Ist die Geburt ein Chiasmus oder ist sie ein Hiatus

– eine Art ‚Blackout‘, sehr nahe dem Tod verwandt?“ Natürlich wissen wir nicht, ob die Geburt dies alles ist oder nicht ist. Das Wenige, was wir aus Traumstudien und aus der Biologie ableiten können, betrifft eine Erfahrung, die mit Wasser oder Flut zusammenhängt und sich häufig in Träumen und Phantasien widerspiegelt. Ihrer Essenz nach hat diese Erfahrung mit etwas Dramatischem zu tun, das sich in Beziehung zum Wasser ereignet, genauer gesagt, in Beziehung zu Wasser und Bewegung, was in Träumen als ein Ins-Wasser-Fallen oder ein Aus-dem-Wasser-Herauskommen dargestellt wird.

Wasser und Bewegung, Wasser in Bewegung, so ließe sich der „psychologische Gehalt“ perinataler[3] Erfahrungen umschreiben. Das jüngste Kind, dessen „Traum“ man in der analytischen Literatur antrifft, vermeldet Hug-Hellmuth (1919): Es ist ein Mädchen von kaum einem Jahr, das am Tag vor dem Traum mit Wasser gespielt und geplantscht hatte. Im Traum machte sie während der Nacht mit den Händen die Plantschbewegungen nach. Despert (1949) bemerkt, daß „Wasser eine wichtige Rolle in Kinderträumen spielt, vor allem bei Bettnässern, die oft von Flüssen träumen“. Sie berichtet von mehreren Fällen bettnässender Kinder im Alter von drei bis acht, die meistens von Flüssen träumten, die ins Zimmer und ins Bett strömten und bei denen es sich, so Despert, um „Ertrinkensträume“ handelt.

Es wird behauptet, daß ein Fluß in Träumen mit Geburtsphantasien eine Verdichtung kinästhetischer Erlebnisse und Reize darstellt, die ein Kind beim Zerreißen der Fruchtblase während der Geburt erfährt und die es dann später mit frühen „Wasser“-Erfahrungen vermengt.

Das Symbol „Fluß“ mit seinen Bedeutungen von fließendem Wasser, Bewegung, Zerreißen, von Flut, Strom und von aktivem Antrieb großer Wassermassen scheint einer bildhaften, verdichteten und deutlichen Darstellung des verdrängten unbewußten und des wahrgenommenen Materials zu entsprechen, das zur Bildung von Symbolen gehört.

Wasser ist nicht die einzige Substanz, die unbewußt mit Geburt aus Flüssigem assoziiert wird. Später werden unbewußte Substitute wie Milch, Speichel, Urin, Blut und Samen austauschbar. Auch Tränen gehören in diese Kategorie.

3.2. Austauschbare Flüssigkeiten

Folgende Episode gibt ein Beispiel für diese austauschbaren Flüssigkeiten. Ein Junge von gut zwei Jahren bat eines Nachts die Mutter um Milch. Er bekam welche, und die Mutter sagte ihm zugleich, daß nur noch ganz wenig da sei und daß am nächsten Morgen im Geschäft neue gekauft werden müsse. Der Junge erwachte am nächsten Morgen früher als gewöhnlich und begann, mit seinem Plattenspieler zu spielen – seine Lieblingstätigkeit nach dem Erwachen. Zunächst spielte er ruhig mehrere seiner Schallplatten, bald jedoch begann er, heftig und unglücklich zu weinen, er könne seine „Regenplatte" nicht finden. Voller Tränen bat er, man möge ihm sofort seine „Regenplatte" geben, eine Kinderplatte mit einem Regenschirm darauf und einem Thema aus „Singing in the rain". Nachdem die Platte gefunden war, beruhigte er sich ein wenig und spielte sie einige Male. Doch bald darauf wandte er sich, erneut unglücklich, an den Vater und sagte ängstlich: „Die Milch ist alle, alle Milch ist weg, Daddy muß Milch aus dem Geschäft holen." Der Vater zeigte ihm ein paar Flaschen mit Milch, die inzwischen, ohne daß der Junge es bemerkt hatte, besorgt worden waren. Erst jetzt beruhigte er sich.

Helene Deutsch (1951) beschreibt den Traum einer Frau, die sich, von einer anderen Frau verfolgt, in einem dunklen Keller verbarg. Die Frau wurde in diesem Traum von heftiger Angst erfaßt, da sie keinen Ausweg aus dem Keller fand. Plötzlich bemerkte sie, daß aus einem Loch in ihrem Kopf Blut floß. Eine Ambulanz kam und nahm sie mit. Sie war gerettet.

Ihre Assoziationen, sagt Deutsch, zeigten ohne jeden Zweifel, daß es sich hier um eine Darstellung der eigenen Geburt der Patientin handelte.

Das Element der Dunkelheit ist in vielen Träumen dieser Art anwesend. Abraham (1914) erwähnt es als ein Symbol des Mutterleibes. Freud (1900, S. 405) beschreibt den Traum einer Patientin: In einem Ferienort an einem See stürzt sie sich in das dunkle Wasser an einer Stelle, wo sich der blasse Mond im Wasser spiegelt. Er behauptet: „Träume dieser Art sind Geburtsträume."

Klinisch interessant sind zwei Hinweise auf die Elbe in Daniel Paul Schrebers *Denkwürdigkeiten eines Nervenkranken,* die bisher in der Literatur nicht erwähnt wurden. Im ersten Absatz beschreibt Schreber eine beobachtete Körperveränderung. Im zweiten Absatz gibt er seine Gefühle wider, als er in der Elbe badete (Schreber, 1903, S. 220 f.).

Diesen Absatz hatte Schreber als Fußnote zu einer ausführlichen Diskussion über die Frage „Woher komme ich?" vermerkt, die mehrere Abschnitte in seinen *Denkwürdigkeiten* einnimmt. Macalpine und Hunter (1955) haben auf den essentiellen Punkt von Geburt und Zeugung in Schrebers wiederholter Besorgnis hingewiesen, ohne jedoch die Elbe in diesem Zusammenhang zu erwähnen. Der Fluß erscheint in Schrebers *Denkwürdigkeiten* erstens, als er bemerkt, daß er sich in eine Frau verwandelt, also fähig wird, ein Kind zu gebären; zweitens, als er mit Phantasien über Geburt und Zeugung beschäftigt ist, wenn er etwa Weihnachten, die Geburt Jesu, himmlische Körper, Wunder[4] und ihren Einfluß auf den Atem und andere Körpereindrükke (z. B. Schauer) beschreibt, möglicherweise also an die Erfahrung der eigenen Geburt anknüpfend.

Vieles von dem bisher Gesagten über Geburt und Traum ist im folgenden Satz zusammengefaßt: „Ich war in einem Zimmer, plötzlich öffnete sich die Tür, und eine große Wasserflut brach herein" (Sharpe, 1937). Zunächst war die Analytikerin geneigt, diesen Traum als Beweis für einen „Unfall" anzusehen. Doch, so fügte sie hinzu, „dies ist ein Traum, den ich auch als mögliche Verkörperung einer Geburtserfahrung zitieren möchte. Ich erfuhr, daß die Geburt der Patientin durch unerwartet jähes Zerreißen der Fruchtblase eingeleitet worden war. Diese Tatsache war der Patientin zur Zeit des Traumes unbekannt."

Weitere Aspekte der Flußsymbolik finden sich in einem anderen Traum, den Sharpe (ebd.) beschreibt. „Erwache, erwache, erwache! Dies ist der Fluß Moldau. Hier lebte König Wenzel, und dies ist ein Kirschbaum, der in Charles Dickens' Garten wuchs."

Assoziativ erinnerte sich die Patientin, daß sie in einem Kirschbaum schaukelte, als man ihr mitteilte, sie habe eine kleine Schwester bekommen. Dieser Erinnerung fügte sich jene, in der sie geweckt wurde, um Wasser zu lassen, und die des frohen Erwachens am Weihnachtsmorgen, mit all den Geschenken. Die Patientin erinnerte sich der Geschichte von König Wenzel als eine, in der ein König auf Reisen ging, um armen Leuten Geschenke zu bringen. Tiefer eingehend auf die Weihnachtsgeschichte, fand die Analytikerin urethrale

Phantasien und Körpererfahrungen, die zu dem Symbol der Moldau führten. Diese Erfahrungen lassen gewisse Eindrücke kinästhetischer Art vermuten – Veränderung von Form und Druck in Zusammenhang mit einer Flußerfahrung (Wasser, Geburt) verbindet sich charakteristischerweise mit einer späteren „Fluß"erfahrung anderer Art (urinieren). Auffällig ist die unerhörte Verdichtung in diesem Symbol. Der Moldau-Traum bezieht sich offensichtlich ebenso auf die Geburt der Schwester wie auf die eigene Geburt der Patientin.

3.3. Der Fluß als Schwestersymbol

„Ein Fluß im manifesten Traumtext steht oft für eine Schwester", behauptet Lewin (1952). Diesen Fund verdankt er Zilboorg. Der symbolische Vergleich macht zum Beispiel die heftigen Ängste verständlich, die häufig mit Flußträumen einhergehen, doch auch bestimmte Formen von Platzangst und Brückenangst. Geschwisterrivalität verbirgt sich hinter der Fassade einer geselligen Flußszene; manchmal sind auch sexuelle Neugier und Schaulust Ausdruck solcher Träume.

Ein Patient berichtete in einer seiner ersten analytischen Sitzungen eine Pubertätserfahrung – er versuchte von einem versteckten Ort aus seine Schwester und deren Freundin in ihrem Zimmer beim Entkleiden zu beobachten. Nach seinen Worten war ein kleines Wasser in der Nähe. Und in vielen folgenden Sitzungen sprach der Patient so regelmäßig von Seen, Stränden, Flüßchen und Tümpeln, wenn er seine Schwester erwähnte, daß ich fast mit Sicherheit annehmen konnte, daß er, sobald er über Wasser sprach, damit seine Schwester assoziierte.

Ein berühmtes Beispiel ist der Traum des kleinen Hans. Freud (1909) behauptet, daß der Junge den Traum im Alter von dreidreivierteI Jahren hatte. Er träumte ihn einige Zeit nach der Geburt der Schwester, und es war augenscheinlich der erste Traum, den das Kind erzählte.

Er träumte: „Heute, wie ich geschlafen habe, habe ich geglaubt, ich bin in Gmunden mit der Mariedl" (ebd., S. 249). Freud hat die analytischen Details ausführlich beschrieben. Ich möchte nur hinzufügen, daß dieser Traum des kleinen Hans aller Wahrscheinlichkeit nach ein Flußtraum war. Ich konnte dies auf der Landkarte rekonstruieren. Gmunden war im Traum des Kindes der Ort. Freud betont, daß Hans den ganzen Sommer lang in Gmunden war und den lieben langen Tag mit den Kindern des Hausherrn, einschließlich dem Mariedl, herumrannte. Es ist höchst unwahrscheinlich, daß der Fluß und der See von Gmunden der Aufmerksamkeit des kleinen lebhaften Jungen entgangen sind.

Gmunden liegt, wie sein Name sagt, an einer Stelle, an der der Traunsee in die Traun übergeht.[5] Psychoanalytisch betrachtet ist Gmunden der Ort, wo See (Mutter) und Fluß (Schwester) sich vereinigen. Auch ist es der „Mund", durch den die Zeugung der Schwester möglicherweise stattfand, entsprechend den oral gefärbten Phantasien kleiner Kinder. Schließlich ist dies auch der Ort, an dem der kleine Hans, im beginnenden Ödipusalter, mit seiner Mutter eins werden und seinen kleinen „Strom" in sie ergießen wollte.

Um diesen letzten Punkt besser zu illustrieren, füge ich ein Beispiel von Abraham (1917, S. 56) an, dessen kleiner vierjähriger Junge ins Meer urinierte. Abraham berichtet, daß der Junge damit den Eindruck erwecken wollte, als sei das gesamte Meer seine Produktion. Es machte ihm ein besonderes Vergnügen, jedesmal, wenn eine Welle herankam, Wasser zu lassen. Abraham interpretiert dies als eine narzißtische Steigerung phallischen Mutes dieses Jungen, was zweifelsohne stimmt. Ich denke, daß der Urinstrom des kleinen Jungen am und im Meer, jedesmal wenn sich eine Welle näherte, gleichzeitig eine Befriedigung der genitalen Libido des Vierjährigen war, der, von den Wellen stimuliert, seine libidinösen Wünsche der Mutter gegenüber symbolisch auslebte, und zwar in und an dem ihm nächsten Muttersatz, dem Meer.

Ein junger Mann, der wegen exhibitionistischer Zwangsneigungen kleinen Mädchen gegenüber in Analyse ging, berichtete eine seiner frühesten Erinnerungen. Er habe als Drei- oder Vierjähriger am Strand gesessen, direkt am Wasser und neben der Mutter, und den unruhigen Wellen zugerufen: „Kommt her! Kommt her!" Er entsann sich des angenehmen Gefühls an seinen Genitalien, das die heranrollenden Wellen rhythmisch hervorriefen. In der Pubertät versuchte er, dieses Gefühl durch die Dusche zu erreichen, und berührte in jener Zeit oft, wenn er bei seiner barfüßigen Kusine saß, mit dem Genitalbereich ihren nackten Fuß. Am liebsten hätte er darauf uriniert. In einer früheren Arbeit (Niederland, 1954) habe ich dargelegt, daß die Kusine das Äquivalent der Schwester sein kann.

Um zum Traum des kleinen Hans zurückzukehren: Viele Konflikte des jungen Träumers, etwa die Ankunft der Schwester, die Phantasie über die Schwangerschaft der Mutter, das Rätsel, woher Babys kommen, die Furcht, oral angegriffen zu werden, vielleicht sogar seine spätere Straßenphobie, in der Straße mit Fluß und Schwester gleichgesetzt wird, kann man in höchst verdichteter Form in diesem Traum über die Fluß-See-Stadt Gmunden antreffen. Bemerkenswert ist noch ein Postscriptum Freuds, daß der Neunzehnjährige sich all dessen nicht mehr entsinnen konnte, einzig des Aufenthalts in Gmunden erinnerte er sich.

3.4. Brücke und Fluß

Friedman (1952) hat beobachtet, daß Träume von Brücken zu wichtigen Zeitpunkten während der Analyse stattfinden und besonders reichhaltiges analytisches Material bergen. Ich habe dasselbe bei Flußträumen festgestellt, die im großen und ganzen in Analysen wenig beachtet werden. Wenn jedoch das Flußsymbol in einem Traum erscheint, wird häufig tiefverdrängtes Material zugänglich und die Analyse sehr früher, bis dahin unerreichbarer Erfahrungen möglich.

Ein Professor mittleren Alters, in der Analyse beträchtlich fortgeschritten, träumte vom Hudson-River, der entlang der Stadt Newburgh-on-the-Hudson fließt. Der Traum erbrachte während der nächsten analytischen Stunden eine wahre *Flut* von Assoziationen zu frühen Kindheitserinnerungen. Der Patient, in Europa geboren, wohnte dort die ersten sechs Lebensjahre in einer Kleinstadt, die ihn an Newburgh erinnerte. Von allen Städten des Staates New York liebt er diese am meisten und besucht sie oft. Normalerweise reist er mit dem Auto oder Bus, doch für seinen Ausflug nach Newburgh benutzt er das Hudson-River-Boot. Er erinnert sich eines kleinen Flusses in der Geburtsstadt. Seine Mutter badete mit anderen Frauen darin. Wenn er sie untertauchen sah, hatte er furchtbare Angst und weinte laut und tränenreich.

Dann sprach er von seiner kleinen Schwester, die geboren wurde, als er etwa anderthalb war, und ein Jahr später an einer Lungenkrankheit starb. Voller Emotionen berichtete er von den Hustenanfällen und wie die Eltern das kranke Kind auf dem Arm trugen und aufrecht hielten, damit es etwas Luft bekam. Oft lief das Gesicht der Schwester wegen Atemnot blau an. Er erinnerte sich auch, wie die Mutter sie an der Brust hielt und stillte. Auch noch einige Begräbnisdetails fielen dem Patienten ein. Diese Erinnerungen wurden alle von dem noch lebenden Elternteil des Patienten bestätigt.

Der Patient verließ mit sechseinhalb Jahren seine Geburtsstadt und kehrte nie wieder dorthin zurück. In seiner Schulzeit wurde er zu einem richtigen Geographiefanatiker und wollte Entdecker werden. Sein Hauptinteresse galt dem Verlauf und der Herkunft von Flüssen in all ihren Verzweigungen. Er wollte wissen, woher ein Fluß kommt und wohin er fließt. Während seiner Pubertät wollte er den Lauf des Amazonas und die Quellen des Nils erforschen. „Der Nil hat zwei Quellen", sagte er, „eine wird der Blaue Nil genannt. Warum blau?" An diesem Punkt erinnerte er sich der Blaufärbung seiner Schwester bei Erstickungsanfällen. Auch gewisse Umstände während der Geburt der Schwester wurden ihm erinnerlich. Der Patient war Biochemiker; er hatte jahrelang die chemischen Eigenschaften von ausgeschiedenen Körperflüssigkeiten untersucht.

Es wurde deutlich, daß der Hudson im Traum die Mutter darstellte und daß der kleinere Fluß die Schwester symbolisierte, der in ähnlicher Weise zum Hudson (zur Mutter) verlief wie die seinerzeit gebogene Armhaltung der Mutter beim Stillen. Die zwei Flüsse symbolisierten zugleich die Brüste der Mutter. Der mächtige Hudson-Fluß bezog sich jedoch auch auf den Vater des Patienten, der nach seiner Beschreibung ein kraftvoll gebauter, doch mütterlicher Mann war, der oft das kranke Kind und den Patienten im Arm trug. Der Traum enthielt eine Verdichtung wichtiger Fakten über früheste traumatische Erfahrungen des Patienten: die Geburt der Schwester, das Stillen, Geschwisterrivalität, die frühe Beziehung zwischen Mutter und Kind, die Krankheit der Schwester und ihr Tod. Der Patient wurde im Gegensatz zur jüngeren Schwester mit der Flasche gefüttert, da die Mutter kurz nach seiner Geburt erkrankte und ins Hospital mußte. Der Patient, der die Mutter während seines ganzen Lebens bewußt abwies, war unbewußt von ihr fasziniert, verglich sie mit der Lorelei, der Sirene am Rhein, und verlangte nach ihrem „Flußbett" und ihren Armen.

Ein typisches Beispiel einer Flußüberquerung im Traum lieferte ein vierunddreißigjähriger Patient. Er war Maler und litt jahrelang an schwerem Waschzwang und Bazillenphobie. Nach mehreren analytischen Sitzungen, in denen der Patient über Geburt und Wiedergeburt gesprochen hatte, berichtete er einen Traum, in dem er versuchte, einen Fluß zu überqueren. Er war sich nicht sicher, ob er wirklich den Fluß überquert hatte oder ob er stehengeblieben war. Im Traum schien es ihm, als habe er beides getan. Er hatte beträchtliche Angst im Traum.

Der Patient erzählte assoziativ vom Sankt-Lorenz-Strom, an dem er seine Kindheit und Jugend verbracht hatte. Seine Mutter wollte, daß er und seine vier Jahre ältere Schwester Banjo spielen lernten. Der Unterricht und die Nähe der Schwester führten dazu, daß der Junge Musik und Musikmachen als etwas „irgendwie Sexuelles" empfand.

Als die Schwester heiratete, zog sie „über den Fluß" – in einen anderen Stadtteil. Er besuchte sie dort oft. Um dorthin zu gelangen, mußte er eine alte, morsche Brücke überqueren, die der Wind schwanken ließ. Der Boden war teilweise brüchig, und er hatte beim Überqueren Angst. Eines Nachts, als er hinüber wollte, war die Brücke wegen Reparaturarbeiten gesperrt. Da er unter allen Umständen diese Nacht zu seiner Schwester wollte, betrat er trotzdem die Brücke. Auf halbem Wege sah er einen Mann, wahrscheinlich einen Arbeiter. Doch der Patient rannte in panischer Furcht über das letzte Stück der Brücke, davon überzeugt, daß er angegriffen oder getötet werden würde, und erreichte das Haus der Schwester in hellem Entsetzen.

Abgesehen von der Bedeutung der Ereignisse, war es interessant festzuhalten, in welcher Weise der Mann sie berichtete. Als er vom gemeinsamen Musikunterricht mit der Schwester berichtete, war seine Stimme warm und zärtlich. Als er die Episode über den Fremden auf der Brücke erzählte, wurde seine Stimme unsicher, mehrmals war er sogar unfähig zu sprechen und offensichtlich voller Furcht. Dies alles ist um so bemerkenswerter, als der Patient an einer schweren Zwangsneurose litt und bis dahin kaum eine einzige Emotion während der Analyse gezeigt hatte.

Der Vater, ein Tischler, starb, als der Patient fünf Jahre alt war, also auf dem Höhepunkt des Ödipuskomplexes. Er wuchs mit Mutter und

Schwester auf und hatte in der Pubertät manche inzestuösen Phantasien hinsichtlich der beiden Frauen.

Die nächtliche Begegnung auf der Brücke weist all jene Elemente auf, wie man sie in alten Flußmythen findet. Auch hatte der Patient viele Träume von Geistern und Ungeheuern, die ihn ängstigten. Sie symbolisierten letztlich den toten Vater, dessen Rache er fürchtete. In der Übertragung war ich der gefährliche Fremde, der ihn strafen würde, da er den Fluß überquerte, um zu seiner Schwester zu gelangen, zu der er sich sexuell hingezogen fühlte.

Eine schizophrene Patientin, Mitte zwanzig, träumte von einem Spaziergang zum East River, wo ein Verbrechen stattfinden sollte, vielleicht sogar ein Mord. Sie assoziierte den East River mit „essen" und mit der Stadt „Eaton", in der ihre Mutter lebte. Sie haßte ihre Mutter: „Ich hasse jeden Zoll an ihr", sagte sie. „Ich könnte sie töten. Meine Mutter ist verräterisch, genau wie der East River."

Diese Patientin war einziges Kind und lebte mit ihrer recht jungen Mutter in einer Art Schwesterverhältnis. Sie bezeichnete die Mutter selbst als ältere Schwester, die sie beneidete, da sie besser aussehe, besser gekleidet und mit dem Vater der Patientin verheiratet sei. Vor dem Einschlafen mußte die Patientin, neben einer Reihe anderer Rituale, zwei Birnen essen. Diese nannte sie „Mutternahrung", was allerdings auch noch für Kuchen, Kekse, Bonbons und Eiskrem galt. Die Birnen, die sie besonders liebte, mußten eine bestimmte Form haben, und zwar, wie die Patientin zugab, die Form der Brust.

3.5. Orale Aspekte der Flußsymbolik

Es ist schon so viel über die urethralen Aspekte der Flußsymbolik geschrieben worden, daß die orale Bedeutung dabei vielleicht ein wenig übersehen wurde.

Der Milchstrom aus der Mutterbrust ist ebenso ein Fluß wie auch des Kindes spätere Speichelreaktion darauf. Beim Saugen mischt sich der Speichel des Babys mit der Muttermilch auf dieselbe Weise wie der Traunsee sich mit dem Wasser der Traun mischt. Bei manchen Kindern fließt, wenn die Speicheldrüse voll funktioniert, der Speichel so übermäßig, daß auf diesem Wege große Flüssigkeitsmengen ausgeschieden werden. Dieser orale Strom, den das Kind täglich produziert, könnte, ebenso wie der urinale, narzißtische Bedeutung haben.

Abraham berichtet von einem vierjährigen Mädchen, das seinen Speichel „schönes, sauberes Zungenwasser" nannte. Ferenczi erwähnt einen gut anderthalbjährigen Jungen, der, als er die Donau zum erstenmal sah, ausrief: „Was für eine Menge Spucke!"

Unter den Theorien über Empfängnis und Geburt, wie wir sie bei kleinen Kindern finden, erwähnt Freud (1908, S. 184) die Vorstellung, daß man voreinander uriniere oder daß der Mann im Zimmer der Frau uriniere, um sie zu schwängern. Es gibt noch eine andere infantile Theorie, die sich hauptsächlich auf die orale Zone bezieht und schlichtweg besagt, daß man ein Kind durch einen Kuß bekommt. Diese sehr bekannte Phantasie oraler Befruchtung enhält offenkundig Phantasien über Speichel und Zusammenfließen der „Speichelflüsse" zweier sich küssender Menschen in dieser Kontaktzone, dem Mund. Ausdrücke wie „soulkiss" oder „Zungenkuß" beschreiben diese intime Vereinigung. Eissler (1955, S. 234) erwähnt den alten griechischen Mythos, nach dem der Mensch aus dem Blut der Titanen erschaffen wurde. Reminiszenzen dieser Phantasie beobachtete Freud (1908, S. 184) bei einem vierzehnjährigen Mädchen, für das Verheiratetsein eine „Mischung des Blutes" bedeutete. Die Vorstellung, intime Flüssigkeiten zu vermengen, oral oder sonstwie, ließe sich erweitern, damit berühren wir die Fülle von kindlichen Phantasien über Befruchtung.

Solche infantilen Bemerkungen über Vermischen und Mengen oraler Flüssigkeiten führt zu weiterer Betrachtung dieser libidinösen und aggressiven Triebe, die Lewin (1950, S. 99 ff.) als „Trias oraler Wünsche" zusammenfaßt: „verschlingen, verschlungen werden, schlafen".

Da das Essen des Säuglings im Grunde genommen nur ein saugendes Aufnehmen von Flüssigkeit ist, kann man, strikt genommen, in dieser Periode nicht von „verschlingen" oder „verschlungen werden" sprechen. Es gibt nur Trinken und Trunkensein (oder Ertrinken) in diesen ersten Lebensmonaten.

Ausdrücke wie „schlaftrunken" und „in Schlaf sinken/fallen", das englische Wort „groggy" (vom Getränk „Grog" kommend) und das skandinavische Wort „doze", englisch „dizzy", deutsch „dösig", illustrieren des weiteren die Zusammenhänge zwischen Schlaf und vagen körperlichen Erlebnissen, die sich in aquatischen Ausdrücken niederschlagen oder ein Treiben, Fallen oder Eintauchen wiedergeben. Ähnliche Erlebnisse werden in Träumen und Schlaf auslösenden Zuständen erfahren, so zum Beispiel, wenn man ins Wasser fällt, in gummiartige Massen eintaucht, im Sumpf versinkt, in einen Abgrund stürzt, in Menschenmassen untergeht und dergleichen mehr. Betrachten wir die orale Trias aus der Perspektive frühester Kindheit, in der Schlafen, Trinken und Trunkensein (oder Ertrinken) vorherrschen, und erinnern wir uns gleichzeitig dessen, daß Ertrinken im Unbewußten ein Symbol für „Geborenwerden" ist, dann kommen die verborgenen perinatalen Bedeutungen der oralen Trias vielleicht deutlicher zum Vorschein.

Lewins Studien (1952, 1953) über die Traumleinwand lehren uns, daß der Eindruck der Brust die Leinwand wird, auf die visuelle Träume projiziert werden. Einfache Träume (ohne deutliche Einzelheiten) reproduzieren den einen oder anderen Augenblick des Einschlafens an der Brust, und diese Träume enthalten visuelle und nonvisuelle Isakower-Phänomene. Vor allem in Träumen können sich spätere Erfahrungen mit oralen Erfahrungen mischen, und diese Kombination kann Form und Inhalt des Originaleindrucks derart ändern, daß zum Beispiel das Traumraster selbst Details aufnehmen kann, die nicht vom Stillen, sondern aus späteren Beobachtungen stammen.

3.6. Das „ozeanische Gefühl"

Gehen wir diesem Gedanken weiter nach, dann erhebt sich die Frage, ob Empfindungen dieser Art, die sich mit Details späterer Wahrnehmungen mischen, nicht auch frühere Elemente enthalten, die aus historisch älteren Erfahrungen stammen, die durch den Einfluß der ontogenetisch frühesten Ereignisse in der Kindheit weiter modifiziert werden.

In Übereinstimmung mit Lewin ordne ich die visuellen und vielleicht auch die taktilthermalen sensorischen Eindrücke einer sich entwickelnden kugelähnlichen Masse und ähnliche Empfindungen den kindlichen Erfahrungen an der Brust zu und möchte das Augenmerk auf eine Gruppe weit weniger definierter und definierbarer, da formloser Phänomene richten: auf die flüchtigen, flüssigen oder nebligen, milchigen oder schattigen oder sonstwie vagen und unklaren Empfindungen, die auch Teil der Isakower-Phänomene sind: auf das „ozeanische Gefühl". Dieses Gefühl beruht auf der unvollständigen Trennung von Brust und Ich und hat bezeichnenderweise mit Wasser und Auf-dem-Wasser-Treiben zu tun. Vor allem richte ich die Aufmerksamkeit auf jene nebulösen, amorphen und unklaren Gefühlszustände, in denen, nach Lewin, der ganze Träumer in die Traumsubstanz oder dessen Rasteräquivalent untertauchen kann.[6] Ich bin geneigt, diese spärlich definierte Gruppe formloser, meist fluider oder semifluider Phänomene als das Ergebnis eines Verschmelzens von Kindheitserfahrungen an der Brust mit psychischen Elementen zu sehen, die zum frühesten – perinatalen – Stadium gehören.[7]

Zu dieser Auffassung komme ich nicht nur wegen der Wassersymbolik, die ein integraler Teil dieser Träume und Gefühlszustände ist (einschließlich der Empfindungen, zu treiben, zu fallen und in weiche Massen zu sinken), sondern auf Grund anderer Beobachtungen, die sich vor allem aufs Ertrinken beziehen. Es ist bemerkenswert, daß Ertrinkensträume oft bei schweren Alkoholikern beobachtet werden, d. h. bei Patienten, für die Trinken/Ertrinken sehr direkt gilt.

Ein Mann erzählte in der Analyse, daß er sich in der vergangenen Nacht, kurz vor dem Einschlafen, plötzlich eines Beinaheertrinkens erinnerte, in einem See nahe einer Sommerfrische. Er war damals etwa zwölf Jahre alt. Am Tag zuvor hatte der Mann in der Analyse über Wasser, Körperflüssigkeiten und vage Empfindungen wie etwa „Auflösen" gesprochen. Die Erinnerung hatte ihn fast gelähmt und zittern gemacht.

In jener Nacht hatte er dann einen Traum, in dem er vor einem Publikum über die weibliche Anatomie sprechen sollte. Eine Frau, Präsidentin der örtlichen Eltern-Lehrer-Vereinigung, lag auf dem Tisch. Er erklärte dem Publikum die Anatomie der weiblichen Genitalien und wies auf die verschiedenen Punkte hin. Während er dies tat, bemerkte er plötzlich, daß eine große Wassermenge aus den Genitalien der Frau hervorschoß.

Zu der Frau im Traum assoziierte der Patient, ein Physiklehrer, seine Mutter und zu den Genitalien den See, in dem er beinahe ertrunken wäre. Während dieser Sitzung erinnerte er sich auch an eine Episode aus der Pubertät, die er als ein „Schlafwandeln" in Mutters Schlafzimmer bezeichnete. Als er erwachte, befand er sich im Bett der Mutter. Seine Assoziation lautete: „Eine Badewanne voller Wasser ist wie ein See oder ein Ozean.“ Dann erwähnte er seine Angst, durch das Abflußrohr der Badewanne aufgesogen werden zu können, eine Furcht, über die er bei anderen Gelegenheiten häufig gesprochen hatte.

Schreber hatte auf dem Höhepunkt seiner Krankheit den Gedanken, er ertrinke. Er schreibt:

> So war ... jedes Bad, das ich nahm, mit Ertränkungsvorstellungen verknüpft. Man sprach ... von „Reinigungsbädern“ und „heiligen Bädern“; die letzteren sollten eben die Bestimmung haben, mir Gelegenheit zum Selbstertränken zu geben; ich bestieg fast jedes Bad in der inneren Angst, daß dasselbe dazu dienen solle, meinem Leben ein Ende zu machen. Die inneren Stimmen ... redeten fortwährend in diesem Sinne auf mich ein und verhöhnten mich, daß es mir dazu an dem männlichen Mute fehle; ich machte daher auch wiederholt den Versuch, den Kopf unter das Wasser zu stecken ... (Schreber, 1903, S. 45).

Schreber wollte also ertränkt und nicht gegessen werden. Auffallend ist, daß der Absatz über Ertrinken in Schrebers *Denkwürdigkeiten* in direkter Verbindung zu seiner Auseinandersetzung mit dem Essen steht, mit erzwungenem Essen, Verweigerung der Nahrung und der Nahrungsliste der Irrenanstalt. Man kann annehmen, daß in Schrebers Unbewußtem Ertrinken und orale Ereignisse in obengenannter Weise zusammenhängen, daß die Angst (oder der Wunsch) zu ertrinken die perinatale Komponente seiner Phantasien darstellt.

Nach der Geburt seiner Schwester protestierte der kleine Hans lebhaft dagegen, baden zu müssen. Er wollte im Bad nur stehen oder knien; lag oder saß er im Badewasser, fürchtete er zu ertrinken.

Ein Collegemädchen, das von einem flußähnlichen See träumte, hatte auch mehrere Träume, in denen sie sich „im Fluß befand“. Und sie hatte wirklich Angst, von hohen Flutwellen ertränkt zu werden. In einem der Träume schüttete die Mutter Wasser über sie und auf den Fußboden. Damit assoziierte sie die Geburt ihres drei Jahre jüngeren Bruders. Da sie ihrer Mutter vorwarf, sie sei unaufmerksam und geizig, setzte sie Ertrinken und Wasserverschütten dem Geborenwerden gleich. Sie haßte ihre Mutter zutiefst, weil sie sie als Mädchen geboren hatte.

Einer der Patienten, über den Lewin (1953) berichtete, fragte unmittelbar: „Regnet es?“, als er eine Erfahrung mit der Traumleinwand in Verbindung brachte. Ein anderer hatte das Gefühl, als sähe er durch ein Fenster in eine milchige Substanz.

In manchen Träumen bei Lewins Patienten tauchte eine schwarze Wand – eine Art Tafel – als Leinwand auf. Assoziativ verdeutlicht Lewin den schwarzen Hintergrund als die Dunkelheit im Mutterbauch wie auch als den Schlaf an der Mutterbrust. Er sieht diese Beispiele als Vermischungen späterer Vorstellungen mit der Erfahrung des Schlafs im Mutterbauch an. Könnten wir diese Vorstellungen nicht auch an ontogenetisch ältere Erfahrungen koppeln und in ihnen ein Verschmelzen frühester perinataler Erfahrungen mit späteren visuellen an der Brust sehen? Ich erinnere nochmals an den Traum, den Freud berichtet, über das „dunkle Wasser, wo sich der blasse Mond spiegelt". Dieser Traum stellt meines Erachtens ein Beispiel für solches Verschmelzen dar, da die Vorstellung des Mondes (Brust) mit der des dunklen Wassers (Geburt) eins wird.

Eine junge Patientin europäischer Herkunft hatte in ihrer Kindheit und Jugend typische Isakower-Phänomene. Wenn sie eingeschlafen war, rollte eine schattige, kugelartige, düstere Masse auf sie zu, nahm gigantische Formen an und drohte sie zu zermalmen. In der Analyse beschrieb die Patientin diese Erfahrungen als dunkle Strudel und strömende Wasser der Donau, in denen sie ertrinken könnte. Wochen später berichtete sie von einer enormen Masse, die sie bedrohte. Diese sah aus wie eine riesige Amöbe. Und während sie noch versuchte, mit Bild, Realität und angstvoller, hilfloser Emotion fertigzuwerden, hatte sie auf einmal den Eindruck, es hänge jetzt wie „eine dunkle Wolke" über ihr, eine Art biblische Flut, die sie „Noahs Flut" nannte.

In früheren Sitzungen hatte sie ihre infantilen Vorstellungen über die Zeusähnlichkeit des Vaters, was seine Größe und Omnipotenz betraf, erwähnt (ihr Vater war ein berühmter Gelehrter). Sie meinte, ihr Vater habe sie, wie Zeus die Athene, aus seinem Kopf geboren. Mit Hilfe dieser Zeus-Athene-Phantasie leugnete die Patientin, daß sie wassergeboren war – eine Frau aus einer Frau; sie fühlte sich „kopfgeboren", aus ihres Vaters „cerebrum".

Es sei hier noch einmal daran erinnert, daß nicht die Brust als solche zur oralen Trias gehört, sondern die nährende, fließende, milchspendende Brust. Die orale Welt – so Lewin – muß notwendigerweise eine Affinität zur fluiden Welt des natalen und perinatalen Lebens besitzen. Die Brust kann ihrer Flüssigkeit spendenden Funktion wegen im Unbewußten mit frühen (natalen) „Fluterfahrungen" und späteren infantilen Brusterlebnissen mehr konkreter Art (visuell, taktilthermal) vermischt werden.

Ein höchst verdichteter Traum über „im Fluß sein", den Róheim (1952) beschreibt, stellt eine Kombination von Geburt, Brust, urethralen und genitalen Phantasien dar. Zu dieser Kategorie gehören wahrscheinlich auch die schon früher erwähnten Erwachensträume.

Beinahe universell sind sie vesikalen Reizen (Blasenreizen) zugeordnet und meistens denn auch als urethrale Träume interpretiert worden. Es dürfte jedoch deutlich sein, daß sie auch einen latenten oralen Inhalt besitzen. Blasenreize, die zum Erwachen führen, gehören, richtig betrachtet, in ein späteres Stadium, wenn die Schließmuskelbeherrschung wenigstens teilweise schon eingetreten ist. Doch ein Kind in den ersten Lebensmonaten erwacht nicht aus einem gesunden Schlaf, weil es Wasser lassen muß, sondern wegen oraler Ursachen. Es ist hungrig oder durstig. Das orale Erwachen ist historisch älter als das urethrale Erwachen. Es ist richtig, die Vorstellung von fließendem Wasser mit der von Sekretionen, insbesondere von Urin, in Verbindung zu setzen. Doch ebenso nahe, wenn nicht sogar näher, liegt die Verbindung zu Aufnahme von und Kontakt mit Flüssigkeit.

3.7. Untergangserlebnis

Mir scheint, zu diesem frühesten Substrat der oralen Trias gehört letztlich auch die klassische Vorstellung vom „Weltuntergang", das „Weltuntergangserlebnis". Man kann es in regressiven Stadien wie Schrebers Psychose beobachten. Irrtümlicherweise wird es im Englischen mit „world destruction fantasy" wiedergegeben. Literarisch und meines Erachtens auch bedeutungsmäßig spricht Schreber nicht von der Zerstörung der Welt im allgemeinen. Er erwähnt einen bestimmten Modus, in der die Welt an ihr Ende gelangen möge: untergehen oder ertrinken. Strikt gesagt, zerfällt die Welt nicht, wie Fenichel (1945) und andere meinen. Sie geht unter. Daß dies die wirkliche Bedeutung von „Weltuntergang" ist, betont Schreber selbst. In wiederholten Hinweisen auf Weltkatastrophen spricht er von der biblischen Sintflut, der Geschichte von Noah und der griechischen Sage von der Wasserflut, die nur Deukalion und Pyrrha überlebten. Alle früheren Mythen über eine große Flut, die die Welt vernichtete, einschließlich der Sage vom untergegangenen Kontinent Atlantis, haben eines gemeinsam: Die Welt geht unter und ertrinkt in den Fluten.

Dieser universale Mythos wurde analytisch als eine urethrale Phantasie interpretiert. Ich meine, daß wir hier die orale Phantasie hinzufügen sollten, nämlich die, im Strom der fließenden Brust wie auch in der ontogenetisch ältesten Flut, die beim Zerreißen der Fruchtblase während der Geburt hereinbricht, ertränkt (in Lewins Worten „verschlungen“) zu werden.

Diese Flut ist das einzige dramatische Ereignis, das sich ein bis zwei Tage vor dem oralen Kontakt des Kindes mit der Brust ereignet, und kann daher im Unbewußten mit späteren Flüssigkeitserfahrungen oraler, urethraler, analer und genitaler Art verschmelzen.

Da der Tod im Unbewußten keine Repräsentanz besitzt, kommt diese Vorstellung des „Untergehens“ vielleicht der Idee des Todes und seiner Verneinung am nächsten. Die Sonne geht unter, doch sie erhebt sich wieder. In vielen religiösen Lehren beginnt für das Individuum, das vom Tod heimgesucht wird, im Jenseits ein neues Leben. Vielleicht kommt uns die Beobachtung, daß die Sonne abends ins Meer sinkt und am nächsten Tag wieder aufgeht, deshalb so wunderbar vor, weil diese tägliche Geburt und dieses tägliche Sterben die „Gewißheit“ schenken, daß Sterben nicht Sterben ist, sondern eine Geburt. Das Leugnen des Todes, das für alle Welt selbstverständlich zum religiösen Glauben gehört, findet in Naturbeobachtungen seine Bestätigung: Sonne, Sterne, Jahreszeiten, Meere und Flüsse scheinen unsterblich.

Zu Beginn dieses Aufsatzes sprach ich von der Universalität der Flußsymbolik, die beides umfaßt, Geburt und Tod, und ich erwähnte auch die alte Auffassung, der Ozean sei ein alles umschließender, unendlicher Fluß.

Die „Unterwelt“ als Wohnstatt des Todes, „die andere Küste“, von der kein Sterblicher je zurückkehrt, die Flüsse Lethe und Styx, Acheron und Cocytus, die durch die „Unterwelt“ fließen, zu der der Weg über den Erdrand hinabführt – alles steht in Zusammenhang mit Hinabgehen, Untergehen, Untertauchen ins aquatische Reich. Begräbnissitten, einschließlich der Flußbegräbnisse (Attila, Alarich), Verbrennungen, Scheiterhaufen, sie alle dürften Teil dieser Symbolik sein, da im Unbewußten Erde, Feuer und Wasser austauschbar sind und letztlich beides darstellen, Geburt und Tod. Dies mag einer der Gründe dafür sein, warum unbewußt Geburt und Wiedergeburt, Geborenwerden und Sterben untrennbar miteinander verbunden sind. Ein großes symbolisches Bindeglied, Wasser, exakter noch, strömendes Wasser, verknüpft sie seit Menschengedenken. Die Vorstellung vom Weltuntergang, die der Idee vom Tod am nächsten kommt, scheint auch der von Geburt, Wiedergeburt und ewigem Leben am nächsten zu sein.

4. Mythologie, Geschichte und Geographie

Alle Kultur war ursprünglich Flußkultur, und man darf annehmen, daß die prähistorische Kultur sich ebenfalls an Flußufern entwickelt hat. Ströme sorgten für Wasser für Mensch und Tier, für fruchtbares Land in den Tälern, relativ einfachen Transport und bildeten zugleich Erkundungswege. Der Neandertaler und der Homo heidelbergensis waren Flußanwohner. Viele Höhlenzeichnungen des prähistorischen Menschen gibt es im Tal der Vezère; dauerhafte menschliche Niederlassungen finden sich im Mesolithikum an Flußufern, Stränden und Seeufern. Gehen wir noch weiter in der Zeit zurück: Die Fossile des Pithekanthropus wurden am Ufer des Solo-Flusses ausgegraben.

Wenden wir uns den großen Flußkulturen aus der überlieferten Geschichte zu, die sich um den Nil, in Mesopotamien (Zweistromland), um den Indus und den Brahmaputra etc. konzentrieren, dann finden wir sehr viele Anzeichen von Flußsymbolik. Um nur einige zu nennen: Das Gilgamesch-Epos und die biblische Sintflutgeschichte basieren darauf, ebenso der Isis-Osiris-Mythos, die Zeremonien, die die Gezeiten des Nils begleiteten, die semitischen Wasserkulturen und manch andere. Aus der Tatsache, daß die Kultur an und um Flußgebiete entstand – der Fluß ist in diesem Sinne die Mutter der zivilisierten Welt –[8], lassen sich schematisch folgende Flußcharakteristika herleiten: Er ist 1. schöpferisches Objekt, 2. nährendes Objekt, 3. heilendes und reinigendes Objekt, 4. libidinöses und gefährliches Objekt.

Die ersten zwei Aspekte sind auf den vorhergehenden Seiten kurz besprochen worden, als ein Versuch, den Fluß als Symbol von Geburt und Brust zu erklären. Strömendes Wasser als heilendes und reinigendes Mittel findet sich analytisch weitgehend ausgearbeitet in den Schriften von Jones (1911, 1912), Róheim (1946, 1952), Bonaparte (1946) und anderen Autoren, die die Bedeutung von Wasserkult, Initiationsriten, religiösen Gebräuchen wie Taufe, Reinigung und ähnlichem behandelten.

Hiermit verbunden sind die heilenden Kräfte des Wassers in der Medizin[9], sagenhafte Jungbrunnen, magnetische oder magische Flüssigkeitsstoffe, die alle lebenden Wesen verbinden und von denen eine besonders heilende Wirkung ausgeht. Franz Anton Mesmer (1734–1815), der diese Ideen in einem therapeutischen[10] System zusammenfaßte, empfing seine Patienten in einem wunderschönen Raum, in dessen Mitte ein großes Wasserbassin mit Schwefelsäure aufgestellt war.

Seit Menschengedenken bis in die Gegenwart sind Ströme, Quellen, Brunnen – „die lebendigen Wasser" der Schriften – mit magischen und Genesung bringenden Kulten assoziiert worden. Plinius beschreibt in seinen mehr als 200 Beobachtungen der medizinischen Eigenheiten des Wassers, welche Wasserarten Fruchtbarkeit bewirken, den Embryo beschützen, Vergessen bewirken, Erinnerung fördern, Liebe und Krankheit heilen.

Ein neueres Beispiel hierfür ist die Geschichte eines Jungen, Joseph Vitolo, aus der Bronx in New York (vgl. Castiglioni, 1946). 1945 hatte der achtjährige Junge den Film *Das Lied von Bernadette* gesehen, bekam Visionen, in denen ihm die Jungfrau Maria mehrere Abende nacheinander auf einem Felsen erschien und ihm auftrug, zu ihren Ehren eine Kapelle zu bauen. Auch verkündete sie ihm, daß eine Quelle mit wunderwirkenden Kräften an jenem Orte fließen werde. Der Junge aus einer armen italienischen Familie erzählte dies seinen Verwandten und Nachbarn, und schon bald strömten Menschen zusammen an jenem Ort, manchmal an die tausend Leute. Unter ihnen waren viele Kranke, vor allem Gelähmte, die um das Wunder beteten. Genesung fand nur in ein oder zwei (recht zweifelhaften) Fällen statt. Die Quelle tauchte letztlich doch nicht auf, und der Junge berichtete, die Madonna habe ihm mitgeteilt, sie werde nicht länger erscheinen. Trotzdem kamen noch lange Zeit Leute, die dort gruben und hofften, die versprochene Quelle zu finden.[11]

Diese Geschichte ist eine Reminiszenz an Lourdes, über das Blanton (1940) schreibt:

Die Stadt Lourdes in Frankreich liegt ... an den Ufern des Gebirgsflusses Gave du Pau ... Am 11. Februar 1858 sah Bernadette Soubirous, ein vierzehnjähriges Mädchen ... in einer Nische über einer Grotte ... die Erscheinung der jungfräulichen Mutter Maria. Insgesamt sah sie die Erscheinung neunzehnmal. Während einer der Erscheinungen wurde ihr befohlen, in einer Ecke der Grotte, in der sie nur Schlamm gewahrte, Wasser zu trinken und ihr Gesicht darin zu waschen. Sie tauchte ihre Hände hinein und entdeckte eine Quelle ... Es ist die Quelle, die jetzt mit dreißigtausend Litern pro Tag fließt und die das Wasser für die zeremoniellen Bäder der Pilger liefert ...

Im Marienkult findet man in der gesamten mittelalterlichen Literatur Maria als den „Quell der Gnade" bezeichnet. Im Hinblick auf Lewins orale Trias und deren Konsequenz zum Verständnis der klinischen Erscheinungsformen ist ein therapeutischer Hinweis Thomas von Aquins interessant: Er empfiehlt als Heilmittel gegen Depression schlafen und baden.

Den Fluß als Objekt libidinösen Verlangens hat es offenkundig immer gegeben, verbunden mit einem Gefühl des Unbekannten, Schönen und Geheimnisvollen, was den Phantasien über Flüsse, Seen und Ozeane nahe verwandt ist. Flüsse und Seen sind oft schön. Doch wem gilt das Schmachten und die „Liebe", dies nostalgische Verlangen, das so brennend in so vielen Gedichten und Liedern zum Ausdruck kommt? Woher rührt diese tiefe und starke Anziehungskraft, die so häufig in Sagen, Mythen und Märchen beschrieben wird? Die Antwort gibt uns natürlich der Dichter selbst. Er teilt uns mit, daß die Verlockung des Geheimnisvollen und Unbekannten, des „Dunklen" und des „Tiefen" des Flusses wie des Meeres in ihrer Grundform dasselbe sind – das ewige Verlangen nach der Mutter wie nach allen damit zusammenhängenden Gefahren. Ein leidlich moderner Dichter, Algernon Charles Swinburne, sagt es wie folgt:

I will go back to the great sweet mother,
Mother and lover of men, the sea,
I will go down to her, I and none other,
Close with her, kiss her, and mix her with me.

Ein altes portugiesisches Volkslied, der „Lorelei" ähnlich, warnt:

Gefahr droht ihm, der lauscht
der glänzenden Seejungfrau Tönen;
Schau sie nicht an, schau sie nicht an,
Schau sie nicht an, Fischermann!

In einem lateinischen *Bestiarium* des 12. Jahrhunderts wird das

Wasser ein „freundliches, nasses Kindermädchen“ genannt, das sich wie eine gute Mutter verhält im Gegensatz zu den „menschlichen Eltern, die ... oft ihre Kinder verschlingen“ (vgl. White, 1954).

Eine ägyptische Papyrusrolle enthält die düstere Warnung: „Schütze dich vor einer Fremden ... Sieh sie nicht an, wenn sie kommt, und kenne sie nicht. Sie ist wie der Strudel tiefer Gewässer, deren Wirbel unergründlich sind.“

Ein fast 5000 Jahre alter sumerischer Mythos erzählt, wie die alte Frau Nunbarshegunu ihre Tochter Ninlil unterweist, damit sie die Liebe des Gottes Enlil gewinnen könne (vgl. Róheim, 1952):

> Rein wie der Fluß, Mädchen, rein wie der Fluß,
> Wasche dich,
> O Ninlil, geh hinab des Idnunbirdu Ufer,
> Der Herr, leuchtenden Auges ...
> Enlil, wird dich sehen ...
> Der leuchtenden Auges ... er wird dich küssen!

Ninlil, die dem Rat der Mutter folgt, wird von Enlils „Wasser, das in sie eintritt“, schwanger und gebiert den Mondgott Nanna. Später nimmt Enlil die Form des „Flußmannes an, des mannverschlingenden Flusses“ und läßt „seine Wasser abermals in die Göttin fließen“. Darüber hinaus ist es bemerkenswert, daß dieser Mythos, wie das Gilgamesch-Epos, ebenfalls die Geschichte einer großen Flut enthält.

Der Mythos des Herakles ist ein anderes Beispiel. In einer der Geschichten reinigt er den Stall des Augias, indem er zwei Flüsse durch den Stall leitet. Ein anal-urethraler Zusammenhang drängt sich auf. Zu den Tätigkeiten, die Herakles im Dienste des Königs von Argos, Eurystheus, ausführen muß, gehört eine, die ihn zum Fluß Okeanos führt, d. h. zum Ende der Welt. Hier lebt ein Ungeheuer, Geryones, Sohn einer Flußnymphe, der drei Körper hat, eine berühmte Rinderherde besitzt sowie den zweiköpfigen Hund Orthis, einen Bruder des Cerberus. „Liest man die Abenteuer des Herakles“, schreibt Róheim (ebd.), „dann ist man betroffen, wie häufig er jemanden besiegt, der sich ihm in den Weg stellt – in den Weg hinab in die Unterwelt oder in die Vagina.“ Wie ich schon früher schrieb (1954), ist der zornige Flußgott oder Dämon, in mittelalterlichen Geschichten oft der Teufel, niemand anderes als der Vater, der dem Sohn (in diesen Märchen oft der junge Held, Abenteurer oder Forscher) nicht erlaubt, unwidersprochen seine Eroberungsreise fortzusetzen. Dies sind Variationen des Ödipuswunsches. Die symbolischen Äquivalente des Flusses – Schwester, Brust und Mutter – weisen unmittelbar auf den inzestuösen Konflikt im Leben des Helden und auf die Kastrationsangst, die damit zusammenhängt.

Ähnliches spiegelt sich in einigen Sprachen wider, in denen ein Fluß gewöhnlich mit einem bestimmten Artikel versehen ist wie im Deutschen oder Französischen, wo *die* Donau, *die* Moldau, *la* Seine, *la* Meuse[12] den Flußnamen *der* Rhein, *der* Main, *le* Rhône gegenüberstehen. Im Hebräischen ist „nahar" (= Fluß) maskulin wie feminin. Das entsprechende arabische „nahr" ist maskulin, doch „mijna" (= kleiner Fluß) ist wiederum maskulin oder feminin. Im Lateinischen sind alle Flußnamen maskulin, im Englischen neutral. Die damit verbundene besondere Symbolik findet sich jedoch auch im Englischen, etwa in Volksliedern, denen das Verlangen nach der Lieblichkeit des Swanee River gegenüber der majestätischen Männlichkeit des Old Man River besungen wird. Im Russischen heißt die Wolga oft „Mütterchen" und der Don „Väterchen".

Das englische Wort „Fluß" ist neutral, das deutsche maskulin, im Französischen wie im Lateinischen jedoch ist es feminin. Der zeitgenössische Dichter Barolini sagt vom Astico-Fluß: „Sie ist unwiderstehlich wie die erste Liebe eines Jungen", und von einem anderen Fluß in der Nähe von Vicenza heißt es, sie sei „eine großzügige Spenderin".

Paul Friedman (1952) spricht vom Fluß als dem „Wasser des Verlangens". Wann immer ein ödipaler Wunsch ausgedrückt wird, scheint mir, wird der Fluß in Sprache und Gefühl weiblich und wandelt sich so in ein Objekt starker libidinöser Sehnsucht und Expression.

Dies mag der Grund sein, warum sich so viele überschwengliche Gedichte und Liebeslieder direkt an Flüsse wenden und deren Schönheit und romantische Szenerie feiern (etwa „die schöne blaue Donau"). Namen wie Marne (von „mater"), Virgin River in Utah (USA), der Ilse-Fluß in Deutschland (von Heinrich Heine in seiner *Harzreise* „Prinzessin" genannt) und der Amazonas weisen den gleichen Zusammenhang auf. Unter solchen Umständen sind Flüsse die Wohnung von Nymphen, Najaden oder anderen verführerischen Schönheiten. Wird jedoch Kastrationsangst ausgedrückt, dann erscheinen die Flußnamen mit dem männlichen Artikel, sowohl in der Sprache wie in der Phantasie, und ihr angsterregender Charakter geht von der Anwesenheit gefährlicher und rächender Flußgötter aus, die den Weg des Wanderers erschweren.[13] Hier könnte die Erklärung liegen für Frazers (1890) zornige Flußgottheiten und Róheims (1932) gefährliche Dämonen in zahlreichen Mythen, in denen der Fluß Strafe oder Tod repräsentiert.

Die bisexuelle Bedeutung des Flußsymbols findet man noch in den gebräuchlichen Scherznamen für den Mississippi, von den Indianern „Great Waters" genannt, von „Ole Miss", dem amerikanischen „Father of Waters" und „Old Big Strong" bis hin zum französischen „La Belle Rivière", was auch vom Ohio gesagt wird. Der Forscher Jacques Marquette gab dem Mississippi den Namen „Conception", denselben Namen, den der Rio Grande eine Zeitlang trug: „Rio de la Conception". In der Geschichte des Mississippi wird sogar ein Duell zwischen einem Kreolen aus New Orleans und einem Franzosen über die Ehre des Flusses vermeldet.

5. „Alter orbis" – das verlorene Glück

Fluß, See, Ozean – dem Wasser entwuchsen Mythen und Märchen. Entdeckungsreisen, Weltkarten, Bilder, Poeme – sie waren die schöpferischen Äußerungsformen, in denen das Verlangen des Menschen nach jenem verlorenen Reich, nach jenem verlorenen Glück konkrete Gestalt fand. Der Bogen spannt sich dabei mühelos vom Paradies im Zweistromland zum „alter orbis" unserer heutigen kosmonautischen Phantasien.

Wie wir auf griechischen Vasen und Steingravierungen sehen, benutzten die ersten Seeleute, die Flüsse oder die Meere zwischen den Inseln überquerten, kleine Boote, die aus aufgeblasenen Häuten gemacht waren. Der lateinische Name für diese alten Fahrzeuge war „utricularia" (von „utriculum", dem Diminutiv von „uter"), und die Seeleute nannte man „utriculares". Sie waren die Vorläufer unserer heutigen Froschmänner. Die Erfahrungen der modernen „utriculares", die Unterwasserexpeditionen unternehmen, verglich ein gelernter französischer Taucher, Philippe Diolé, einmal mit „dem Traum, den Erinnerung entfremdet ..., mit einem Zauber, dem nichts vergleichbar ist". In einem anderen Text zitiert er Charles Maurois: „Leben im Schoße der Gewässer bleibt mit der Erinnerung an verlorenes Glück verbunden."

Wie kann man nun das verlorene Glück und die unerreichbare Mutter wiederfinden? Manchmal geschieht dies, indem man den Fluß, d. h. die Schwester, zu erforschen versucht. Wahr ist, daß der Fluß an sich ein Forschungsobjekt ist, doch zugleich ist er eine Straße, über die der Forschende zu jener mysteriösen Wohnung gelangen kann, der beide, Bruder wie Schwester, entstammen, zum Innern der Mutter. Ein Aspekt der unbewußten Fluß-Schwester-Symbolik ist sicherlich, daß das forschende Verlangen des kleinen Jungen, das letztlich der Mutter gilt, zumindest in der Phantasie leichter auf die präsentere Schwester zu richten ist.

Ein anderer Aspekt der Flußsymbolik, der sich auf die unbewußte Bedeutung von Wasser stützt, ist die Geburt.

Der Patient, der vom Hudson-Fluß und dessen kleinerem Nebenarm träumte, beschrieb in einer späteren Sitzung, welch tiefen Eindruck ein Ereignis wie das der Geburt der Schwester auf ihn gemacht habe. Die Mutter brachte das Kind zu Hause zur Welt. Mit starker emotionaler Anteilnahme berichtete der Patient über Ströme von Wasser und Blut, über wildes Schreien, durchnäßte Laken, nasse Fußböden und über zahlreiche Frauen, die das Bett der weinenden Mutter umstanden. In all der Aufregung, so erzählte er, sah eine Frau, wie er voller Angst und Entsetzen zwischen ihnen hindurch zum mütterlichen Bett kroch. Diese Frau, wohl die Hebamme, hob die Hand und rief: „Hinaus mit dir!" Er kroch oder rannte schnell wieder hinaus. Ob dies ein wirkliches Erlebnis war oder eine Phantasie, konnte in der Analyse nicht ganz geklärt werden. Jedenfalls datierte des Patienten lebenslange Ablehnung der Mutter von jenem Augenblick, da er auf doppelte Weise von der Mutter vertrieben wurde: durch die Geburt der Schwester und durch das kategorische „Hinaus mit dir!" Es ist anzunehmen, daß hinter allem eine Vertreibungsphantasie, die eigene Geburt betreffend, lag.

Die *Mappae mundi,* jene phantasievollen Weltkarten mit ihren reichen Abbildungen und seltsamen Sagen, können als magische Offenbarungen von seiten der Mutter angesehen werden, in denen sie die Lage des Paradieses, die Inseln der Glückseligkeit und andere Orte des Glücks mitteilt, doch auch die enormen Gefahren, die den Forscher bedrohen, der sich auf den Weg begibt, den „Schatz der Schätze“ zu erringen.[14]

Neben den *Mappae mundi* gab es auch noch andere mittelalterliche Karten, die sogenannten *Portolani*. Diese waren realistischer und zeigten ziemlich akkurat die Küstenlinien, Länder und Handelsrouten. Sie wurden von den Seeleuten als praktische Navigationshilfen benutzt.

Die gleichzeitige Existenz zweier Kartentypen – der eine von ausschweifender Phantasie, der andere von nüchterner geographischer Faktizität – scheint einem Bruch in der Lösung geographischer Probleme zu entsprechen,[15] ähnlich der Differenz von Primär- und Sekundärprozessen. Anders ausgedrückt: Einmal haben wir es mit Geographie zu tun, das andere Mal mit Anatomie im Gewande der Geographie.

Tatsächlich repräsentiert die ganze Idee des „alter orbis“ als ein Ort unnennbaren Treibens, unerhörter Schrecknisse und unbeschreiblicher Glückserfahrungen wohl eine primärprozeßhafte Phantasie gigantischen Ausmaßes. Mir scheint, daß heute die Idee des „alter orbis“ wiederauflebt, mit dem Unterschied, daß wir das „mare tenebrosum“ – „das Meer der Finsternis“ – in den dunklen Raum außerhalb der Erde projiziert haben, daß wir Raumschiffe benutzen statt Karavellen und interplanetare Reisen machen statt Reisen zum Paradies und zu den Inseln der Glückseligkeit.

Die Mutter hat sich aus ihren irdischen Wohnstätten zurückgezogen. Sie schwebt nun in unfaßlichen Räumen[16] oder, um es in Worten der Unterwasserforschung zu sagen, in der verborgenen Tiefe, in der wir sie heute ebenso suchen wie die Seefahrer jener alten Zeiten. In der Mythologie des 20. Jahrhunderts hat die sagenhafte Flußfrau, die aus den Wassern auftaucht und wieder darin vergeht, der „fliegenden Untertasse“, die geheimnisvoll auftaucht und wieder am Himmel verschwindet, und ähnlichen Vorstellungen Platz gemacht. Das aquatische Reich hat sich in ein himmlisches erweitert, wo die Erwählte fernerhin herrscht, bezaubernd wie eh und je und, nach den Worten des großen Entdeckers Kolumbus, „dem Himmel am dichtesten und nächsten“.

Übersetzt von Wenda Focke

Anmerkungen

1) Jahrhundertelang war die eindrucksvollste Festlichkeit in Venedig die alljährliche Hochzeit des Dogen mit dem Meer, wenn der Doge einen goldenen Ring in die Adria warf und rief: „Desponsamus te, Mare ..."

2) Die angelsächsische Wurzel des englischen Wortes „wake" = „wacan" bedeutet nicht nur „wach werden", sondern auch „geboren werden"; eine andere Bedeutung wie in „wake of a ship" ist vom norwegischen Wort „nasser Ort" abgeleitet.

3) Der Ausdruck „perinatal", wie hier verwendet, umfaßt natale, pränatale, direkt postnatale und frühe orale Stadien des Kindes während der ersten zwei, drei Lebensmonate.

4) Wunder beziehen sich in Schrebers Terminologie auf Zeugung. Wann immer er über seine Phantasien von „flüchtig hingemachten Männern" und Zeugung spricht, fügt er für gewöhnlich hinzu, daß sie „angewundert" sind, d. h. geboren. Das rührt auch an die anale Geburt in Schrebers Wahnsystem. Ein andermal definiert er „erschaffen" als „Wunder hervorbringen".

5) Der Name „Traun", dem Wort „Traum" sehr ähnlich, leitet sich von dem gotischen „drunjus" (dröhnen) ab. Einer der vier Ströme des Paradieses, Gihon, hat dieselbe Bedeutung. Die Suggestion dieser ursprünglichen Bedeutung ist natürlich groß.

6) Die Häufigkeit derart „aquatischer" Ausdrücke in der psychoanalytischen Literatur, die das Thema der Oralität behandelt, ist an sich schon bemerkenswert: Lewin (1953) spricht von „untertauchen", Arlow (1955) von „in Schlaf sinken", Friedman (1952) vom „abgründigen Quell der Oralität".

7) Weitere Studien könnten dazu führen, eine solche perinatale Phase des oralen Stadiums der Entwicklung selbst umfassender zu differenzieren oder sie im größeren Rahmen der Oralität als die früheste Subphase anzusiedeln. Solche Studien könnten zum besseren Verständnis des Narzißmus beitragen. In der griechischen Mythologie sieht Narziß sich selbst im Wasser reflektiert.

8) Bei Homer ist der Ursprung von allem der Fluß Okeanos, der die Erde umgibt. Er ist mit der „Mutter Thetys" verheiratet. Thales schrieb, daß Wasser die Grundsubstanz sei, aus der sich alles entwickelt habe und worauf die Erde ruhe. Anaxagoras meinte, daß „die Flüsse ihr Wesen von den Wassern in der Erde haben; denn die Erde ist hohl und hat Wasser in ihren Höhlen." Leonardo da Vinci, der ein Buch über Wasser schreiben wollte, glaubte noch, daß unterirdisch sehr große Flüsse fließen.

9) Es ist bemerkenswert, daß im Deutschen der Ausdruck „Medizin" als Heilmittel volkstümlich nur mit Flüssigkeit, nie mit fester Substanz assoziiert wird.

10) Das Wort „Therapie", vom griechischen „therapía" abgeleitet, rührt nach Meinung einiger Autoren ursprünglich von einer gleichnamigen Stadt her, die am Bosporus liegt. In homerischen Zeiten wurden Ströme als „jugendförderlich" betrachtet, „da die Flüssigkeit Wachstum verleiht".

11) Im Grimmschen Märchen „Das Wasser des Lebens" kann der alte kranke König von seiner Krankheit nur durch das Wasser einer Quelle geheilt werden, die der jüngste Sohn mit Hilfe eines Zwerges in der Unterwelt findet. Zusammen mit dem Genesung bringenden Wasser findet er auch eine jungfräuliche Prinzessin.

12) In einigen Teilen Deutschlands wird dieses Wort in der abwertenden Umgangssprache auch für das weibliche Genital benutzt.

13) Der sieben Meilen lange Kanal „Spuyten Duyvil" (heute „Harlem River" genannt), der den Hudson River mit dem East River in New York verbindet und dadurch Manhattan zur Insel macht, ist nach dem Schwur eines legendären Holländers benannt, der behauptete, er würde das Wasser im Dunkel schwimmend durchqueren „spuyt ten duyvil" – dem Teufel zum Trotz.

14) An anderer Stelle, in seinen Arbeiten „Wie Amerika zu seinem Namen kam" und „Das Weltbild vor der Renaissance und die Entdeckung Amerikas aus psychoanalytischer Sicht", ist Niederland auf die Bedeutung der *Mappae mundi* näher eingegangen. Anm. d. Red.

15) Tooley (1935), der die mittelalterlichen Kartenwerke in „symbolisch-theoretische" *(Mappae mundi)* und praktisch-nautische *(Portolani)* einteilt, schreibt zu recht: „Es wäre unklug anzunehmen, die mittelalterlichen Gelehrten seien so ignorant gewesen, wie es nach ihren Karten den Anschein hat."

16) Die sexuelle Bedeutung der Weltraumforschung wurde mir von einer Patientin bestätigt, die eine gynäkologische Untersuchung eine „Reise in den Weltraum" nannte.

Psychoanalytische Bemerkungen zur Geschichte und Bedeutung Kaliforniens

Psychoanalytische Beiträge zur Wissenschaft, die den Bereich klinisch-analytischer Arbeit im strengen Sinne verlassen, Beiträge mithin, die unser Wissen auf den Feldern von Anthropologie, Biologie, Soziologie, Frühgeschichte, Archäologie und Biographik vertiefen, gibt es seit Freud. Um mit Ernest Jones (1953–57, Bd. III, S. 369) zu sprechen, war Freud sein Leben lang mit dem großen Problem beschäftigt, „wie der Mensch zum Menschen wurde". Hier liegt Jones zufolge die Wurzel für Freuds lebenslanges Interesse an Fragen der Prähistorie der Menschheit. Aufschlußreich ist auch ein persönlicher Hinweis Freuds in einem Brief an Stefan Zweig, in dem es heißt, er habe „eigentlich mehr Archäologie als Psychologie gelesen" (zit. nach Schur, 1972, S. 19).

In meinen eigenen Arbeiten zur angewandten Psychoanalyse (vgl. Niederland, 1956/57, 1965 b, 1971 b) habe ich zu zeigen versucht, daß die Psychoanalyse tatsächlich einen Beitrag zum Verständnis historischer Phänomene leisten kann, einschließlich geographischer und archäologischer Zusammenhänge wie auch soziopolitischer Entwicklungen. Selten jedoch wurde der Versuch unternommen, eine spezifisch regionale geschichtlich-geographische Entität auf psychoanalytischem Wege zu erforschen. In dieser Studie möchte ich die besondere Stellung genauer analysieren, die Kalifornien im psychologischen, sozialen und kulturellen Gewebe der Geschichte Nordamerikas und der westlichen Welt einnimmt. Ich will vor allem Nachdruck auf Faktoren legen, die unbewußter, aber analytisch zugänglicher Natur sind. Die Faktoren, die auf ökonomische, politische, religiöse und andere Bedingungen hinweisen, sollen zwar nicht unterschätzt werden, in dieser kurzen Mitteilung jedoch unberücksichtigt bleiben.

Kalifornien ist ein ungewöhnlich klares Beispiel für bestimmte psychodynamische Kräfte, die mit dem Entstehen von Geschichte zu tun haben. Sein Name und seine Existenz hatten, soweit es den abendländischen Menschen betrifft, in der Phantasie eines einzigen Individuums ihren Ursprung, nämlich in der des spanischen Schriftstellers García Ordóñez de Montalvo, auf dessen Werk ich im folgenden zurückgreife. Bemerkenswerte psychologische Einflüsse jedoch bestanden lange vor der Publikation von Ordóñez' *Las Sergas de Esplandian* im Jahre 1510, und diese Vorläufer sollten zunächst betrachtet werden. Um die Position, die Kalifornien in der menschlichen Phantasie einnahm, tatsächlich besser verstehen zu können, müssen wir uns mit einer der ältesten und beliebtesten Überlieferungen der Menschheit beschäftigen: der Phantasie von den „Insulae fortunatae", den Inseln des Glücks und der Seligkeit, und mit der vom „Hortus conclusus", die das Denken der Gelehrten während des ganzen Mittelalters beherrschte. Die Existenz der „Inseln der Glückseligen" war ein akzeptierter Teil des antiken Weltbildes, und seit Homers oder gar seit vorhomerischen Tagen bis zum Ende des 18. Jahrhunderts gibt es unzählige Versuche, sie aufzuspüren.

Diese Inseln finden sich auf den ältesten Karten, meistens paarweise. Die angebliche Existenz der legendären Inseln war jahrhundertelang Gegenstand regen Interesses, und zur Zeit von Kolumbus' Reisen waren die Ozeane voller imaginärer Inseln.[1] Die Inseln der Glückseligen, ehedem auch „Insulae San Brendani" genannt, sollen von einem irischen Mönch namens Brendan besucht worden sein, der im sechsten Jahrhundert auf der Suche nach dem Paradies eine Seereise unternahm; für ihn *war* die Inselgruppe, die er erreichte, das Paradies. Die St.-Brendan-Insel, eine romantische Lieblingsidee durch die Jahrhunderte, wird gewöhnlich der Insel Madeira gleichgesetzt. Auf dem berühmten Beheim-Globus von 1492, dessen ursprünglicher Name „Erdapfel" seiner oralen und mütterlichen Nebenbedeutung wegen erwähnenswert ist, sind die St.-Brendan-Inseln an der Stelle eingetragen, wo sich in Wirklichkeit die Kanarischen Inseln befinden; ein Wassermann und eine Seejungfrau, die miteinander spielen, sind dort abgebildet. Spätere Weltkarten verlegen die Inseln in die Gegend westlich von Irland. Es gab noch zwei weitere Phantominseln, die der irischen Küste vorgelagert waren, „Daculi" (aus dem Italienischen „culla" = „Wiege") und „Bra", die 1455 auf der Karte von Pareto erscheinen und die gemäß den Inschriften in Situationen, die mit Schwangerschaft und Geburt zusammenhängen, Beistand gewähren sollen. Die berühmte Fra-Mauro-Karte von 1459 zeigt das frühe Paradies als eine Insel in transozeanischer Lage. Es gibt eine Gruppe von sechs „Insulae fortunatae" auf der Hereford-Weltkarte aus dem 13. Jahrhundert, während die Karten des Beatus aus dem 10. und 11. Jahrhundert eine Insel darstellen, die „Garten der Wonne“ genannt wird. Auch die umstrittene Vinland-Karte zeigt Vinland als eine Insel im Ozean mit allen Charakteristiken einer Insel der Glückseligen. Die Suche nach dem „verlorenen“ Kontinent Atlantis, von dem Plato sprach und der in unserer Sprache noch lebt (Atlantischer Ozean), gehört in den gleichen Vorstellungskreis. Der sagenhafte Garten der Hesperiden war eine Insel, auf der goldene Äpfel wuchsen, die Gäa, die Mutter Erde, der Göttin Hera als Hochzeitsgeschenk vermacht hatte. Zu den Aufgaben des Herkules gehörte es, dieser Äpfel habhaft zu werden.

Die Tatsache, daß mythische Inseln sogar um 1759 noch auf nautischen Karten erscheinen, weist auf die starke Überzeugung hin, daß es sie geben müsse. Da die frühen Karten sie oft dort angesiedelt hatten, wo man dann keine Inseln fand, verlegte man sie auf späteren Karten in andere Gebiete, z. B. nach Westindien, in das Mündungsgebiet des Delaware-Flusses oder in weiter entfernte westliche Gebiete. Noch zwei Jahrhunderte nach Kolumbus suchten portugiesische Expeditionen danach, bis ihr mythischer Charakter sich schließlich erhärtete und man entdeckte, daß ihre Nichtexistenz nicht dadurch aufgehoben wurde, daß man sie auf neuen Karten stets von einem imaginären Ort zum nächsten verschob.

Was die mittelalterliche Idee des „Hortus conclusus“ betrifft – dieses ummauerten Gartens jenseits der Turbulenzen und Konflikte der Welt –, so ist sie auf zwei Charakteristika aus der Bibel und anderen antiken Schriften zurückzuführen: auf den Garten Eden mit seinen überreichen Flüssen, seinem gemäßigtem Klima, mit harmonisch singenden Vögeln und einem zentralen, von Obstbäumen umgebenen Brunnen und auf den „Cantus canticorum“, das „Lied der Lieder“ (Shir-ha-Shirim), das von Köstlichkeiten und sinnlicher Liebe kündet. Die Literatur und ein Teil der Ikonographie des späten Mittelalters spiegeln dieses Thema wider, von Andreas Cappellanus' *De Arte Honesti Amandi* über den *Roman de la Rose* von Guillaume de Lorris und Jean de Meun bis hin zu Thomas Morus' *Utopia*, das 1516 erschien.

Die außergewöhnliche Kraft und „Beharrlichkeit“ dieser Vorstellungen bedarf einer Erklärung. Bei der Beurteilung unbewußter Motive, wirksam in ihrer Persistenz und symbolischen Bedeutung, die ewiges Glück, Gesundheit und das Paradies vorgaukeln, läßt sich unschwer die ihnen zugrundeliegende infantile Phantasie eines utopischen Lebens erkennen, eines Daseins ohne Schmerz und Beschränkung, einer Art ewiger Kindheit in glücklichen Gefilden, in denen alle Wünsche erfüllbar sind. Unter analytischen Gesichtspunkten muß man davon ausgehen, daß die zahlreichen Legenden, die mit der Vorstellung einer paradiesischen Insel verbunden sind, unsere tiefsten Gefühle über Geburt, Tod und Mutter zum Ausdruck bringen und daß das geographische Faktum des Inselhaften im Unbewußten an Phantasien von Frau, Jungfrau, Mutter und Bauch rührt. Gemäß weitverbreiteter Auffassung leben die Menschen auf diesen Inseln in Freiheit, Unschuld und Anmut, ohne Einschränkungen und Gesetze.

Über diesen „psychohistorischen" Umweg haben wir uns schließlich der tieferen Bedeutung von Kalifornien genähert, mit dem der Namengeber García Ordóñez de Montalvo[2] geographische Insellage samt den erwähnten jungfräulichen und mütterlichen Attributen assoziiert. Da seine Beschreibung Kaliforniens sich wie ein Konzentrat von Phantasien über solch ein Inselland liest, sei mir erlaubt, die entsprechende Textstelle über Kalifornien der Vergessenheit zu entreißen – Kalifornien, das zu jener Zeit noch unentdeckt war:

> Man nehme zur Kenntnis, daß rechts von den indischen Inseln eine Insel liegt, die Kalifornien heißt, die dem irdischen Paradies sehr verwandt ist und bewohnt wird von schwarzen Frauen, die ohne einen einzigen Mann wie die Amazonen leben. Sie sind von kräftiger Gestalt, stark und leidenschaftlichen Herzens und äußerst mutig. Ihre Insel ist eine der rauhesten der Welt, mit breiten Felsen und Steilhängen. Ihre Waffen sind ganz aus Gold, wie der Harnisch der wilden Tiere, die sie erst zähmen und dann reiten ...
> Über diese Insel Kalifornien herrscht eine Königin, Calafia, eine stattliche Erscheinung, schöner als alle anderen, in der Blüte ihrer Weiblichkeit, begierig zu handeln ... (zit. nach Kirsch und Murphy, 1967).

Auf den frühesten Karten wird Kalifornien als Insel abgebildet.[3] Es bedarf aber noch einer weiteren Phantasieleistung, nicht nur in bezug auf Kaliforniens angenommene Inselhaftigkeit, sondern auch im Zusammenhang mit seiner geographischen Lage – weit westlich – und der sich darauf beziehenden unbewußten Vorstellung. Die antike historisch-geographische Weltauffassung malte sich westlich gelegene Länder aus, die Orte kindlicher Wunscherfüllung waren, aber auch letzter Wohnplatz der Toten, Orte also, zu denen die Seelen der Toten aufbrechen auf ihrer Reise von Ost nach West, von der Geburt zum Tode. Dem Unbewußten gelten Sonnenuntergang, Westen, Vergessen und Tod gleich (Altman, 1959). Dieses Stückchen analytischer Kenntnis möge dazu beitragen, eine historische Tatsache zu erklären, die in Vergangenheit und Gegenwart den Geographen und Historikern ein Rätsel war.

Nachdem zunächst spanische und britische Entdecker Kalifornien betreten hatten, ließen sich dort in den folgenden 150 Jahren keine europäischen Immigranten mehr auf Dauer nieder. Dieses lange Intervall wird gewöhnlich mit wirtschaftlichen und politischen Gründen, mit der Unwirtlichkeit der Natur und ähnlichem erklärt. Wie schon früher erwähnt, ist es keineswegs die Absicht von Analytikern, derlei „harte Fakten“ zu unterschätzen. Doch psychoanalytisch neige ich zu der Annahme, daß die besondere Lage Kaliforniens in der Vorstellung der Europäer – nämlich daß es eine glückliche Insel fern im Westen sei – dazu beitrug, daß man sich einerseits von ihm angezogen fühlte, es andererseits jedoch mied und fürchtete. Mit einem Wort: Solange der Reiz Kaliforniens unbewußt zugleich mit starken Ängsten verwoben war, konnte sich keine dauerhafte Niederlassung entwickeln, sowohl aus psychologischen wie aus anderen guten Gründen nicht.

Vielleicht bedurfte es ungewöhnlicher und überwältigender Ereignisse – zunächst der drohenden russischen Kolonisation aus dem Norden, später des Goldfiebers –, um den Reiz von der Angst abzukoppeln. Als während des Goldrausches und in der Folgezeit Massen von Siedlern nach Kalifornien strömten, lebte in ihnen die utopische Vorstellung von einer riesigen Insel des Glücks, die fest in ihrem Denken verwurzelt war, d. h. der unbewußte Wunsch, teilzuhaben an einem abundanten mütterlichen Reichtum. Die Tatsache, daß Kalifornien genügend Lebensraum und -fülle für viele bot, diente nicht nur dazu, diese Vorstellung zu festigen und auf Psychoanalytikern bekannte Weise zu verwirklichen: Der „Kern der Wahrheit“ als Organisator und Realisator tiefverwurzelter Wünsche und Phantasien hatte seinen Ursprung im „Golden State“ – so der populäre Name (Roske, 1968) – und in der besonderen Bedeutung, die diesem Namen anhaftet. Der Titel eines kürzlich erschienenen populärhistorischen Buches über Kalifornien lautet *Jedermanns Eden.* Das Gemälde Tiepolos von Amerika und das Staatssiegel von Kalifornien, mit „Eureka“ und einer gegossenen Abbildung der Minerva, der jungfräulichen Muttergöttin, sind Illustrationen unserer Bemerkungen über die unbewußte und imaginäre Insel Kalifornien und ihre symbolischen Äquivalente.

Übersetzt von Wenda Focke

Anmerkungen

1) Wenn wir von ihnen als „legendär", „imaginär" oder „fiktiv" sprechen, sollten wir nicht vergessen, daß solche Qualifikationen den Menschen jahrtausendelang völlig unbekannt waren. Für sie war die Vorstellung, daß es diese Inseln geben muß, sehr konkret und stachelte sie in dem Bemühen an, Atlantis, den Jungbrunnen, das Königreich des Priesters John, die „Insel der sieben Städte" etc. ausfindig zu machen.

2) Der Name des Autors erscheint in der frühesten Edition des Buches (1508) in drei Varianten: Garcá Rodríguez, García Ordóñez und García Gutiérrez de Montalvo. Diesen und andere Hinweise verdanke ich Bertram D. Lewin.

3) Der erste Entdecker, der erkannte, daß Kalifornien keine Insel war, der gelehrte Jesuit Eusebio Francisco Kino, schrieb zu Beginn des 18. Jahrhunderts recht nachdrücklich: „California no es isla" (vgl. Roske, 1968).

Freuds „Déjà-vu“ auf der Akropolis

Nicht ohne Zögern und mit bemerkenswerter, wenn auch verständlicher Verspätung wagen sich Psychoanalytiker an Untersuchungen über Freuds persönliche Lebensumstände. Seit der Zentenarfeier von 1956 und dem Erscheinen der großen Freud-Biographie von Ernest Jones (1953–57) wächst die Zahl derartiger Untersuchungen ständig. Besonders die Akropolis-Episode, die ja ihrerseits eine *Geburtstagsstudie* darstellt, hat in den Jahren nach Freuds hundertstem Geburtstag erhebliche Beachtung gefunden.

1936, als Freud das sprichwörtliche biblische Alter von achtzig Jahren erreicht hatte, schrieb er einen offenen Brief an den Schriftsteller Romain Rolland zu dessen siebzigstem Geburtstag (Freud, 1936). Freuds Lebensreise näherte sich ihrem Ende, und er fühlte, daß sein Tod nicht mehr fern war. Sein Brief an Rolland hat den Charakter eines „Rückblicks auf schlummernde Anfänge“ (H. Slochower). Anläßlich seiner Beschäftigung mit Freuds Besuch der Akropolis im Jahre 1904 erinnert Slochower an eine Episode aus Freuds Kindheit, nämlich an etwas, das das Kind zwar „vage und neblig“, jedoch *in concretu* als „Matrem Nudam“ gesehen hatte, als er im Alter von etwa vier Jahren mit der Mutter nach Breslau reiste (vgl. Freud, 1986, S. 288). In einem Brief an Wilhelm Fließ (vom 3. Dezember 1897) schreibt Freud: „Breslau spielt auch eine Rolle in meinen Kindheitserinnerungen. Im Alter von drei Jahren habe ich den Bahnhof dort passiert auf der Übersiedlung von Freiberg nach Leipzig, und die Gasflammen, die ich zum ersten Mal sah, haben mich an brennende Geister in der Hölle gemahnt“ (ebd., S. 310).[1]

Wenden wir uns nun der Folge der Ereignisse vor und während der Akropolis-Episode zu, die im August 1904 stattfand. Freuds Erinnerungsstörung auf der Akropolis stellte sich ungefähr einen Monat nach Erhalt eines zornigen Briefes von Fließ ein (ebd., S. 510 f.), in welchem dieser Freud eines anderen Gedächtnisverlustes beschuldigt: daß er, Fließ, nämlich derjenige gewesen sei, der die Bisexualität entdeckt und diese Entdeckung Freud anläßlich eines Treffens im Jahre 1897 in *Breslau* mitgeteilt habe. Die beiden Themen, die Freud nach Erhalt dieses Briefes beschäftigten, müßten demnach „Gedächtnisstörung“ und „Bisexualität“ gewesen sein. Einen Monat später sind auf der Akropolis die vorherrschenden Themen – ödipale Schuld, Vaterersatz – ebenfalls Gedächtnisstörung und Bisexualität, wobei letztere durch Pallas Athene verkörpert und vergöttlicht erscheint, jene Göttin, die über die Akropolis herrscht. In ihrem Buch *Huldigung an Freud* (1956) berichtet die Schriftstellerin Hilda Doolittle, während einer ihrer analytischen Sitzungen habe Freud von seinem Schreibtisch eine Statue der Pallas Athene genommen, sie ihr gezeigt und gesagt: „*Das* ist mein Lieblingsstück ... Sie ist vollkommen ... *nur hat sie ihren Speer verloren*" (ebd., S. 94).

In gewisser Hinsicht weist das Akropolis-Erlebnis Ähnlichkeiten mit der Signorelli-Episode auf, die Freud ein paar Jahre vor seiner Athen-Reise so stark berührt hatte. Beide Vorfälle ereigneten sich, als Freud auf Reisen war, und beide folgten auf Vorkommnisse, die für Freud äußerst schmerzhaft und hinderlich waren: Die Signorelli-Episode trug sich nach dem Selbstmord eines Patienten zu, genauer gesagt, nachdem Freud die Nachricht vom Suizid eines früheren Patienten erhalten hatte; das Akropolis-Erlebnis fand statt kurz nachdem Freud den vorwurfsvollen Brief seines früheren Freundes Fließ empfangen hatte, der heftige Schuldgefühle bei ihm auslöste. Beide Ereignisse entrollten sich gewissermaßen im Bannkreis des Heiligen: die Signorelli-Episode unter dem Eindruck des Domes von Orvieto mit seinen großartigen Fresken, auf denen das Jüngste Gericht dargestellt wird, in dem Gottvater die kindlichen Sünder straft; die Akropolis-Episode im Athener Tempelbezirk, dem Ort der Muttergöttin Athene. Beide Heiligtümer sind dem Ruhm der Gottheit geweiht, das eine *Gottvater,* das andere der *jungfräulichen Mutter*. Die Verdrängung, die sich vollzog, nachdem Freud den Dom von Orvieto besucht hatte, schloß das Vergessen eines besonderen Namens ein, das des großen Malers *Signorelli* (Freud, 1898, S. 521 ff.; 1901, S. 6 ff.; 1986, S. 357). Diese Erinnerung bereitete ihm, wie Freud (1898, S. 521) vermerkt, „innere Qual", die er sich mehrere Tage lang „gefallen lassen" mußte. Der erste Teil des Namens Signorelli bedeutet Signore, also *Seigneur, Herr, Vater;* das Akropolis-Erlebnis ruft die Erinnerung an die *Mater nuda* und die Gasflammen von Breslau in ihrer angsterregenden Nebenbedeutung von Fegefeuer und Hölle wach. Tatsächlich sehe ich den wesentlichen dynamischen Zusammenhang zwischen der Signorelli- und Akropolis-Episode folgendermaßen: kindliche Sünde – Schuld – Strafe. Ein Vergleich von Freuds Beschreibung der beiden Vorfälle zeigt, daß er beide Male Formulierungen benutzt, in denen gewissermaßen das Unbewußt-Schicksalhafte zum Ausdruck kommt. Im letzten Satz seines Briefs an Romain Rolland heißt es, daß er oft von der Erinnerung an dieses Erlebnis „heimgesucht" worden sei (Freud, 1936, S. 257).

Natürlich geht es hier auch noch um anderes. In Freuds Brief an Rolland finden sich zahlreiche Bemerkungen, die sich aufs *Sehen* beziehen: „Athen mit eigenen Augen zu sehen" (ebd., S. 253), „was ich da sehe, ist nicht wirklich" (ebd., S. 254) usf. Ich habe bereits über Freuds Anblick der Gasflammen in Breslau gesprochen und über die Fegefeuerphantasie, die damit verknüpft war (Geister, die in der Hölle schmoren). Mir scheint, daß eine der spezifischen Wahrnehmungserfahrungen, die man macht, wenn man die Akropolis zum ersten Mal im Sommer erlebt, darin liegt, daß sie wirkt, als bade sie in einem einzigartigen, rosafarbenen Licht. Ich weiß nicht, ob es eine besondere Art des Marmors ist, die intensive Helligkeit des Mittelmeerraums, die erhöhte Position der Akropolis über der Stadt, die den Eindruck hervorzaubern, als schwebe der Tempel über Athen. Doch Freud wußte es. In einer persönlichen Mitteilung an Marie Bonaparte heißt es, „die bernsteinfarbenen Säulen der Akropolis seien das Schönste, was er je im Leben gesehen habe" (Jones, 1953–57, Bd. II, S. 39).

„Bernsteinfarbene Säulen" auf der Akropolis, die atemberaubende Schönheit des Tempels und der Landschaft, das Heiligtum der großen jungfräulichen Göttin – eine lebendigere und poetischere Beschreibung der bisexuellen Symbolik kann man sich kaum vorstellen. Es ist auffällig, daß Freud in seinem Akropolis-Brief nicht den Ausdruck „Tempelruinen" wiederaufnimmt, den er in *Die Zukunft einer Illusion* (Freud, 1927, S. 347) gebrauchte. Denn tatsächlich liegt die einzigartige Qualität des Akropolis-Tempels darin, daß seine Ruinen nicht wie Ruinen aussehen, sondern sehr lebendig wirken, „bernsteinfarben", wie Freud schreibt, oder beinahe von der Farbe rosigen menschlichen Fleisches.

All das – einiges explizit, anderes lediglich andeutungsweise – taucht in dem Brief an Rolland wieder auf und schließt ein anderes peinliches Vorkommnis mit ein. Wie es heißt, hatte Freud, als er in Gesellschaft seines Bruders Alexander (der wie Romain Rolland zehn Jahre jünger war als er selbst) von der Akropolis ins Hotel zurückkehrte, ein beschämendes Erlebnis. Erstens: Was war der Name des Hotels? *Athena* (die beiden Brüder logierten also während jener Tage in *Athena*). Und welcher Art war Freuds beschämende Erfahrung? Wiederum Marie Bonaparte berichtet, daß Freud das Altgriechische so meisterhaft beherrschte, „daß er als Knabe sein Tagebuch griechisch abgefaßt hatte"; doch als er sich nun an den Kutscher des Wagens wandte, sie zum Hotel *Athena* zurückzubringen, „gelang es ihm trotz allen Varianten der Aussprache nicht, sich dem Manne verständlich zu machen, so daß er schließlich das Wort kleinlaut niederschreiben mußte" (Jones, 1953–57, Bd. II, S. 40).

Der peinliche Vorfall bezieht sich auf Sprache und Rede. Etwas ganz Ähnliches ereignete sich, als Freud und Rolland einander zum ersten Mal begegneten. In Begleitung von Stefan Zweig besuchte Rolland Freud am 14. Mai 1924, Ferenczi hat darüber berichtet. Freud hatte seine erste Mundhöhlenoperation hinter sich und trug seitdem eine „gewaltige Prothese" (ebd., Bd. III, S. 119). In dem Bericht heißt es, „mit seinem defektuösen Sprechen" sei es für ihn schon manchmal schwer gewesen, „sich im Deutschen verständlich zu machen, geschweige denn im Französischen" (ebd., S. 128). 1904 vermochte Freud sich in Athen nicht auf griechisch verständlich zu machen, 1924 war es ihm Rolland gegenüber unmöglich, sich im Französischen auszudrücken. Diese beiden erniedrigenden Erfahrungen sind ganz ähnlicher Art, nämlich gebunden an Rede und Sprache. Es ist deshalb keine Überraschung, daß der Brief an Rolland aus dem Jahre 1936 auf deutsch geschrieben ist; zwar kommen auch einige Zeilen in englischer und spanischer Sprache vor, doch keine Zeile in französischer, selbst nicht in dem berühmten Napoleon-Zitat „Was würde Monsieur notre Père dazu sagen, wenn er jetzt dabei sein könnte?" (Freud, 1936, S. 256). Nur die Worte „Monsieur notre Père" sind in Napoleons und Rollands Muttersprache verfaßt.[2]

Freuds ambivalente Haltung Rolland gegenüber, die diesen unbewußt mit Fließ und mit dem Vater zusammenwirft, läßt sich auch anderweitig nachweisen. Im Jahre 1926 sandte Freud einen Geburtstagsgruß an Rolland, der mit den übertriebenen Worten beginnt: „Unvergeßlicher, durch welche Mühen und Leiden haben Sie sich wohl zu solcher Höhe der Menschlichkeit emporgerungen!" (Freud, 1926, S. 553). Genau zehn Jahre später erzählt er dem „Unvergeßlichen" von seinem eigenen Vergessen, d. h. von seiner Erinnerungsstörung auf der Akropolis. Beide Briefe, der von 1926 wie der von 1936, sind voll des Lobes und der Bewunderung für den Franzosen. Doch 1930 spricht Freud am Anfang von *Das Unbehagen in der Kultur* über Rolland in merkwürdig distanzierter Weise: „Einer dieser ausgezeichneten Männer nennt sich in Briefen meinen Freund" (Freud, 1930, S. 421).

Ich habe das Hauptproblem der Akropolis-Episode kaum berührt, nämlich das Problem der Wirklichkeitsentfremdung, der Entpersönlichung, des Déjà-vu und ähnlicher Phänomene. Statt dessen habe ich mich darauf beschränkt, einige Daten und Querverbindungen zum Verständnis der Komplexität dieser Episode hinzuzufügen, indem ich auf gewisse historische Lücken in der Reihenfolge der Ereignisse hingewiesen habe, die zu dem Zwischenfall auf der Akropolis führten und in ihm kulminierten. Alle Autoren, die sich mit der Akropolis-Episode psychoanalytisch beschäftigt haben, sind wohl mit mir darin einig, daß die große Komplexität dazu dienen kann, wie ein Kristall zu fungieren, in welchem sich Licht auf verschiedenartige Weise bricht – bei unserem Versuch, zu einem tieferen Verständnis von Freuds Persönlichkeit und einzigartiger Leistung zu gelangen.

Übersetzt von Wenda Focke

Anmerkungen

1) Aus Freuds Brief an Fließ vom 3. Oktober 1897 geht eindeutig hervor, daß er von einer Reise mit seiner Mutter berichtet, die von Leipzig nach Wien führte (Freud, 1986, S. 288). Ob die Reisenden dabei Zwischenstation in *Breslau* machten, wie Niederland suggeriert, muß offenbleiben. Es ist aber bemerkenswert, daß die Herausgeber der Fließ-Briefe in einer Fußnote (ebd.) einen Verweis auf jenen Brief Freuds anbringen, in welchem von Breslau und den Gasflammen die Rede ist. Anm. d. Red.

2) Niederlands Lesart des Briefs an Rolland ist in diesem Punkt nicht ganz korrekt. Freud benutzt in seinem Brief sehr wohl einige französische Wörter bzw. Wendungen, etwa „Fausse Reconnaissance", „Déjà vu", „Déjà raconté" und „non arrivé" (Freud, 1936, S. 255). Anm. d. Red.

Die Philippsonsche Bibel und Freuds Faszination für die Archäologie

Wer sich mit Freuds Leben, Laufbahn und wissenschaftlichen Zielen beschäftigt hat, kennt sein tiefes Interesse für Archäologie, ein Interesse, das sich auch in seiner lebenslangen Sammelleidenschaft für Altertümer zeigte, in seiner Bewunderung und detaillierten Kenntnis von Schliemanns Ausgrabungen und in seiner Äußerung, daß er „eigentlich mehr Archäologie als Psychologie gelesen habe" (zit. nach Schur, 1972, S. 19). Max Schur beschrieb diese Faszination bei Freud als „eine Sucht, die an Stärke nur von seiner Nikotinsucht übertroffen" wurde (ebd., S. 296), während Jones sie etwas zurückhaltender Freuds gelehrtem Engagement und seinen Forschungen darüber zuschrieb, wie der Mensch zum Menschen werde. Suzanne Cassirer Bernfeld (1951) und Eva Maria Rosenfeld (1956) haben weitere Daten über Freuds „Leidenschaft" für archäologische Themen und Gegenstände beigesteuert.

Jones gibt in seiner Freud-Biographie (1953–57, Bd. III, S. 408) an, Freuds Vater Jakob habe sehr gern in der Thora gelesen, „für ihn wohl mehr als eine Schrift jüdischer Lebensweisheit als der Religion", und er fährt fort, daß Freud selbst „in der Bibel sehr beschlagen [war] ... Mit der Lektüre des Alten Testaments hatte er begonnen, als er sieben Jahre alt war". Ich habe in einer früheren Arbeit darauf hingewiesen, daß Jones offensichtlich nicht klar war, daß die Thora und das Alte Testament für den religiösen Juden im Grunde das gleiche sind und daß die Thora tatsächlich kein Buch über jüdische Lebensweisheiten ist, sondern im wesentlichen eine bunte Sammlung von Vorgeschichtlichem, Geschichtlichem, Beschreibungen archäologischer Orte, längst vergangener Ereignisse und Personen, von religiösen Regeln, menschlichen Konflikten und Leiden, Leistungen und Fehlschlägen. Genauer gesagt, enthält der erste Teil der Thora, die Genesis, die biblische Geschichte von der Erschaffung der Welt sowie ein Konglomerat von Erzählungen über bedeutende Vorfahren, ihr Streben, ihre Kämpfe, Triumphe und Schwächen. Es ist bemerkenswert, daß mindestens die Hälfte dieses ersten Teils von Jakob und seinen Söhnen handelt und daß die Hauptfigur unter den letzteren der biblische Joseph ist, der Traumdeuter par excellence und spätere Vizekönig des alten Ägypten. Leonard Shengold (1979) hat Freuds Identifizierung mit dieser hervorragenden Gestalt des Alten Testaments detailliert und überzeugend dargelegt.

Um auf die Bibel zurückzukommen – wir wissen exakt, welche Ausgabe und welchen Teil des Alten Testaments Freud in sehr jungen Jahren gelesen hat, genauer gesagt, sehr bald, nachdem er gedruckte Texte zu lesen gelernt hatte. Es war die zweite Auflage der Israelitischen Bibel, gedruckt und herausgebracht 1858 in Leipzig. Sie war damals wie heute als Philippsonsche Bibel bekannt durch Ludwig Philippson, der sie herausgegeben und übersetzt hatte (neben dem hebräischen Originaltext stand die deutsche Übersetzung auf jeder Seite). Philippson war ein vornehmer deutscher Rabbiner, Autor und Gelehrter, der an den Universitäten von Berlin und Halle studiert hatte. Die Philippsonsche Bibel enthielt auch einen fortlaufenden Kommentar, den Dr. Philippson verfaßt hatte, sowie über 500 eindrucksvolle Illustrationen, denen englische Holzschnitte zugrunde lagen. Der deutsche Text ist überreich mit Fußnoten zu archäologischen und historischen Fragen versehen (vgl. Abb. 1).

Es ist wahrscheinlich, daß Illustrationen wie die Totenbarke, die Vogelgesichter der Gottheiten, die auf bettartige Gestelle gelegten Leichname usw. bei Freud Reaktionen hervorgerufen haben, die weit über die bei gedruckten Texten üblichen hinausgingen. In der Tat hat Freud das nicht nur in seiner *Selbstdarstellung* (1925) gesagt, in der er seine „Vertiefung in die biblische Geschichte" erwähnt, welche „die Richtung meines Interesses nachhaltig bestimmt" hat (Freud, 1925, S. 7), sondern es zeigt sich auch in einem seiner frühen Träume, den er den Illustrationen in der Philippson-Bibel zuschrieb. Deshalb bin ich geneigt zu betonen, daß die biblischen Figuren, die in diesem Buch beschrieben werden, als Gestalten von Fleisch und Blut auftauchen und daß das Buch mit seinen lebendigen Illustrationen gleichermaßen archäologische Wesen und Entdeckungen schildert.

Eine Folge des emotionalen Einflusses der Philippsonschen Bibel auf Freud war der lebhafte Angsttraum, den er mit sieben oder acht Jahren hatte: Er sah

> *die geliebte Mutter mit eigentümlich ruhigem, schlafendem Gesichtsausdruck, die von zwei (oder drei) Personen mit Vogelschnäbeln ins Zimmer getragen und aufs Bett gelegt wird.* Ich erwachte weinend und schreiend und störte den Schlaf meiner

מקרא

תורה נביאים וכתובים.

Die Israelitische Bibel.

Enthaltend:

Den heiligen Urtext,

die deutsche Uebertragung,

die

allgemeine, ausführliche Erläuterung mit mehr als 500 englischen Holzschnitten.

Herausgegeben von

Dr. Ludwig Philippson.

Erster Theil: Die fünf Bücher Moscheh.

Mit einem Stahlstiche.

Zweite Ausgabe.

Leipzig, 1858.

Baumgärtner's Buchhandlung.

Abbildung 1: Die Philippsonsche Bibel

Eltern. Die – eigentümlich drapierten – überlangen Gestalten mit Vogelschnäbeln hatte ich den Illustrationen der *Philippson*schen Bibel entnommen (Freud, 1900, S. 589).

Da der Traum in Ergänzung zu Freuds eigener maßgeblicher Äußerung bei Grinstein (1968, S. 447–460) ausführlich besprochen wird, beschränke ich mich auf einige Bemerkungen zum deutschen Text. Ich beziehe mich dabei nicht nur auf den Traum, sondern auch auf die darin vorkommenden Namen. Hier gewinnt die Bedeutung der Philippsonschen Bibel eine weitere Dimension. Philipp war der Name von Freuds zwanzig Jahre älterem Halbbruder. Freud könnte die Phantasie gehabt haben, daß der große Bruder bei der Mutter den Platz des Vaters eingenommen hatte, als diese mit seiner Schwester und dann mit ihm schwanger war. Verweist die letzte Silbe des Namens Philippson, d. h. Sohn, nicht auf die Möglichkeit einer solchen Phantasie? Philipp war auch der Name eines von Freuds frühen Spielgefährten in den Straßen von Wien. Eben dieser Junge hatte in seiner kruden Gassensprache das Wort „vögeln" für Geschlechtsverkehr benutzt. Man ist an die Vogelbilder in der Philippsonschen Bibel erinnert, wo es im gedruckten Text auf derselben Seite um den göttlichen Befehl geht: PRU UMRU – seid fruchtbar und mehret euch, auf daß die Erde bevölkert werde. Außerdem verweise ich auf die vogelartigen Gesichter der Gottheiten und die drei Vögel auf der Totenbarke. Scherzhaft und deutsch gesprochen: Vögel, überall Vögel, und nirgends ein Ort der Zuflucht, nur der Traum. Oder – mit 35 Jahren – der Empfang eines väterlichen Geburtstagsgeschenks: einer weiteren Ausgabe der Philippsonschen Bibel.

Ich meine, es ist kaum anzuzweifeln, daß die so frühzeitige Lektüre der Philippsonschen Bibel ein mächtiger Antrieb für Freuds lebenslange Beschäftigung mit Vorgeschichte, Altertümern und Archäologie gewesen ist. Um die Tiefe von Freuds Interesse besser verstehen zu können, halte ich es für wichtig, die Unternehmungen und Entdekkungen Heinrich Schliemanns mit in Betracht zu ziehen. Als Schliemann in den Jahren 1870 bis 1875 seine epochemachenden Ausgrabungen in den klassischen Regionen des antiken Troja, Mykene und ähnlichen geographischen Gebieten machte, war Freud in seinen Jugendjahren, und wie viele Europäer seiner Zeit wurde er von Begeisterung, von persönlichem und fachlichem Eifer ergriffen, las Schliemanns Bücher und schrieb später freudige Briefe, in denen er seine Faszination für diese archäologischen Funde und seine Bewunderung für ihren Entdecker ausdrückte. Obgleich ich den Inhalt einiger dieser Briefe in meiner Arbeit über Heinrich Schliemanns Leben und Laufbahn wiedergegeben habe (Niederland, 1965 b), möchte ich noch einmal Shengolds gültige Aussage über Freuds Interesse an Geographie und Exploration hervorheben, besonders auch ihren unbewußten Bezug auf die Konfigurationen des menschlichen Körpers, seiner Anatomie und Sexualität. Walter Schönau geht in seinem Buch *Sigmund Freuds Prosa* (1968) sogar noch einen Schritt weiter. Er identifiziert Freud nicht nur wie Shengold mit dem biblischen Joseph, sondern auch mit Heinrich Schliemann, dem Vater der modernen Archäologie. Freilich, schon ein Jahrhundert bevor Schliemann auf der Bildfläche erschien, kannte man die Archäologie und bediente sich ihrer. Aber Winckelmann und seine Vorgänger waren hauptsächlich an der Ausgrabung und Erhaltung berühmter Statuen, herrscherlicher Büsten, bekannter Göttinnen, der Ruinen von Pompeji und ähnlicher klassischer Gegenstände interessiert. Zu jener Zeit war die Archäologie im wesentlichen eine Provinz für Spezialisten des klassischen Altertums und Kunsthistoriker, die berühmte historische Monumente entdecken wollten. Heinrich Schliemann war der erste, der Plätze und Gegenstände ausgrub, wie sie tatsächlich existiert hatten und im täglichen Leben benutzt worden waren. Er entwickelte neue, wenn auch umstrittene Methoden, die Vergangenheit aufzuspüren.

Archäologie und Geographie sind verwandte Wissenschaften. Die eine setzt sich für die methodische Suche nach Objekten ein, die im Bereich der anderen verborgen sind, d. h. unter der Oberfläche geographischer Gebiete. Freuds Erinnerungsstörung auf der Akropolis (Freud, 1936) trat in Verbindung mit Aspekten auf, die beiden Wissenschaften gemeinsam sind, und beide hatten mehrdimensionale Bedeutungen für Freud. Schliemann, der „Vater“ der modernen Archäologie, nannte sich selbst öfter einen „Erforscher der homerischen Geographie“. Von Interesse ist hier außerdem Jones' Bericht, daß auf Freuds Reise nach Athen (1904) unter den Passagieren „Professor Dörpfeld [war], der Assistent des berühmten Archäologen Schliemann. Freud starrte voller Verehrung auf den Mann, der bei der Entdeckung des alten Troja mitgeholfen hatte; aber er wagte es nicht, ihn anzusprechen“ (Jones, 1953–57, S. 39). Obgleich ich mit Jones'

Annahme hinsichtlich Freuds persönlicher Scheu nicht ganz übereinstimme – andere Motive mögen beteiligt gewesen sein, denn Schliemann war damals schon vierzehn Jahre tot –, zeigt die Szene als solche Freuds tiefe Gefühle für Schliemann, die er dort auf dessen Mitarbeiter übertrug.

Abbildung 2: Freuds Arbeitszimmer

Archäologie und Psychoanalyse sind im Grunde junge Wissenschaften, die beide ihre Defätisten haben. Als Schliemann seine Entdeckungen machte, wurde die Archäologie als Töpfereiwissenschaft geschmäht. Freuds häufige Anspielungen auf Ähnlichkeiten zwischen archäologischen und psychoanalytischen Untersuchungen sind ebenso von bestimmten zeitgenössischen Analytikern angegriffen worden (vgl. Spence, 1982). Damit komme ich zu meiner abschließenden Bemerkung über den Einfluß der Philippsonschen Bibel auf Freud, den er selbst als beständig und richtungweisend für seine Interessen ansah. Die letzte Passage des Abschnitts, den Freud las, schildert Jakobs Tod mit folgenden Worten: „Und Jakob rief seine Söhne und sprach: Versammelt euch, damit ich euch sage, was über euch kommen wird ... Versammelt euch und hört, ihr Söhne Jakobs, und hört auf euren Vater." Dann gibt Jakob jedem einzelnen seiner zwölf Söhne Rat, Instruktionen und Anweisungen und wendet sich zuletzt an seine Sohn Joseph: „Joseph ist ein fruchtbarer Weinstock, ein fruchtbarer Weinstock an einem Brunnen, seine Zweige ranken über die Wände ... der Segen eures Vaters ist mächtig ... Er soll über Josephs Haupt schweben und über der Krone auf dem Haupt des Prinzen unter den Brüdern." Ich habe hier einige Ausführungen ausgelassen, aber in der ganzen Rede geht es um Vergangenheit, Charakter, Verhalten und Handlungen, um die Ziele und die vorweggenommene Zukunft eines jeden seiner Söhne. Könnten wir nicht annehmen, daß wir es hier, analytisch gesprochen, mit einer Perspektive oder einer Art historischen und verbalen Vorläufers des Kerns, vielleicht sogar der Methodologie dessen zu tun haben, was der junge Leser der Philippsonschen Bibel später als Wissenschaft und Technik der Psychoanalyse schuf?

Als letzten Punkt will ich erwähnen, daß Freud einige seiner archäologischen Altertümer therapeutisch einsetzte, und zwar mit durchschlagendem Erfolg, wie wir aus den Schilderungen von Hilda Doolittle in ihrem Buch *Huldigung an Freud* (1956) wissen. Dort berichtet die amerikanische Schriftstellerin detailliert über die psychoanalytische Behandlung, der sie sich in den dreißiger Jahren bei Freud unterzogen hatte. Als in der Analyse der Kastrationskomplex der Patientin und die damit verbundenen psychischen Probleme thematisiert wurden, zeigte Freud ihr eine Bronzefigur der Pallas Athene und sagte: „Sie ist vollkommen, *nur hat sie ihren Speer verloren*" (ebd., S. 94). Die einstmalige Patientin schildert diese Szene und die positiven Auswirkungen der unerwarteten Intervention mit Dankbarkeit.

Übersetzt von Heidi Fehlhaber

Das Schöpferische im Lebenswerk Heinrich Schliemanns

Im Vorwort zum monumentalen Werk seiner Schülerin Marie Bonaparte über Edgar Allan Poe (1933) merkt Freud an, es habe „einen besonderen Reiz, die Gesetze des menschlichen Seelenlebens an hervorragenden Individuen zu studieren" (ebd., S. 5). Es mag daher gestattet sein, hier einleitend hinzuzufügen, daß es nicht nur seinen „Reiz" hat, sondern unserer auch heute noch lückenhaften Kenntnis über das Geniale dienen mag, an einem dieser „hervorragenden Individuen" – Heinrich Schliemann, „Vater" der modernen Archäologie – den Versuch zu wagen, den schöpferischen Elementen in dessen Lebenswerk psychoanalytisch näherzukommen.

Das Wesen des Schöpferischen und seine Quellen im Leben genialer Menschen analytisch darzutun ist in der Tat keine leichte Aufgabe. Nicht selten ist sie von Beginn an zum Scheitern verurteilt, da uns das in jeder Lebensgeschichte gebotene biographische Kindheitsmaterial und sonstige essentielle Daten fehlen mögen oder, falls vorhanden, Authentizität und Verläßlichkeit derselben vielfach berechtigten Zweifeln begegnen. Wie bekannt, hat sich Freud in einem 1936 an Arnold Zweig gerichteten Brief (Freud und Zweig, 1968, S. 137) in toto recht negativ darüber ausgedrückt; er hat vor allem starke Zweifel auch gegenüber vermeintlich authentischem biographischem Material geäußert.

Das negative Urteil Freuds hat wohl manchen Analytiker davon abgehalten, sich psychobiographischen Untersuchungen zuzuwenden, und – um mit einem persönlichen Hinweis zu beginnen – auch ich stand zunächst unter dem Einfluß der von Freud an Zweig gerichteten scharfen Absage. Als ich jedoch bereits zu Anfang meiner Schliemann-Forschung in der Gennadius-Bibliothek in Athen auf ca. 60 000 Briefe, 18 Tagebücher und Tausende sonstiger Schriftstücke stieß – alle von Schliemanns eigener Hand geschrieben und damals (1961) ziemlich wahllos im Erdgeschoß der Bibliothek aufgestapelt –, änderte sich meine Ansicht. Hier lag reiches, ja überwältigend reiches *Quellenmaterial* direkt vor meinen Augen. Auch fand ich in Athen bald die Möglichkeit, damals noch lebende direkte Nachkommen Schliemanns, d. i. seine Tochter Andromache sowie seinen Enkel, den Architekten Leno Melas, persönlich zu interviewen und in der Folge mehrmals zu eingehenden Gesprächen über ihren Vater bzw. Großvater zu bewegen. Schließlich gelang es mir, unter den Massen hinterlassener Schriftstücke in einem von Schliemann als „Sprachübungen" bezeichneten, dickleibigen Folioband ein handgeschriebenes autobiographisches Dokument zu entdecken, das dem Gesamtformat des Bandes angepaßt und äußerlich als autobiographisches „Sich-von-der-Seele-Reden" zunächst unerkennbar war. Als eine einfache Schriftseite und scheinbare *Sprachübung* lag es zwischen Hunderten von anderen, rein der Erlernung von Fremdsprachen dienenden Schreibbogen in dem genannten Band verborgen (vgl. Abb. 1).

Der Text ist in italienischer Sprache gehalten. Ohne sofort auf dessen Bedeutung einzugehen, gebe ich für den deutschsprachigen Leser zunächst meine Übersetzung aus dem Italienischen im Auszug wieder:

> Mein Vater war Pastor – wie alle Geistlichen hatte er viele Kinder und wenig Geld. Er war ein liederlicher Mensch und Wüstling, der sich nicht schämte, sich mit den Mägden und Dienstmägden abzugeben, die er seiner eigenen Frau in jeder Weise vorzog. Er mißhandelte diese, und ich erinnere mich aus meiner frühen Jugend, daß er immer seine Ehefrau beschimpfte und ihr ins Gesicht spuckte. Um sie loszuwerden, schwängerte er sie und mißhandelte sie mehr denn je während ihrer Schwangerschaft. So kam es, daß ein Nervenfieber sie schnell zum Grabe führte. Mein Vater täuschte daraufhin großes Leid und Kummer vor, und er veranstaltete ein prächtiges Begräbnis ... für die, die er durch seine Schlechtigkeit getötet hatte ... Obgleich es im Winter war und die Erde zugefroren war, ließ er eine prunkvolle Grabstätte mit Grabsteinen und Gittern errichten und darauf folgende Inschrift setzen: Ruhe süß und in Frieden, teure Frau! Mutter! Schlafe, bis die große Posaune ertönt und Dich aus dem Dunkel des Grabes zurückruft. Wir werden Deiner gedenken, bis der Geist von der Schale der Lethe trinkt ...

Auf derselben Seite fährt Schliemann fort, über das, was nach dem Tod seiner Mutter geschah, zu berichten. Er war nur neun Jahre alt, als sie verstarb, und nach ihrem Tod „la mia educazione fu interamente negletta". Nachdem er das Alter von vierzehn Jahren erreicht hatte, gab ihn sein Vater fort zum Dienst in einem Kramladen, wo er nach einiger Zeit selbst Blut zu spucken begann. Da sich alle Mittel, die zur Bekämpfung des Übels angewandt wurden, als nutzlos erwiesen und als der Ladenbesitzer sah, daß Schliemann ihm nicht mehr helfen konnte, wurde er entlassen. Er begab sich nach Hamburg, um dort

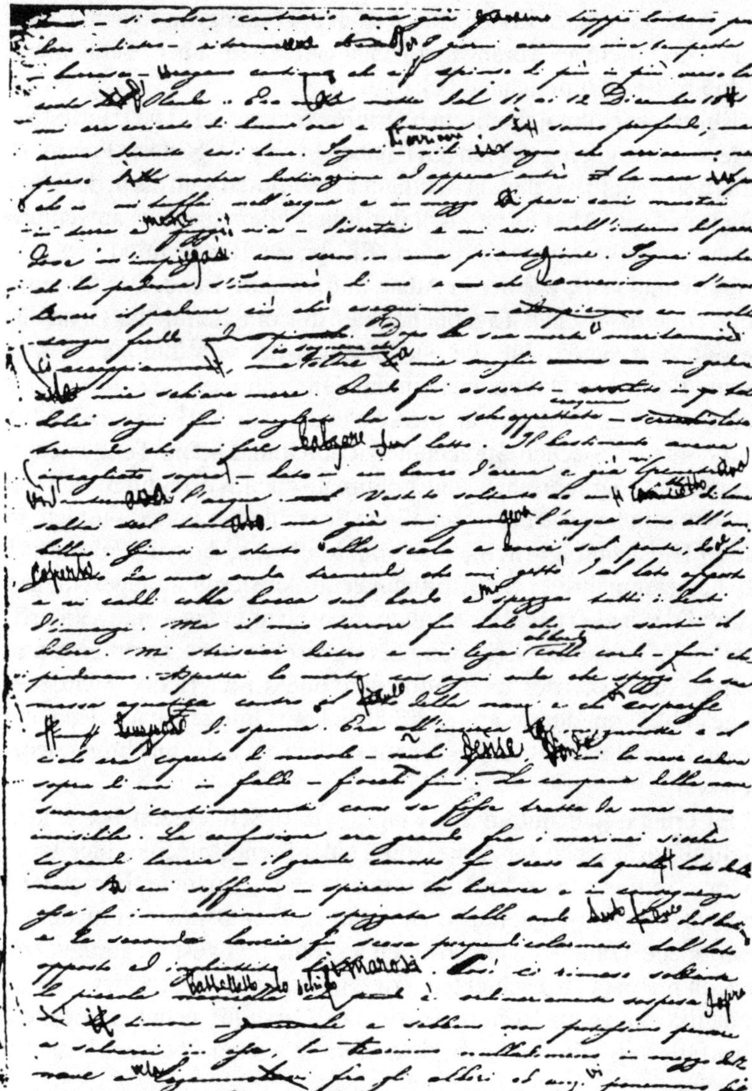

Abbildung 1

eine Arbeitsstelle zu finden. Die weiteren Vorgänge in seinem Leben sind aus meinen vorangegangenen Arbeiten über Schliemann (1965 b, 1976) hinreichend bekannt.

Kehren wir zum italienischen Originaltext zurück. Die konfliktbeladene Verstrickung des jungen Knaben in eine tiefgestörte Familiensituation könnte wohl nicht deutlicher geschildert sein als in dem hier zitierten Text. Aber es ist nicht der Inhalt allein, der uns aufschlußreiches Kindheitsmaterial liefert. Er spricht Bände mindestens so affektiv und stark wie der in Athen aufbewahrte Band. Das Studium der Schliemannschen Tagebücher half mir mit ziemlicher Genauigkeit zu präzisieren, daß die Niederschrift des von ihm als *Sprachübung* titulierten Dokuments um das Jahr 1860 erfolgte, als er etwa achtunddreißig Jahre alt war, in St. Petersburg (heute Leningrad) lebte und dort italienischen Sprachunterricht nahm. Die im Text erscheinenden orthographischen und grammatischen Korrekturen wurden offensichtlich von seinem damaligen Sprachlehrer vorgenommen. In dieser Hinsicht folgte Schliemann der Methodik, die er im Jahre 1841 als neunzehnjähriger Schiffbrüchiger in Amsterdam eingeschlagen hatte: Dort hatte er sich einen alten russischen Juden – eine „Vaterfigur“ – als Lehrer zur Erlernung der russischen Sprache erkoren und wurde, dann bei der internationalen Bankfirma Henry Schroeder angestellt, von dieser aus geschäftlichen Gründen nach Rußland gesandt, weil er inzwischen der russischen Sprache mächtig geworden war.

Es erhebt sich mithin die Frage, wieso Schliemann bei echten Gefühlsausbrüchen zur Anwendung einer Fremdsprache – hier gar in einem Übungsbuch schriftlich niedergelegt – gelangte. Ferner fand ich unter seinen Papieren in zahlreichen Fremdsprachen niedergeschriebene Träume und auch einen an seine Schwestern gerichteten, jedoch niemals abgeschickten Brief, in dem er seinen Vater „questa canaglia maledetta“ (diese verfluchte Canaille) nennt und ihnen, ebenfalls auf italienisch, verbietet, ihm je wieder über den Vater zu berichten.

Aus psychoanalytischer Sicht erscheint es daher gerechtfertigt, in diesen Aufzeichnungen den seelischen Niederschlag so erschreckender Erlebnisse und Gefühlsregungen zu sehen, daß sie nur in abgewandelter Form, intellektuell in eine fremde Sprache transponiert, d. h. verkleidet als unemotionale *Sprachübung* und ichentfremdet, zum Ausdruck gebracht werden konnten. Gleichzeitig aber sind ja diese Niederschriften persönliche Geständnisse von tiefster Art – auch gegenüber den bei Schliemann stets ähnlichen Sprachlehrern, die solche Aufzeichnungen gewissenhaft durchlesen und verbessern mußten. Wir können demnach in den verschiedenen Sprachlehrern, die Schliemann viele Jahre hindurch fast regelmäßig hatte (er lernte mit ihrer Hilfe mehr als ein Dutzend Sprachen), gewissermaßen analytische Übertragungspersonen des einst geliebten *guten Vaters* erkennen, der trotz aller ödipalen Rivalität und trotz des ihm in dem autobiographischen Schriftstück zugeschobenen Muttermordes (Urszene?) als ambivalentes Liebesobjekt weiter besteht. In der Tat sandte Schliemann, als er reich geworden war, dem aus dem Pfarramt vertriebenen Vater regelmäßig Geldbeträge und zahlreiche, in warmem Ton gehaltene Briefe.

Um auf das Schöpferische bei Schliemann zurückzukommen, sei darauf hingewiesen, daß die hier erörterten Niederschriften (nebst vielen anderen) bei ihm einer Art von freien Assoziation gleichzusetzen sind und daß nach Kubie (1966, S. 1) „die freie Assoziation der natürliche Vorgang ist, durch den der Mensch zum Schöpfer wird, mag er nun Künstler, Wissenschaftler, Jurist, Geschäftsmann, Analytiker oder dessen Patient sein". Schliemann – mit seinen zur Sprachübung erklärten Geständnissen und freien Assoziationen – war sozusagen „Patient" seines jeweiligen Sprachlehrers, und dieser wurde unbewußt zum „Analytiker" in der so gegebenen Wechselwirkung. Von besonderem Interesse ist ferner das ausgesprochen hypermnestische Element, das vor allem in dem selbstbiographischen Gefühlsausbruch so klar zutage tritt. Der Text liest sich, als seien die geschilderten Erlebnisse gestern oder vorgestern geschehen; in Wirklichkeit lagen sie Jahrzehnte zurück. Eine solche markante *Hypermnesie*[1] mit ihren stark affektiv geladenen Erinnerungsbildern an Gesehenes, Gehörtes, Empfundenes findet man nicht selten bei Menschen, die freien und schöpferischen Geistes sind. Sie besitzen die Fähigkeit, den Widerstand gegen das Aufkommen quälender Erlebnisse aus dem unbewußten bzw. vorbewußten Bereich zu überwinden und längst vergangene Ereignisse aus Eigenem heraus neu und lebendig zu machen bzw. sie kreativ umzugestalten.

Im Grunde ist es ein großenteils im unbewußten Ichgefüge sich abspielender Wiederherstellungs- und Wiederbelebungsprozeß, der auf die unbewußte Wiedergewinnung verlorengegangener Liebesobjekte zielt und gerade beim Studium des Schliemannschen Lebenswerks mit ungewöhnlicher Deutlichkeit erkennbar wird. Wenn man nach den Hintergründen des Schöpferischen bei Heinrich Schliemann forscht, so findet man diesen Prozeß in hohem Maße ausgeprägt. Als er sich um die Lebensmitte grübelnd und suchend endlich zum Übergang vom erfolgreichen Kaufmannsberuf zur Archäologie entschloß, hatte er nach der früh verstorbenen Mutter alle seine Brüder durch den Tod verloren. Einer der Brüder, Paul, hatte Selbstmord begangen; ein anderer, Louis, war wenige Jahre vorher durch Krankheit in Kalifornien verstorben, und Heinrich war daraufhin sofort nach Kalifornien geeilt in dem erfolglosen Versuch, die Leiche des geliebten Louis abzuholen und nach Europa zu bringen. Es war die Zeit – 1850/52 – des kalifornischen „Goldrauschs". Schliemann blieb fast zwei Jahre dort und wurde Millionär. Hier tritt ein weiterer Faktor zum erwähnten Wiederherstellungsprozeß hinzu: die Überlebensschuld. Anstatt die Leiche des Bruders aus der kalifornischen Erde herauszuholen, war er dort zum Millionär geworden.

Die intensiven Wiederherstellungsstrebungen äußern sich u. a. auch darin, daß er seinen Vetter Adolph in vielen Briefen einfach zu seinem „Bruder" macht und ihn so bezeichnet.

Hier nähern wir uns dem tiefenpsychologischen Kern von Schliemanns Hinwendung zur Archäologie. Längst vor ihm hatte es Archäologie und erfolgreiche Archäologen gegeben – man denke an Winckelmann und seine Ausgrabungen in Pompeji etc. –, deren Interessen jedoch hauptsächlich auf die Rettung und Bewahrung bedeutender Kulturgegenstände (Kunstwerke, Tempel, Büsten von Göttern, Göttinnen, Kaisern, Staatsmännern) gerichtet waren. Bei Schliemann war dies anders. Ihm kam es vor allem auf die *Enterdung* – falls es erlaubt ist, dieses Wort in die deutsche Sprache einzuführen; auf englisch: *unearthing* – des Begrabenen und Verlorengeglaubten an, es wieder ans Tageslicht zu bringen und so das Vergangene, das Tote wiederherzustellen, es der Erde zu entnehmen und „neu" oder „lebendig" zu machen. Und ist nicht die Archäologie – seit Schliemann – tatsächlich jene Wissenschaft, die uns Kunde gibt von der entschwundenen und begrabenen Welt der Toten, wie sie einst lebten und schafften, wohnten und bauten, kämpften und wirkten? Schliemann war der erste, der in die Erde eindrang, um aus ihr neben Kunstobjekten, die er keineswegs verachtete, die Massen von Scherben und sonstigen früher für unwichtig gehaltenen Gegenständen zutage zu fördern, die uns heute so manchen Einblick in das Alltagsleben unserer prähistorischen Vorfahren gewähren und zudem durch ihre Schichtung, Struktur und dergleichen uns gewichtige Kenntnisse über ihr Alter, Gebrauch, Herkunft vermitteln und so faktisch den Wiederherstellungsprozeß ermöglichen.

Dies alles geht auf Schliemann zurück und macht ihn zum eigentlichen Begründer der *modernen* Archäologie. Aber wir wissen auch, daß seine Hingabe an die Archäologie, zumal in den Anfangsjahren, nicht die eines kühlen Wissenschaftlers gewesen ist, daß vielmehr sein Interesse hieran ein leidenschaftliches, persönliches war und daß sein Vorgehen bei den Ausgrabungen aggressiv, nicht selten zu aggressiv geschah, so daß ihm manche analytisch vielsagenden Fehler unterlaufen sind. Um den Entwicklungsgang und auch die Fehlleistungen zu verstehen, kehren wir an dieser Stelle zum Ausgangspunkt zurück. Selbst eine psychogenetische Kurzbetrachtung der Kindheit wird uns aus zwei kleinen Ortschaften in Mecklenburg bald zu den schöpferischen Großleistungen in Troja und Mykene führen.

Die Friedhofswelt des jungen Schliemann

Heinrich Schliemann wurde am 6. Januar 1822 in Neu-Buckow, Mecklenburg, in einem Pfarrhaus geboren, das am Rande eines Friedhofs gelegen war, „den Kirchhof vor unserer Tür", wie er einmal schrieb. Er wurde der Ausgräber zahlreicher archäologischer Grabstätten – bekanntlich war eine seiner wichtigsten Entdeckungen, neben Troja, die der Schaftgräber in Mykene. Sein Vater, der Pastor und Prediger Ernst Schliemann, wurde später in eine andere mecklenburgische Pfarre, nach Ankershagen, versetzt, wo gleichfalls „ein Kirchhof vor unserer Tür" vorhanden war. (Schliemann gebrauchte das Wort *Kirchhof,* nicht *Friedhof* in seinen Schriften; ob dies darauf beruht, daß das erstere Wort im norddeutschen Sprachgebrauch damals üblicher war als das letztere, ist heute schwer zu entscheiden. Noch ist zu sagen, ob er bewußt oder unbewußt das Wort *Fried*hof vermied; denn Frieden, wie wir gesehen haben, gab es in dem mecklenburgischen Pfarrhaus anscheinend nie.)

An diesen Plätzen verlebte Schliemann seine ersten neun Kindheitsjahre. Alles weist darauf hin, daß die mit einem frühkindlichen Aufwachsen solcher Art verbundenen Wahrnehmungen und Erfahrungen über Tod, Sterben, Tote, Särge, Gräber, Grabsteine für ihn niemals ihren erregenden, erlebnisdynamisch fortwirkenden Charakter verloren. Dafür legte das Frühdasein in unmittelbarer räumlicher Verknüpftheit mit der Welt der Toten und Grabstätten dem intelligenten Kleinkind zu viele unlösbare Rätsel auf.

Zudem gab es zwei spezifische Geheimnisse auf den beiden Friedhöfen. Das eine Geheimnis – auf dem Kirchhof von Neu-Buckow – bezog sich darauf, daß dort ein gewisser Heinrich Schliemann begraben lag, der gestorben war, als der uns bekannte und uns hier beschäftigende Heinrich drei Monate alt war. Dies war so: Im März 1822 starb in Neu-Buckow ein acht Jahre älterer Bruder, Heinrich genannt, und wurde auf dem dortigen Friedhof begraben, wo auf dem Grabstein eine eingemeißelte Inschrift den Schmerz der Eltern *über den Tod ihres geliebten Sohnes Heinrich Schliemann* sprachlich klar zum Ausdruck brachte. *Unser* Heinrich Schliemann, d. i. der zweite dieses Namens, wurde im Januar 1822 geboren. Trotz meiner fortgesetzten Korrespondenz mit mecklenburgischen und sonstigen Stellen, Rückfragen bei den immer zahlreicher werdenden Schliemann-Biographien und weiterer Versuche in dieser Richtung hat sich bisher nicht feststellen lassen, wie es im Jahre 1822 zur gleichen Benennung der beiden Brüder seitens der Eltern kam; auch in Ernst Meyers an konkreten Daten zuverlässiger Biographie (1969) ist hierüber nichts Schlüssiges enthalten. Was somit für uns Heutige noch ungeklärt ist, muß für den überlebenden Knaben Heinrich, nachdem er lesen gelernt hatte und bei Friedhofsbesuchen der Grabstätte des verstorbenen Bruders *seinen eigenen Namen als Todesinschrift* in den Grabstein gemeißelt fand, eines der großen und beängstigenden Geheimnisse seiner Jugend gewesen und darüber hinaus zeit seines ganzen Lebens geblieben sein. Er war sich offenbar niemals ganz sicher, ob er der *tote* Heinrich *im* Grab oder der *lebende* Heinrich *außerhalb* des Grabes war. Als Zwanzigjähriger beschreibt er einen kürzlichen Besuch der Grabstätte des Bruders folgendermaßen: „... nachdem ich des *kleinen Heinrichs Grab besehen,* setzten wir unsere Reise nach dem dreitürmigen Wismar fort, wo ich u. a. auch einen Brief an Pastor Hager abzugeben hatte ... Sowohl er als auch Frau Gemahlin empfingen mit der größten Herzlichkeit ihren alten treuen Schüler, beide konnten sich nicht satt sehen und nicht genug bewundern, welch *ein großer schlanker Mann aus dem kleinen Heinrich* geworden ..." (Brief an die Schwestern vom 20.1.1842, Hervorhebungen von mir).

Wie erwähnt, kommen wir hier den Quellen des Schöpferischen bei Schliemann näher: Die Kreativität, die ja per se eine *Funktion des Lebendigen* ist und in direkter *Antinomie zum Toten und Begrabenen* steht, gehört nicht in den Bereich des entschwundenen *kleinen Heinrich,* sondern in den des *großen, schlanken* und lebenden Heinrich hinein. Daher dessen rastlose Tätigkeit, Arbeitswut, Schaffen, Reisen, Geldverdienen, Sprachen lernen, Schreiben, Ausgraben, Verborgenes und Entschwundenes ans Tageslicht fördern, Inschriften lesen und entziffern ... In einem der Tagebücher Schliemanns, das er während seiner Weltreise 1864/65 – lange bevor er zur Archäologie überging – mit sehr genauen Eintragungen über seine Erfahrungen in China, Japan, Indien usw. füllte, fand ich seitenlange Berichte über die Minggräber an der großen chinesischen Mauer, die Form und Ausmaße jedes besuchten Grabes (von ihm in loco mit eigenem Zollstock ausgemessen), jede einzelne Grabinschrift genau inspiziert und notiert *mit besonderer Aufmerksamkeit für die Dimension und Beschaffenheit der Steine sowie die darin eingemeißelten Namen.* Wie einst als Kind vor der Grabstätte mit der Steininschrift über den toten Bruder in Mecklenburg. (Und wirklich lesen sich die zahlreichen Tagebucheintragungen hierüber zum Teil wie die Aufzeichnungen eines erregten Schulkindes im sorgfältig gehaltenen Schulheft.)

Auch Ankershagen hatte seine Geheimnisse und diese wiederum in engster Lokalverbindung mit Gräbern und vergrabenen Schätzen. Da gab es die grausige Geschichte von dem Raubritter Henning, dessen linkes Bein in nächtlicher Verborgenheit nach Angaben des Totengräbers Wöllert, der sich oft mit dem jungen Pfarrerssohn auf dem Kirchhof unterhielt, immer wieder aus dem Grabe herauswuchs. Da gab es ein Hünengrab, eine Burg und eine sagenhafte goldene Wiege, in der ein totes Kind verborgen lag, und der „Wunder von Ankershagen" waren viele, wie sie Schliemann selbst später in der Einleitung zu seinem Magnum Opus *Ilios* (1881 a) mit hypermnestischer Erinnerungsschärfe beschrieben hat.

In Ankershagen verknüpfte sich frühzeitig die Friedhofswelt des *Thanatos* mit der des *Eros.* Kaum hatte Heinrich das ödipale Alter erreicht, so fand er in der benachbarten Pächterstochter, Minna Meincke, seine „kleine Braut“ (Schliemanns Worte 1881!), mit der er auf die Suche nach dem Grab des Raubritters ging, um es zu öffnen und dessen Inhalt – samt der vergrabenen *goldenen Wiege* – der Erde zu entnehmen. Sie fanden es nicht. Dafür gaben sie sich auf dem Friedhof heilige „Eheversprechen“, ergingen sich in kindlichen Liebesspielen zwischen den Grabsteinen und bestaunten „voll ehrfürchtiger Bewunderung die alten Kirchenbücher ... da die ältesten Geburts-, Ehe- und Todeslisten für uns einen ganz besonderen Reiz hatten“.

Mehr als 40 Jahre danach (um 1869/70) kehrt alles in psychobiographischer und psychodynamischer Konsequenz wieder: Mit seiner jungen griechischen Frau Sophia (der Name seiner toten Mutter), die er in zweiter Ehe unter der *einen* Bedingung geheiratet hatte, daß sie ihm bei seinen Ausgrabungen in der Troas beistehen würde, forscht er unablässig nach der alten Helden- und Wunderstätte der homerischen Sagen – und dieses Mal findet er sie *in situ,* eine schöpferische Leistung, die ihm den ebenso ersehnten wie berechtigten Weltruhm einbrachte.

Auch hierzu war Schliemann aufgrund eines hypermnestisch festgehaltenen Kindheitserlebnisses gelangt. Als Achtjähriger hatte ihm sein Vater, der an den homerischen Gedichten interessiert war und ihm als erster Sprachlehrer die Anfangskenntnisse des Lateinischen und Griechischen beigebracht hatte, Jerrers *Weltgeschichte für Kinder* (Nürnberg 1828) als Weihnachtsgeschenk gegeben. Gemäß Schliemanns späteren Angaben enthielt das Büchlein ein ihn tief und lebenslang beeinflussendes Bild, das das brennende Troja mit seinen gewaltigen Mauern und den daraus fliehenden Äneas mit dem Vater Anchises auf dem Rücken und seinem Söhnchen Askanios an der Seite zeigte. Da die Existenz dieses Bändchens von Biographen wiederholt angezweifelt wurde, sei hier nur kurz gesagt, daß ich in den Archiven der Gennadius-Bibliothek im Jahre 1961 auch dies fand. Abbildung 4 zeigt die Photokopie der mit dem Namen Schliemanns überschriebenen Titelseite.

Die

Weltgeschichte

für

Kinder

von

Dr Georg Ludwig Jerrer.

einrich Schliemann

Vierte vermehrte und verbesserte Auflage.

Mit vielen Kupfern.

Erster Theil.

Nürnberg, 1828.

Druck und Verlag von Friedrich Campe.

Abbildung 2: Jerrers Weltgeschichte für Kinder

Der Traum auf dem sinkenden Schiff

In Schliemanns Briefen und Tagebüchern sind eine Anzahl von Träumen vermerkt. An einer Stelle gibt er seiner Verwunderung Ausdruck, daß er so oft von Toten träume.

Die folgende Originalniederschrift gibt die Umstände und den Inhalt des Traumes wieder, den Schliemann in der Nacht vom 11. zum 12. Dezember 1841 auf der Brigg *Dorothea* hatte. Nach seiner Entlassung als Ladendiener in Fürstenberg (Mecklenburg) hatte er versucht, in Hamburg oder dessen Umgebung Arbeit zu finden. Diese Versuche waren nach mehrfachem Stellenwechsel gescheitert, und er schiffte sich in Hamburg am 1. Dez. 1841 auf der *Dorothea* ein, um sich nach Venezuela zu begeben und dort sein Glück zu versuchen. Die Brigg geriet in der Nordsee in einen orkanartigen Sturm und zerschellte auf einer Sandbank nahe der holländischen Insel Texel.

Auch der Bericht über diese Ereignisse wurde von Schliemann als eine italienische *Sprachübung* abgefaßt, in gekürzter Version auch lateinisch niedergeschrieben, und so gilt für ihn das mit Sicht auf die Verschiebung von Schreckerlebnissen ins Intellektuelle bereits Gesagte. Hier gebe ich meine Übersetzung des italienischen Wortlauts:

> ... Acht Tage lang hatten wir ohne Unterbrechung steife Brise – Sturm – Orkan, der uns immer mehr an die Küste von Holland herantrieb. Es war in der Nacht vom 11. zum 12. Dezember 1821, ich war frühzeitig zu Bett gegangen und schlief tief, nie zuvor hatte ich so gut geschlafen. Ich träumte – sah im Traum, daß wir in unserem Bestimmungsland ankamen, und kaum war das Schiff im Hafen eingelaufen, tauchte ich ins Wasser mitten unter die Haifische, schwamm ans Land und flüchtete – desertierte ins Innere des Landes, wo ich eine Stelle als Diener auf einer Plantage bekam. Ich träumte weiter, daß sich die Frau des Plantagenbesitzers in mich verliebte und daß wir beschlossen, den Besitzer zu vergiften – kaltblütig und geschickt taten wir dies. Nach seinem Tod heirateten wir – paarten uns – aber ich träumte weiter, daß ich außer meiner Frau auch meine schwarzen Sklavinnen genoß. Während ich in solch süße Träume versunken war, weckte mich ein gewaltiger Stoß, der mich aus dem Bett herausstürzte. Das Schiff war auf eine Klippe gestoßen – auf einer Sandbank eingekeilt, und schon drang das Wasser ein. Mit einem Baumwollhemd bekleidet, sprang ich nach oben, aber schon ging mir das Wasser bis an den Bauch. Trotzdem gelangte ich an die Treppe und lief aufs Deck, wo ich von einer ungeheuren Wasserwoge überkommen wurde, die mich mit dem Munde voran aufs Deck warf und alle meine Vorderzähne zerbrach. Aber so groß war mein Schrecken, daß ich nicht den Schmerz fühlte. Ich richtete mich auf und band mich mit Tauen fest ... mit jeder Welle erwartete ich den Tod ...

Der Originaltext ist wiederum von einer anderen Hand – anscheinend der eines Sprachlehrers – korrigiert, und auch Schliemanns Niederschrift ist nicht in allen Teilen klar lesbar. Eine genaue Analyse dieses Dokuments kann wegen Raummangel hier nicht durchgeführt werden; sie würde viele Seiten in Anspruch nehmen. Deshalb beschränke ich mich auf drei Punkte: 1. Der zweite Teil des Traumes ist eindeutig als eine unverhüllte ödipale Wunscherfüllung zu erkennen. Warum der Tod des Plantagenbesitzers („Vaters“) durch Vergiften herbeigeführt wird, ist schwer zu sagen. Möglicherweise sah Schliemann in den im Fürstenberger Kramladen gegen sein Blutspucken vergeblich angewandten Medikamente vermeintliche „Gifte“. Ein Jahrzehnt später, als Schliemanns Bruder Louis in Kalifornien wahrscheinlich an Typhus erkrankte und dort verstarb, schrieb Schliemann über seinen Verdacht, daß ihn die Ärzte mit ihren giftigen Arzneien ums Leben gebracht hätten. Er selbst war zeitlebens ein Anhänger der Naturheilkunde und speziell an Kneippkuren interessiert. Doch verband ihn im letzten Lebensjahrzehnt auch eine enge Freundschaft mit Rudolf Virchow, dem großen Mediziner und Pathologen des 19. Jahrhunderts. Meine Ansicht ist, daß hier im Traum bei ihm, der in seiner selbstbiographischen Schilderung den Vater anklagt, den Tod der Mutter verursacht zu haben, die ödipale Wunscherfüllung durchbricht – er und die Mutter bringen den Vater ums Leben.

2. Der erste Teil des Traumes ist ein Geburts- bzw. Wiedergeburtstraum. Mit Bezug hierauf sei auf die handschriftliche *Fehlleistung* in der Datierung der Sturmnacht, des Schiffbruchs und des Traumes verwiesen. Es war im Dezember 1841, daß dies alles geschah, nicht 1821, wie es ursprünglich im Original geschrieben erscheint. Im Jahre 1821 war unser Heinrich Schliemann noch nicht geboren, aber der ihm vorangegangene Namensbruder Heinrich – 1822 im März auf dem Neu-Buckower Friedhof begraben – war noch am Leben. Liegt hier jene Identifikationsfusion mit dem gleichnamigen toten Bruder vor, die er durch rastloses Erlernen von Fremdsprachen – in einem Brief vom 9. April 1863 präzisiert er, daß „jede neue Sprache ein neues Leben“ für ihn sei –, Arbeitswut, häufiges Reisen, ständiges Schreiben, Tun und Handeln zu bekämpfen versuchte? In der dritten Zeile des photokopierten Originaltextes ist klar zu erkennen, daß unter der dicken korrigierenden Nummer *4* ursprünglich eine andere Zahl, höchstwahrscheinlich die *2* in 1822, geschrieben stand. Vom psychoanalytischen Standpunkt aus gesehen haben wir hier demnach eine

typische Phantasie der Rückkehr in den Mutterleib vor uns, die prompt von einer Wiedergeburtsphantasie – ich „schwamm an Land“ – gefolgt war. Die unter lebensbedrohenden Umständen durch holländische Fischer zustandegebrachte Rettung aus dem Wasser gab ihm das Gefühl des Wiedergeborenseins und daß er von nun an zu „höheren“ Zwecken bestimmt sei, wie er es nur wenige Monate danach in einem langen, an die Schwestern in Mecklenburg gerichteten Brief (vom 20.2.1842), in dem auch der Traum kurz erwähnt ist, berichtete.

3. Das Ganze war ein kreativer Traum. Nach der Ankunft im „Bestimmungsland“ begibt er sich sofort ins *Innere des Landes,* wo im aktiven Zutun der Frau, d. i. der wiedergefundenen Mutter, der ödipale und postödipale Aufstieg vom untergeordneten Diener zum reichen Plantagenbesitzer stattfindet. Spiegelt dies nicht seine dem Schiffbruch folgende Lebens- und Erfolgsgeschichte in toto wider? Als völlig mittelloser Schiffbrüchiger in Amsterdam war er so arm, daß für ihn Geld und Kleidung gesammelt werden mußten. Deutsche Konsuln raten ihm wiederholt, „nach Deutschland zurückzukehren ... was ich entschieden ablehnte“, wie er es mehrfach in seinen Berichten hervorhebt. Es ist in fremden Ländern (erst Holland, dann Rußland, Amerika, Frankreich, Griechenland), wo sein Aufstieg vom kleinen Handlungsgehilfen zum Großunternehmer stattfindet. Vielerorts erwirbt er Güter und *Pflanzstätten* (im Traum wird er Plantagenbesitzer) und bleibt auch nach seiner Hinwendung zur Archäologie im Welthandel tätig. Soweit das erfolgreich Geschäftliche. Aber ist nicht auch sein Übergang in die Archäologie im Traum enthalten? Darin dringt er tief in das *Innere des Landes* ein – und ist nicht sein archäologisches Schaffen ein Ein- und Vordringen in das *Innere der Erde* in concreto? Die erstaunliche Sicherheit und das unerschütterliche Selbstvertrauen, die mit diesen Leistungen bei ihm einhergingen, was insbesondere Lewin (1958) betont, sind m. E. analytisch ebenfalls im Lichte des Traumes und der Rettung aus dem sturmgepeitschten Meer (Wiedergeburt!) zu verstehen, und so glaube ich nicht fehlzugehen, wenn ich den beschriebenen Traum als einen *kreativen* bezeichne. In diesem Sinne könnte man auch von einem „Traum nach vorwärts“ (Ernst Bloch; vgl. Slochower, 1972) sprechen. Das volle unbewußte Substrat des Traumes herauszuarbeiten sei einer späteren Untersuchung vorbehalten.

Nicht ohne Absicht habe ich mich in diesem Essay eingehender theoretischer Erwägungen enthalten. Es lag mir daran, das spezifisch

Schöpferische in Schliemanns Erlebniswelt vor allem mit Bezug auf seine individuellen traumatischen Erlebnisse und seine eigenen Bekenntnisse dokumentarisch darzutun. Wie daraus klar erkennbar, spielten bei seiner Kreativität Frühbegegnung mit Thanatos, Objektverlust, Traumata, hypermnestisch verankerte Prozesse, Wiederherstellungsstrebungen nebst anderen Faktoren („Begabung") eine beträchtliche Rolle. Wenn beispielsweise von manchen Autoren die Bedeutung des Objektverlusts als „Stimulus des kreativen Prozesses" (vgl. Müller-Braunschweig, 1974) angesehen wird, so pflichte ich dem unter der Voraussetzung bei, daß hierdurch inaktive bzw. vorher latente und „unvergängliche" Wiederherstellungstendenzen aktiviert und in Bewegung gesetzt werden; also unter der Voraussetzung einer bislang individuell latent gebliebenen und nur potentiellen Kreativität – *this very stimulus means a great deal, indeed,* wenn ich es so auf amerikanisch ausdrücken darf.

Wie stark in Schliemanns kreativem Schaffen die kindlichen Früherlebnisse auf der Friedhofswelt in Mecklenburg mitwirkten, geht u. a. aus einer auffallenden Fehlleistung in Troja hervor. Sein Tagebuch *Ausgrabungen in der Ebene von Troja* beginnt mit dem handgeschriebenen deutschen Wort *Burg* Troja, das ausgestrichen und mit dem Wort *Pergamus* überschrieben ist. Hier also ist er zu Beginn eines großen Werkes wieder zu den „Wundern von Ankershagen" zurückgekehrt. Doch der kreative Prozeß ging bei ihm weiter und eröffnete für uns Nachfahren die Wunder der minoisch-mykenischen Welt.

Zum Schluß sei erneut auf die Bedeutung des Schliemannschen Lebenswerks für die Entstehungsgeschichte der Psychoanalyse verwiesen (Niederland, 1965 b). Wie Schönau mit Recht betont, gruppierten sich Freuds häufige analytisch-archäologische Vergleiche um sein früh gewecktes Interesse an seiner lebenslang fortgesetzten Beschäftigung mit der Archäologie. Aus Freuds Briefen an Fließ (Freud, 1986), seiner Studie über Wilhelm Jensens *Gradiva* (Freud, 1907) und anderen Schriften wissen wir, daß bei alledem Schliemann „eine zentrale Gestalt" war, dessen „Ausgrabungen in Freuds Jugendzeit fielen" und die gebildete Welt faszinierten (Schönau, 1968). Sein Name und Werk werden von Freud wiederholt mit hoher Anerkennung zitiert.

Jedoch sei auch hier eine Einschränkung gestattet. Wenn Freud über Schliemann an Wilhelm Fließ schreibt: „Der Mann war glücklich, als er den Schatz des Priamos fand, denn Glück gibt es nur als

Erfüllung eines Kinderwunsches" (Freud, 1986, S. 387), so zeigt uns ein genaues Studium seiner zahlreichen Briefe und Tagebücher, daß volles Glück Schliemann eigentlich niemals beschieden war. Und wie könnte es beim Schöpferischen eines suchenden und forschenden Menschen anders sein? Falls wirkliches und bleibendes Glück sich bei ihm einstellte, würde es mit dem trächtig Schaffenden und Impetus creandi zumeist bald zu Ende sein.

Nicht selten liest man, daß Freuds Ausgangspunkt bei seinen Forschungen der *kranke Mensch* gewesen sei. Dies trifft nur – und auch hier *cum grano salis* – für seine voranalytischen Arbeiten zu. In Wahrheit war Freuds Ausgangspunkt, als er die Psychoanalyse schuf, der *schöpferische Mensch,* nämlich er selbst, der seine Konflikte, Träume, Phantasien, Ambitionen, Leistungen und Fehlleistungen analytisch untersuchte und uns von ihnen Kenntnis gab. Einen Beitrag zur Kenntnis des Schöpferischen bei einem ihm vorausgegangenen, wenn oft auch fehlgegangenen Sucher zu liefern – dies war der eigentliche Sinn der vorstehenden Arbeit.

Anmerkung

1) Hierin sehe ich eine enge Beziehung zur *heightened sensivity,* die Greenacre (1958) bei allen schöpferisch begabten Menschen postuliert.

Die erste Anwendung der Psychoanalyse auf ein literarisches Werk

Entgegen der allgemeinen Annahme sind weder die *Gradiva* (1907) noch die *Denkwürdigkeiten eines Nervenkranken* (1911) die ersten literarischen Werke, an denen Freud das empfindliche Instrumentarium der von ihm entdeckten Wissenschaft erprobte. Die erste Anwendung der Psychoanalyse auf ein literarisches Werk stammt aus dem Jahre 1898, als Freud eine kleine, kaum bekannte Novelle des Schweizer Dichters Conrad Ferdinand Meyer (1825–1898), *Die Richterin,* analysierte.

Ganz gewiß finden sich in Freuds Briefen an Fließ in wachsender Häufigkeit zwischen 1895 und 1897 zahlreiche Hinweise auf literarische Arbeiten, etwa auf *Hamlet*, Grillparzers *Die Ahnfrau,* Jacobsens *Niels Lyhne,* Gottfried Kellers *Der grüne Heinrich* und auf frühneuzeitliche Dokumente wie den *Malleus Malleficarum.* In diese Zeit fällt auch der erste direkte Hinweis auf Ödipus, in einem Brief an Fließ vom 15. Oktober 1897 (Freud, 1986, S. 293). Das früheste Beispiel methodischer Analyse einer literarischen Arbeit jedoch ist zweifelsohne *Die Richterin.* Ende 1897 oder Anfang 1898 machte Freud Bekanntschaft mit den Werken des Schweizer Poeten und Erzählers durch Wilhelm Fließ, der ihn auf Meyers Gedicht *Am Himmelstor* aufmerksam gemacht hatte, in dem der Waschzwang einer jungen Frau mit der Gewalt und Direktheit klinischer Erfahrung beschrieben wird. Kris (1950 a, S. 526, 531) wies darauf hin, daß Freud im folgenden den Arbeiten Meyers viel Aufmerksamkeit widmete und daß das Interesse daran Freud bis an sein Lebensende begleitete (vgl. auch Sachs, 1945). Zahlreiche Briefe Freuds an Fließ enthalten Hinweise auf den Schweizer Dichter, der häufig „unser lieber C. F. Meyer“ oder „unser Dichter“ genannt wird, und er wird auch in einer Fallstudie zitiert (Freud, 1909, S. 347). Da Freuds Vorliebe für Meyer eindeutig von dem Gedicht *Am Himmelstor* herrührt,[1] sei es hier zitiert:

Mir träumt', ich komm ans Himmelstor
Und finde dich, du Süße!
Du saßest bei dem Quell davor
und wuschest dir die Füße.

Du wuschest, wuschest ohne Rast
Den blendend weißen Schimmer,
Begannst mit wunderlicher Hast
Dein Werk von neuem immer.

Ich frug: „Was badest du dich hier
Mit tränennassen Wangen?"
Du sprachst: „Weil ich im Staub mit dir,
So tief im Staub gegangen!"

Am 20. Juni 1898 sandte Freud Fließ eine Skizze mit dem Titel *Die Richterin.*

In einem früheren Brief hatte er angekündigt, daß er an einer solchen Skizze arbeite. Hier folgen zusammenfassend einige Auszüge aus Freuds kurzer Analyse des Buches, auf dem sein Text basiert.

> Kein Zweifel, daß es sich um die poetische Abwehr der Erinnerung an ein Verhältnis mit der Schwester handelt. Merkwürdig nur, daß diese *genau* so geschieht wie in der Neurose. Alle Neurotiker bilden den sogenannten Familienroman ..., der einerseits dem Größenbedürfnis dient, andererseits der Abwehr des Inzestes. Wenn die Schwester nicht das Kind der Mutter ist, so ist man ja des Vorwurfes ledig ... Der Zustand der Schwester, die Anorexie, geradezu die neurotische Folge des Kinderverkehrs, nur ist es in der Novelle nicht die Schuld des Bruders, sondern der Mutter ... Die Rauferei, die in einer Kinderliebe nie fehlt, ist auch in der Novelle durch das An-die-Felsen-Schleudern der Schwester dargestellt ... Der Vater winkt als Kaiser Karl in seiner dem Kindertreiben fernen Größe und in anderer Inkarnation als der, dem die Mutter das Leben vergiftet hat und den der Familienroman regelmäßig beseitigt, weil er dem Sohn im Weg steht. (Wunschtraum vom Tod des Vaters.) ... Die Erbitterung gegen die Mutter macht sie in der Novelle zur Stiefmutter. Also in jedem einzelnen Zug identisch mt einem der Rache- und Entlastungsromane, den meine Hysteriker gegen ihre Mutter dichten, wenn sie Knaben sind (Freud, 1986, S. 347 f.).

Conrad Ferdinand Meyer starb im November 1898. Am 5. Dezember 1898 vermerkte Freud seinen Tod in einem Brief an Fließ und fügte hinzu, daß er sich kaum von einer anderen Erzählung dieses Autors, *Die Versuchung des Pescara,* lösen könne. Es ist die Geschichte des Todeskampfes eines berühmten italienischen Feldherrn (zweifelsohne eine Vaterfigur des Dichters) zur Zeit des deutschen Kaisers Karl V. Freud schrieb:

> Die Erlösung unseres lieben C. F. Meyer habe ich durch die Anschaffung der mir noch fehlenden Bände Hutten – Pescara – Der Heilige gefeiert. Ich glaube, jetzt tue ich es Dir an Begeisterung gleich ... Ich möchte gerne etwas von seiner Lebensgeschichte und damit von der Reihenfolge der Werke wissen, was ich zur Deutung nicht entbehren könnte (ebd., S. 368).

Die Richterin beschreibt, knapp zusammengefaßt, eine Episode, die in den Schweizer Bergen unter der Herrschaft Karls des Großen spielt, kurz nach dessen Krönung durch Papst Leo. Es ist eine Tragödie voller Düsternis und schlimmer Weissagungen. Die Handlung, erfüllt von Inzest, Gewalt, Mord und Selbstmord, spielt im Schweizer Kanton Graubünden. Dort lebt und regiert Stemma, die Mutter von Palma, der einzigen Tochter, nachdem sie fünfzehn Jahre zuvor ihren Gatten vergiftet hatte. Ihr Stiefsohn, Sohn und Erbe des ermordeten Gatten, war geflüchtet, doch kehrt er nun mit einer Kriegerschar des Kaisers zurück und verstrickt sich in eine Liebesaffäre mit seiner Halbschwester Palma. Die Richterin, die die richterliche und regierende Macht des Vaters usurpiert hatte, wird nun als Verbrecherin entlarvt und verurteilt und begeht Selbstmord.

Von dieser düsteren und verwickelten Geschichte gab Freud mehrere Zusammenfassungen, die hier resümiert seien. Er charakterisiert die Geschichte zunächst als eine Abwehr gegen die Erinnerung des Schriftstellers an ein Verhältnis mit seiner Schwester. In diesem Zusammenhang, sagt Freud, sei die Geschichte kennzeichnend für eine innerfamiliäre Bindung und ihre ödipale Bedeutung. Die kindliche Auffassung von elterlicher sexueller Beziehung ist eine Phantasie von Gewalt und mörderischer Aggression, wie sie tatsächlich nie in einer Kinderliebe fehlt. Seine klinischen Beobachtungen, so sagt er, bezögen sich auf viele Patienten, deren Phantasien „in jedem einzelnen Zug“ einigen der detaillierten Beschreibungen in Meyers Novelle ähnelten. Er weist auch auf ein neurotisches Symptom (Anorexie) bei dem verführten Mädchen hin und leitet dies von einem frühen Trauma ab.

Um Freuds Analyse zu untermauern, möchte ich kurz einige biographische Umstände aus dem Leben des Dichters erwähnen, die Freud, wie er an Fließ schrieb, unbekannt waren. Meyers Vater, ein hochgestellter Schweizer Beamter, starb, als sein Sohn *fünfzehn* Jahre alt war. Der Junge lebte mit der Mutter und seiner einzigen, sechs Jahre jüngeren Schwester. Der Vater war ein geachteter Jurist und Zivilbeamter, ein Konservativer, was sein politisches Denken betraf, der hohe Ämter als Schweizer Kantonalrat innehatte und auch als Autor historischer und religiöser Thematiken bekannt war, die von so bekannten Wissenschaftlern wie Ranke aufgegriffen wurden. Die Mutter des Dichters, Tochter eines fortschrittlichen Erziehungsrates, wird als eine Frau geschildert, die an Depressionen und Migräne litt. Sie war überaus ängstlich und „fast überzart", wie der Dichter es beschreibt. Sie mißbilligte die literarischen Neigungen des Sohnes, versuchte ihn vom Schreiben abzubringen und ließ ihn, als er zwanzig war, angeblich mit seiner Zustimmung in eine Nervenheilanstalt einweisen, aus der er nach drei Monaten wieder entlassen wurde.

Meyers erste und erfolglose literarische Abenteuer waren epische und dramatische Fragmente über historische Persönlichkeiten (Otto III., Heinrich IV., Friedrich II.). Mit diesen literarischen Versuchen begann der junge Schriftsteller kurz nach dem Tod seines Vaters. Sie können daher als unbewußte Tendenzen aufgefaßt werden, das verlorengegangene väterliche Objekt wiederzugewinnen. Er las diese Geschichten seiner Schwester vor, die ihn in seinem Wunsch, Schriftsteller zu werden, bestärkte. Als Dreißigjähriger nahm Meyer für kurze Zeit eine Stelle als Geschichtslehrer am Blindeninstitut in Lausanne an. Ein Jahr später wurde seine Mutter in eben jene Nervenheilanstalt aufgenommen, in die sie etliche Jahre zuvor ihren Sohn hatte einweisen lassen. Wenig später beging sie Selbstmord, indem sie sich ertränkte. Danach lebte der Schriftsteller sehr eng mit seiner Schwester zusammen, bis er im Alter von knapp fünfzig heiratete. Seine Schwester blieb ledig, half ihrem Bruder im Haushalt, begleitete ihn auf seinen Reisen, fungierte als seine Sekretärin und als persönliche und berufliche Ratgeberin in praktisch allen Angelegenheiten. Sadger (1908) berichtet, daß die Beziehung zwischen Meyer und seiner Schwester der eines katholischen Priesters und seiner Haushälterin vergleichbar gewesen sei und daß der Dichter nach seiner Heirat fast wöchentlich den Zürcher See überquert habe, um seine Schwester zu besuchen. Sie reisten auch gemeinsam ins Ausland und verbrachten die Ferien zusammen.

Mein Interesse an *Die Richterin,* ganz abgesehen von dem historischen der ersten Anwendung der Psychoanalyse auf ein literarisches Werk, knüpft an meine Studien über Flußsymbolik an (vgl. Niederland, 1956/57). Im Laufe der Untersuchung literarischer Quellen, die zu dieser Studie gehören, entdeckte ich, daß die Biographien der beiden Dichter Byron und Meyer (die ansonsten wenig gemein haben) eine gut dokumentierte inzestuöse – oder zumindest inzestuös gefärbte – Bruder-Schwester-Beziehung aufweisen. Ich behauptete auf theoretischer Grundlage, daß beider literarische Arbeiten in deutlichem Zusammenhang mit diesem Thema stehen oder doch Hinweise darauf enthalten, höchstwahrscheinlich in Ausdrücken der Flußsymbolik. Umfassendes bestätigendes Material dieser Art findet sich in Byrons *Childe Harold* wie auch in Meyers *Die Richterin*.

In *Childe Harold* erscheint der Rhein wiederholt in direkter Verbindung mit Byrons Liebe zu seiner Halbschwester Augusta, wie nachfolgende Zeilen verdeutlichen. Die entsprechenden Stellen habe ich hervorgehoben:

The castled crag of Drachenfels
Frowns o'er the *wide and winding Rhine*
Whose breast of waters broadly swells
Between the *banks that bear* the vine ...

Während der Dichter den „herrlich überreichen Fluß" entlangreist, der „edel schäumt und strömt", erinnert er sich, daß „an die tausend Schlachten deine Ufer überfielen".

Nor was all *love* shut from him, ...
For there was soft remembrance, and sweet trust
In one *fond breast,* to which his own would melt,
And in its tenderer hour on that his bosom dwelt ...
And there was *one soft breast,* as hath been said,
Which unto his was bound by stronger ties
Than the church links withal; and, *though unwed,*
That love was pure and far above disguise, ...
Nor would on earth a spot be found
To nature and to me so dear,
Could thy dear eyes in following mine
Still sweeten more these *banks of Rhine!* ...
And the *waves bound beneath me as a steed*
That knows his rider. Welcome to their roars! ...
... once I loved
Torn ocean's roar, but thy soft murmuring
Sounds sweet as if a *sister's* voice ...[2]

Byron wob also die Geschichte seiner inzestuösen Liebe in die beeindruckenden Zeilen seines Gedichts, von dem ein Teil für Augusta geschrieben war – er sandte es ihr vom Rhein mit Blumen, die er eigens für sie getrocknet hatte. In Meyers Fall ist das vorhandene biographische Material unzureichend, was den tatsächlichen Grad von Intimität zwischen ihm und seiner Schwester betrifft. Freud (1986, S. 436) merkt an, daß Meyers Biograph Frey (1900) nicht „das Interne" kenne oder aber „es aus Diskretion nicht sagen" dürfe. Außer biographischem Material, Notizen der Schwester und anderen zeitgenössischen Quellen geben die folgenden Zeilen Meyers, die er an seine Schwester richtete, Auskunft über eine möglicherweise sehr enge Beziehung: „Mein wirklicher Lebenslauf ist unglaublich merkwürdig. Wie wird man später versuchen, ihn zu entziffern! Nur Du könntest es beschreiben, und Du wirst es nicht tun." Wie auch immer die tatsächlichen Umstände gewesen sein mögen, auf die der Dichter hier anspielt – Freuds Nachdruck, mit welchem er auf der Erinnerung Meyers an eine Affäre mit seiner Schwester insistiert, erscheint gerechtfertigt. Ursprünglich habe er bei der Planung der Novelle, so berichtet Meyer, zunächst an Sizilien als Handlungshintergrund gedacht, doch dann habe er diesen in die Schweiz verlegt als den „natürlichen Hintergrund" der Ereignisse, die er schildern wollte.

Charakteristisch für die Novelle ist ein wilder Bergbach. So wie die Leidenschaft zwischen Bruder und Schwester wächst und schließlich ihrem unausweichlichen Höhepunkt entgegentreibt, so vollzieht sich die Erfüllung der inzestuösen Liebe am Ufer eines verborgenen Bergsees. Die Szene wechselt dann zu einem Abgrund, den brausende Wasser aufgerissen haben, und zum Flußufer.[3] Während die Wasser mit elementarer Gewalt schäumen und tosen, schleudert der Bruder das Mädchen auf einen Felsen. Es sinkt zu Boden und blutet aus einer Stirnwunde. Der besessene, von Schuldgefühlen gepeinigte Bruder hebt die Bewußtlose schließlich auf und trägt sie davon. Im wörtlichen wie im symbolischen Sinne wird in dieser Szene etwas von jener Aggression und jenem Sadismus sichtbar, die, wie Freud knapp anmerkt, in einer Kinderliebe nie fehlen. Wenn sich am Ende herausstellt, daß Palma nicht die Schwester des Helden ist, richtet sich die Aufmerksamkeit des Lesers erneut auf die Mutter, welche die wirkliche Sünderin, die Frevlerin sowohl in Meyers Novelle wie in seinem Leben ist („Wenn die Schwester nicht das Kind der Mutter ist, so ist man ja des Vorwurfes ledig", kommentiert Freud bündig).

Es sei daran erinnert, daß die Mutter des Schriftstellers sich im Zustand schwerer Depressionen ertränkte. Vor ihrem Selbstmord hatte sie sich, wie Sadger (1908) berichtet, als „eine große Sünderin" bezeichnet. Sie habe sich auch des Mordes bezichtigt, weil sie den Tod eines alten Mannes verursacht hätte, der in ihrem Haus gelebt hatte und dann gestorben war. Es nimmt deshalb auch nicht wunder zu erfahren, daß der eigentliche Titel, den Meyer für diese Erzählung gewählt hatte, *Magna Peccatrix* war. Später änderte er den Titel in *Die Richterin,* doch setzte er erneut als Leitmotiv vor das Eingangs- und Schlußkapitel der Novelle: „Concepit in iniquitatibus mater mea." Wenn die Geschichte sich entwickelt, heißt es weiter, daß der Vater ermordet wurde, weil er „an meiner Mutter gefrevelt [hat] ... Trunken und brünstig! unter gebleichten Haaren!"

Die Richterin wurde 1885 publiziert. Ihr folgten in kurzen Abständen mehrere Werke, deren Höhepunkt 1891 Meyers wahrscheinlich schwächste historische Novelle, *Angela Borgia,* bildet – ebenfalls eine Erzählung von einem inzestuösen Bruder-Schwester-Verhältnis. Anfang 1892 sprach der Autor von dem Plan, die Erzählung *Die Richterin* zu überarbeiten oder neu herauszugeben, möglicherweise fürs Theater. Im Juli 1892 hatte er, wie er es nannte, eine Altersmelancholie und verbrachte mehr als ein Jahr in einer Nervenheilanstalt. Über diese Krankheit ist nichts bekannt, abgesehen von Äußerungen, die zeitliche Desorientierung verraten: „In welchem Jahrhundert leben wir eigentlich?" Der Dichter, 1893 aus der Anstalt entlassen, erholte sich nie mehr vollständig und hat auch nie mehr etwas geschrieben. Er starb 1898. Freud gedachte seiner in einem Brief an Fließ vom 5. Dezember desselben Jahres (Freud, 1986, S. 368).

Übersetzt von Wenda Focke

Anmerkungen

1) Am 15. März 1898 schrieb Freud (1986, S. 331) an Fließ: „Habe ich Conrad Ferdinand je unterschätzt, so bin ich seit dem Himmelstor durch Dich längst bekehrt."

2) Hier setzt der Dichter ganz direkt Fluß und Schwester gleich, wie man es oft in ähnlichen Träumen klinisch beobachten kann.

3) Auf die unbewußte sexuelle Bedeutung von Wörtern wie Schlucht, Spalte, Bucht, Fluß, Bett u. ä. bin ich an anderem Ort näher eingegangen (vgl. Niederland, 1956/57).

Die Geburt von H. G. Wells' „Zeitmaschine"

Einer der einflußreichsten englischsprachigen Schriftsteller des frühen 20. Jahrhunderts, H. G. Wells, und seine phänomenale Produktivität – neben zahllosen Artikeln, Buchbesprechungen und Kurzgeschichten veröffentlichte er mehr als 150 Bücher – sind psychologisch unerforscht geblieben. In Wells' Werken wiederholen sich bestimmte Themen, die mit seinem Leben und seiner persönlichen Entwicklung zu tun haben, und es fällt auf, daß er eigene negative Lebenserfahrungen auf die Menschheit als ganze und die ihr prophezeite Zukunft projiziert.

1866, ein Jahr nach dem Ende des amerikanischen Bürgerkriegs, geboren, wuchs Wells in der Hochblüte des Viktorianismus auf. Er erlebte zwei Weltkriege und auch noch den Beginn des Atomzeitalters mit. 1946, ein Jahr nach der Bombardierung von Hiroshima und Nagasaki, starb er.

Seine künstlerische Laufbahn begann während der Spätadoleszenz, und zwar mit dem Roman *Die Zeitmaschine* – einem literarischen Meisterwerk, das ihm, dem ehemaligen Lehrling in einem bescheidenen Manufakturbetrieb, Weltruhm einbrachte. *Die Zeitmaschine* war eine höchst ungewöhnliche Geschichte, ein bahnbrechendes Abenteuer im Reich dessen, was man heute „Science-fiction" nennt.

Im folgenden werde ich versuchen, in großen Linien die Hauptthemen, Einflüsse und Phantasien nachzuzeichnen, die für den Entstehungsprozeß des Romans eine Rolle spielen.

Die Zeitmaschine ist ein genialer Apparat, der es seinem Erfinder, dem Zeitreisenden, möglich macht, die Gegenwart zu verlassen und in die Zukunft zu reisen. Im Verlauf seiner Reise wird er Zeuge von Entstehung und Niedergang von Kulturen innerhalb verschiedener Zeitalter der Gattungsgeschichte. Der Zeitreisende und seine Maschine kommen endlich im Jahre 802 701 n. Chr. zur Ruhe, wenn er auf menschliche Lebewesen trifft, die in zwei Gruppen geteilt sind: in die „Eloi" und die „Morlocken".

Bevor wir nun diese säuberlich geteilte Bühne der Menschheit im Jahre 802 701 betreten, möchte ich auf die Gespräche des Zeitreisenden vor seiner Abreise hinweisen, die er mit einer Anzahl geladener Gäste führt, darunter ein Arzt und ein Psychologe. Diese Gespräche bilden die Einleitung zu der Geschichte: „Es ist klar", bemerkt der Zeitreisende, „daß jeder tatsächlich vorhandene Körper sich in *vier* Dimensionen ausdehnen muß: in Länge, Breite, Höhe und – in *Dauer*. Aber infolge einer angeborenen Unvollkommenheit unserer menschlichen Natur sind wir ... geneigt, diese Tatsache zu übersehen. Tatsächlich gibt es vier Dimensionen, von denen wir drei die Ebenen des Raumes nennen, und eine vierte, die *Zeit*" (Wells, 1895, S. 7). Kurz danach bricht der Zeitreisende zu seiner Reise in die Zukunft auf.

Man muß Wells' physische und geistige Verfassung zu jener Zeit, da er mit der Arbeit an der *Zeitmaschine* begann, genauer betrachten, wenn man verstehen will, warum er auf „Körper", die „angeborene Unvollkommenheit der menschlichen Natur" und die Dimension der Zeit so viel Nachdruck legt. Der erste Entwurf des Romans geht auf die Jahre 1886/87 zurück. Zunächst gab er dem Buch den Titel *Die Zeitargonauten,* und der Name des Zeitreisenden lautete „Nebo-Gipfel". Nach zahlreichen Überarbeitungen vor der endgültigen Buchpublikation im Jahre 1895 verliert der Roman seinen ursprünglichen Namen, und der Zeitreisende selbst wird namenlos. Sein Name in der ersten Version des Romans ist freilich keineswegs bedeutungslos. Der Berg Nebo ist Teil jener Bergkette, die nordöstlich des Toten Meeres auf das Land Moab herabblickt. Von diesem Gipfel aus war es Mose vor seinem Tod vergönnt, das Gelobte Land, das er selbst nicht mehr betreten konnte, zu schauen. Die Textstelle in der Bibel – ein Buch, das die Mutter von Wells, eine sehr religiöse, puritanische Frau, gern zitierte – lautet folgendermaßen: „Und Mose stieg aus den Gefilden Moabs auf den Berg Nebo ... und der Herr ließ ihn das ganze Land schauen ... Und Mose, der Knecht des Herrn, starb daselbst im Lande Moab ..." (5. Mose, 34), im Angesicht des Gelobten Landes.

Die Bibel war die größte Kostbarkeit im Hause der Familie Wells. 1939 schrieb H. G. Wells einen persönlichen Brief an Freud, in welchem er diesem zum Erscheinen des Buches *Der Mann Moses und die monotheistische Religion* gratulierte, eines Buches, dessen Lektüre Wells als „so faszinierend" empfand, „daß ich erst um eins ins Bett ging" (Jones, 1953–57, Bd. III, S. 286). Sein Gratulationsschreiben an Freud enthält Bemerkungen zur Person des Mose, die gediegene Kenntnisse der Bibel verraten.

Einige Monate bevor er an der *Zeitmaschine* zu arbeiten begann, erkrankte Wells an Lungentuberkulose – einer damals höchst gefährlichen Krankheit –, unter deren Folgen er etwa zehn Jahre lang litt. In seiner Autobiographie (1934) berichtet er über die frühen Stadien der Krankheit, während er die wichtigsten Passagen des Romans schrieb (oder sollte ich lieber sagen: erfand?):

> Außer einer gewöhnlichen Angst vor Krankheit, Enttäuschung und Mißerfolg, die mir *so schwer auf der Phantasie* lastete in der Zeit meiner Schwindsucht, gab es unangenehme, kleinere Ängste, an die ich mich noch sehr deutlich erinnere. Jedesmal, wenn ich hustete, und besonders, wenn ich einen Hustenanfall hatte, fürchtete ich, den eigentümlichen Geschmack von Blut zu verspüren. Und ich erinnere mich, als wäre es erst letzte Nacht geschehen, des *kleinen Kribbelns und Krabbelns von Blut in den Lungen, wie es einem tatsächlichen Blutsturz vorhergeht.* Hustest du nicht zu schnell? Hustest du nicht zu viel? Es war immer die Frage, wie heftig der Anfall war, wie lange er dauern würde und *welches Ende er diesmal nehmen würde* ... ich war zu angsterfüllt, um auch nur zu atmen (Hervorhebungen von Wells).

Ich lasse die Frage offen, ob ein Patient, der an Lungentuberkulose leidet, tatsächlich das „Kribbeln und Krabbeln" des Blutes in einem Lungenlappen wahrnehmen kann, wie Wells schreibt. Vielleicht handelt es sich hier um die bekannte Hypersensibilität gegenüber eigenen Körperempfindungen, die Greenacre (1957) als wichtige Komponente im erhöhten Wahrnehmungsprozeß eines schöpferischen Individuums hervorhebt.

Zu Wells' Krankengeschichte vor Ausbruch seiner Tuberkulose gehören ein Nierenriß, der von starken Blutungen begleitet war, und eine Beinfraktur, die er im Alter von sieben Jahren erlitt. Es handelt sich hierbei um körperliche Verletzungen, die ihn für längere Zeitabschnitte zur Unbeweglichkeit verdammten. Während seiner Kindheit, in der Pubertät und Postpubertät war Wells häufig unterernährt, und es fehlte ihm mütterliche Fürsorge. Bis zu seinem dreißigsten Lebensjahr blieb er ein unterernährtes, unterentwickeltes und kränklich aussehendes Individuum; später war er ein etwas dicklicher, untersetzter Mann „von gewöhnlichem Äußeren". Er war ein „Ersatzkind", um Pollocks treffenden Ausdruck zu benutzen. Zwei Jahre vor seiner Geburt war seine Schwester Fanny an einer akuten Blinddarmentzündung gestorben. Diese Schwester war der Liebling der Mutter gewesen – „ein sehr sonniges, frühreifes und zartes kleines Mädchen, ... das Mutters Herz entzückt hatte", wie Wells mitteilt.

Nach dem Tod ihrer einzigen Tochter verfiel die Mutter in einen Zustand der Schwermut, der sich auch durch die Geburt von H. G., dem jüngsten von insgesamt drei Brüdern, nicht änderte. Bis zum Ende ihres Lebens blieb sie fromm, bedrückt und depressiv. An dieser Tatsache erweist sich, daß Wells als Kind nur sehr unzureichend mütterliche Zuwendung erlebte. Dieses Defizit an Liebe und Fürsorge mag dazu geführt haben, daß er in späteren Jahren Schwierigkeiten mit Frauen hatte, daß seine Ehen zerbrachen und er unbefriedigende sexuelle Erfahrungen machte.

Was seinen Beinbruch im Alter von sieben Jahren angeht, so schrieb Wells später seine literarische Karriere bewußt, wenn auch ein wenig scherzhaft, seinen „beiden gebrochenen Beinen" zu, die nach seinen Worten seine Lebensrichtung änderten: Der erste, sein eigener Beinbruch, gewährte ihm die Freuden des Lesens und Studierens, der zweite, nämlich seines Vaters Beinbruch, endete (da das Bein des Vaters dauerhaft erlahmte) mit dem Bankrott des erfolglosen väterlichen Keramikwarenladens, als H. G. elf Jahre alt war. Diese Erfahrung – die der Invalidität des Vaters und des geschäftlichen Niedergangs seines Unternehmens –, die den Vater als schweigende (kastrierte) Figur erscheinen läßt, findet man sowohl in Wells' Autobiographie als auch in anderen Werken wieder, etwa in der *Zeitmaschine*.

Um auf die Erfahrungen des Zeitreisenden während seines Aufenthalts in der Zukunft zurückzukommen: Dort trifft er eine seltsame Menschheit an, die in Bewohner der Oberwelt (Eloi) und in solche der Unterwelt (Morlocken) gespalten ist. Die Eloi sind liebenswürdige, kindliche, unbeschreiblich glückliche, wenngleich dekadente und zerbrechliche Wesen, die nichts von Arbeit, Kunst und Literatur wissen; sie sind klein, anmutig und offensichtlich geschlechtslos, wie Kinder, die tagsüber ein spielerisches Dasein führen. Doch sobald das Tageslicht schwindet, werden sie Beute der Morlocken. Die Morlokken steigen nachts aus unterirdischen Brunnen hinauf in die Oberwelt und machen Jagd auf die schlafenden Eloi, von denen sie sich ernähren. Die Welt ist bevölkert von einer kannibalistischen Rasse, den Morlocken, und von einer anderen, die gefressen wird, den Eloi. Der Zeitreisende findet, mit anderen Worten, im Jahre 802 701 n. Chr. eine Welt vor, deren Bewohner prägenital auf ein orales und oralsadistisches Niveau regrediert sind. Außer ein paar Überbleibseln vergangener Kulturen gibt es nichts. In „Tausenden von Generationen", heißt es bei Wells (1895, S. 106), hat die Menschheit einen Prozeß des Verfalls durchlaufen und ist regrediert auf die Einfältigkeit kleiner kindlicher Wesen, die als „Mastvieh" (ebd., S. 114) für kannibalistische, unmenschliche Rohlinge dienen.

Es gibt ein rührendes Zwischenspiel in Wells' Roman. Der Zeitreisende rettet ein hilfloses junges Eloi-Wesen namens Weena vor dem Ertrinken, und das gerettete Mädchen hängt sich hinfort voller Dankbarkeit an ihn, als wolle sie sich ihm ganz in weiblicher Liebe und Zuneigung opfern. Doch diese erfreuliche Episode endet recht bald, denn die beiden werden in einem dunklen Wald von den mörderischen Morlocken umringt und attackiert. Weena erliegt dem Angriff der düsteren Gestalten in einer Nacht, die zunächst von Zärtlichkeit bestimmt ist, dann aber mit der erbarmungslosen Gier der gefräßigen Morlocken endet. Es ist eine düstere Szene voller Schrecken und Verzweiflung. Wells scheint die Figur der Weena (und die Eloi insgesamt) nach dem Vorbild seiner zarten kleinen Schwester Fanny gestaltet zu haben, über deren Verlust seine Mutter nie hinwegkam.

Ich habe bereits in früheren Arbeiten (Niederland, 1965 a, 1967 b, 1973) angeregt, die Untersuchung des Einflusses körperlicher Zustände (und ihrer geistigen Repräsentanzen) auf den kreativen Prozeß, auf die Regression im Dienste des Ichs (Kris, 1952), auf die Frage nach dem Überleben des Ichs auszudehnen. Unter dem Druck drohender Auflösung scheint die Fähigkeit des Ichs, etwas zu erreichen, was vordem unmöglich war, bei einem begabten Individuum und in einem schöpferischen Augenblick zu hoher Intensität zu gelangen. Nach einem schweren Blutsturz schrieb Wells: „Ich muß dies den Brustkrankheiten zugute halten ... sie reinigen den Geist wie starker Tee." Und weiter: „Ich bin während nahezu Zweidritteln des Jahres gestorben ... und ich bin genug gestorben. *Da hörte ich zu sterben auf, und alsbald ... begann meine wahre schriftstellerische Arbeit*" (Hervorhebung von mir, WGN). In einem späteren Brief spricht Wells vom Schaffensprozeß als von einem „Wettlauf mit dem Tod", womit er auf den Gegensatz von Kreativität und Tod anspielt: Kreativität ist die Anstrengung, dem Tod zu wehren.

Insbesondere seine Tuberkulose – in jenen Tagen eine Sache auf Leben und Tod – war für Wells ein Problem, das viel mit der *Zeit* zu tun hatte, wie es ja auch der Zeitreisende am Anfang des Romans betont. Die ungeheure Angst vor dem Tod fiel bei Wells mit dem Beginn eines neuen Lebens zusammen (Wiedergeburt). Deshalb können wir, bei allem Respekt vor der schöpferischen Leistung, welche *Die Zeitmaschine* darstellt, mehrere restitutive Phasen und Schritte unterscheiden:

1. Es findet ein Vorwärtssprung in der Zeit statt, der die Gegenwart leugnet und den Autor in eine phantastische Zukunftswelt entführt, die weit weg von Krankheit und Todesangst ist.
2. Was als Reise in die Zukunft firmiert, ist in Wahrheit eine unbewußte Regression auf einen phantasierten vollkommenen Zustand *vor* Wells' diversen Krankheiten (Tuberkulose, Nierenriß, Beinbruch).
3. Die Regression führt auf narzißtische und orale Ebenen. Die narzißtische ist verkörpert durch die Eloi, die oralsadistische, offen kannibalistische durch die Morlocken. Die Morlocken halten sich die Eloi wie Schafe, die sie nähren und kleiden, dann aber Nacht für Nacht abholen und verschlingen. Die *Nacht* hatte für den tuberkulosekranken Wells eine besondere Bedeutung, was sich auch an seinen anderen Werken nachprüfen läßt: „Die Nacht, Mutter von Furcht und Geheimnis, kam auf mich zu ... plötzlich wurde die Nacht schrecklich. Ich saß auf einmal aufrecht im Bett und starrte ins Dunkel ..."
4. Folge davon ist, daß die defensiv-regressiven Mechanismen die beschützende und lebenspendende, d. h. geburtspendende Mutter beschwören. Indem er sich mit ihr identifiziert und mit ihr verschmilzt, wird der Autor selber zur Hervorbringung einer neuen Schöpfung fähig. Zugleich gewinnt die kindliche Omnipotenzphantasie – die am deutlichsten in jener Potenz des Zeitreisenden zum Ausdruck kommt, ganz nach Belieben vor- und rückwärts reisen zu können – ihre vollkommenste Gestalt in dem Versuch, Angst und Elend der Gegenwart durch die Kontrolle von Zeit und Dauer zu meistern.

Eine psychoanalytische Untersuchung der symbolischen Bedeutung der Ankunftszeit des Zeitreisenden führt zu folgender Erklärung. Der damals verzweifelt kranke Wells wählte als Ankunftsdatum das Jahr 802 701 n. Chr. Der erste Teil der Jahreszahl symbolisiert die nährende Mutter in actu: Die doppelte 0 in der Zahl 8, die zentrale 0 und die Zahl 2 stehen für Brüste, d. h. für die Mutter. Der zweite Teil der Jahreszahl hingegen symbolisiert väterlich-phallische Elemente: 7 und 1 sind phallische Zahlen, zwischen ihnen findet sich als Mittelpunkt die mütterliche 0. In einem Brief, den er viel später an Rebecca West schrieb – eine Frau, die ihm damals sehr nahestand –, bekannte Wells, daß vieles in seinem Leben und in seiner Arbeit ein „Wettlauf mit dem Tod" sei, was meiner Ansicht nach bestätigt, was ich hier vorgetragen habe.

In seiner *Zeitmaschine* hat Wells die Geschichte seiner Krankheit und seines früheren Kampfes mit dem Tod „aufgehoben". Den ersten Teil des Romans verfaßte er bei Ausbruch der Tuberkulose, den letzten Teil gegen Ende der Krankheit. Es entstand ein Werk, das viele für sein bestes und unvergänglichstes halten.

Übersetzt von Wenda Focke

Einige ontogenetische Determinanten im Prozeß der Symbolbildung

Nach der Zahl der Publikationen in der analytischen Literatur zu urteilen, die sich auf das Thema Symbolik und Symbolbildung beziehen, steht dieses Thema nicht gerade im Brennpunkt allgemeinen analytischen Denkens. Ein Teil dieses relativ geringen Interesses mag der Tatsache zuzuschreiben sein, daß die früheren und grundlegenden Studien auf diesem Gebiet von Freud (1900), Abraham (1909), Ferenczi (1913) und Jones (1916) nicht nur eine gut eingeführte Gesamtheit theoretischer Erkenntnisse darstellen, sondern auch als brauchbarer Bezugsrahmen im klinischen Alltag eines Analytikers dienen. Daher ist es wohl keine Überraschung, daß die neueren Beiträge von Friedman (1952), Kubie (1953), Rubinfine (1961), Rycroft (1956) und Niederland (1956/57) mehr oder weniger isolierte Versuche geblieben sind, den symbolischen Prozeß in anderen Formen psychischen Verhaltens zu skizzieren und das Interesse an den Problemen der Symbolik zu beleben.

Des weiteren mag ein Gutteil der offensichtlichen Vernachlässigung typisch sein für die Erkenntnis, daß wir, da uns eine fundierte psychoanalytische Theorie des Denkprozesses als solchem fehlt, kein Instrument haben, um Natur und Genese der Symbolbildung detailliert aufzuspüren und diesen Prozeß säuberlich vom mentalen Verhalten zu trennen, das mit anderen indirekten Entwicklungen unbewußter Art zusammenhängt. Obgleich die Wichtigkeit der Symbolbildung im normalen wie im pathologischen mentalen Verhalten universell anerkannt ist, erscheinen die entsprechenden Begriffe alles andere als einheitlich, bisweilen sogar als widersprüchlich und verwirrend. Etwa Jones' häufig zitierte Kriterien dessen, was er im psychoanalytischen Sinne als „wahre Symbolik" andeutet (Darlegen unbewußten Materials, invariante Bedeutung, Unabhängigkeit individuell konditionierter Faktoren, linguistische Verbindungen, evolutionäre Grundlage etc.), sind wiederholt bestritten worden, erst kürzlich noch von Kubie (1953) und Rycroft (1956).

Ohne bei dieser Kontroverse ins Detail zu gehen, schlage ich – im Rahmen geläufiger analytischer Begriffsbildungen – vor, einige der ontogenetischen Determinanten an individuellen Fällen und Situationen zu untersuchen. Ich spreche hier absichtlich von Determinanten oder Faktoren, angewandt auf den Prozeß der Symbolbildung, da in den folgenden Beispielen eine Anzahl Symbole (oder ihre Vorläufer) unter bestimmten Bedingungen manifest wurde. Sie zeigten sich dem Beobachter sozusagen *in statu nascendi,* obgleich die Symbolbildungen schon zuvor dagewesen und in den Vordergrund getreten sein mochten, dank der Umstände, die ich gleich schildern werde. Überdies ist es bemerkenswert, daß sich, während die Symbole *nota bene* deutlich zutage traten und in einigen Fällen genauestens zu beobachten waren, das Subjekt der Bedeutung oder auch nur des Gebrauchs von Symbolen keinesfalls bewußt war. Als „wahre Symbole“ blieben sie unbewußt und, obgleich in Gedanken und Sprache anwesend, verloren sie nichts an unbewußter Qualität.

Im folgenden möchte ich einige Beispiele anführen und vor allem die Bedingungen hervorheben, unter denen der symbolische Prozeß sich zeigt. Zwei meiner Beispiele entnehme ich der direkten Beobachtung von Kindern, zwei klinischen Studien erwachsener Patienten und zwei der analytischen Auswertung von Material, das sich auf historisch-mythologische Quellen bezieht.

Beobachtungen bei Kindern

Symbolik ist natürlich nicht auf Träume beschränkt, und das im folgenden Berichtete ereignete sich in nichttherapeutischer Umgebung. Ein kaum dreijähriges Kind jammerte plötzlich, ihm sei ein Staubkörnchen ins Auge geweht. Der Fremdkörper irritierte es offenbar heftig, und das Kind wandte sich an den erwachsenen Begleiter um Hilfe, es weinte, man möge das Schmerz verursachende Partikelchen entfernen. Während der Erwachsene noch überlegte, wie er dem weinenden Kinde helfen könne, hatte die Tränenflut das Staubkörnchen anscheinend aus dem Auge gespült. Das Kind hörte auf zu jammern und rief aus: „Es ist weg. Es ist schon in meinem Magen.“ Es wies dabei auf die Augen und dann auf den Bauch. Später wiederholte es glücklich: „Es ist in meinen Magen gerutscht.“ Der symbolische Vergleich zwischen Auge und Mund – also das „verschlingende Auge“, das schluckt und verzehrt – ist hier höchst suggestiv, und bekannte Phantasien wie Okularintrojektion, Okulardestruktion und vielleicht auch Okularsättigung werden sichtbar. Hier sind die möglichen Verbindungen komplex. Zu diesen Phänomenen gehört zum Beispiel auch der Akt des Wegsehens oder des Durchbohrens, wenn man einem Menschen gegenüber Geringschätzung zum Ausdruck bringen möchte. Des weiteren ist die allgemein bekannte Eigenschaft interessant, Dinge verschwinden oder unsichtbar werden zu lassen, indem man die Augen schließt, was dem Kind gleichkommt, das durch das Auge aufnimmt, also verzehrt. Da jede visuelle Aufnahme auf diese Weise unmittelbar beendet werden kann, käme das Augenschließen unter solchen Umständen einem Akt symbolischer Destruktion durch Okularintrojektion gleich, und das Öffnen des Auges (d. h. Sehen) entspräche der symbolischen Wiederherstellung durch Projektion. Hier tun sich interessante theoretische und praktische Perspektiven auf, die in diesem Zusammenhang jedoch nur gestreift werden können. Wenn das Schließen des Auges, unbewußt mit dem Schließen des Mundes und mit einem Akt oraler Einverleibung vergleichbar, zur Zerstörung des bösen Objektes, in diesem Fall zum „Tod“ des verletzenden Fremdkörpers durch Augenverdauung, führt, dann dürfte ein solcher symbolischer „Tod“ des Objektes zusätzlich Licht auf den Mechanismus gewisser Schlafstörungen in der frühen Kindheit werfen. Wenn das Schließen der Augen dem Kind die Möglichkeit gibt, die Welt, genauer gesagt: das Objekt, zur Schlafenszeit zu zerstören und „sich einzuverleiben“, dann scheint es mir erlaubt, an gewisse Arten von Schlaflosigkeit in der frühen Kindheit zu denken, wie etwa kindliche Angst vor Vergeltung oder ähnliche Angstzustände diese verursachen.

Jedenfalls könnten wir vielleicht aus der Tatsache, daß der gesamte an diesem Beispiel aufgezeigte symbolische Prozeß sich unter dem Zugriff von Angst, Schmerz und akuter körperlicher Not in einer affektiv geladenen, organspezifischen Umgebung präsentiert, in der dem Auge auch magische Tendenzen zuerkannt und andere Öffnungen (Mund, Anus etc.) einbezogen werden, die Rolle der Symbolbildung als den Status nascendi bestimmen, wobei ein Aspekt des Vergleichs, der Trieb (im vorliegenden Fall: die Aggression), völlig unbewußt bleibt. Auch möchte ich auf die überwiegend taktilen und kinästhetischen Wahrnehmungen hinweisen, die im Zusammenhang mit visuellen Erfahrungen den Vorfall kennzeichnen.

Das nächste Beispiel, ebenfalls aus unmittelbarer Beobachtung eines Kindes in nichttherapeutischem Milieu gewonnen, behandelt Existenz und Ontogenese von Symbolen in Kinderträumen. In einer früheren Mitteilung (1957) beschrieb ich eine Reihe von Kinderträumen, die der Träumer während der letzten zwei Schwangerschaftswochen seiner Mutter hatte. Der junge Träumer, Johnny, war damals dreieinhalb Jahre alt. Was er über diese nächtlichen Erfahrungen während jener zwei Wochen berichtete, betraf insgesamt Träume von Wasser, genauer gesagt, von Wasser in Bewegung. Hier die Folge von Johnnys Träumen während der Periode, in der das aggressive wie auch das regressive Verhalten des Kindes ganz offensichtlich wurde: Zur gewohnten Zeit erwachend, berichtete er eines Morgens erstmals, daß er einen „besonderen Schlaf" gehabt habe. In diesem „besonderen Schlaf" habe es geregnet, und „da sprang Wasser auf und ab, auf und ab". Eine Woche später teilte Johnny seinen Eltern wiederum mit, daß in seinem besonderen Schlaf „Wasser auf und ab sprang". Dann setzte er hinzu, daß das Wasser „in der Straße" auf und ab sprang. Während er dies sehr aufgeregt berichtete, begann der kleine Junge selbst auf dem Boden hin und her zu springen, um zu zeigen, wie sich das Wasser auf der Straße bewegt habe. Auch erwähnte er, daß es in seinem Schlaf heftig geregnet habe. Zwei Tage nach diesem Traum erwachte das Kind plötzlich mitten in der Nacht und wollte ans Fenster gehen, um den Regen draußen zu sehen. Auf die Frage, warum er das denn wolle, antwortete der dösig, wie im Halbschlaf: „Es gießt, und ich will den Regen sehen. Das Wasser springt auf und ab in der Straße ..." Johnny bestand darauf, ans Fenster zu wollen, um den Regen auf der Straße zu sehen. (Es regnete nicht; doch gut zwei Tage nach diesem Vorfall ging seine Mutter ins Krankenhaus. Von dort kehrte sie recht bald mit Johnnys jüngerem Geschwisterchen zurück.)

Ohne auf weitere Details, die in meiner früheren Mitteilung zu finden sind, einzugehen, genügt es zu wissen, daß es wärend all der betreffenden Tage und Nächte keine Enurese, keine anderen Wassererlebnisse, keine Primärbeobachtung und keinen tatsächlichen Regen gegeben hatte. Diese Serie von Wasserträumen jedoch kann auf die Mutter zurückzuführen sein, die das Kind in den Tagen vor ihrem Krankenhausaufenthalt oft und fest an sich drückte, und auf die große Wahrscheinlichkeit, daß Johnny die Fötusbewegungen in ihrem Körper spürte (der mütterliche Körper transmutiert zu „Straße“ in seinen Träumen). Das Symbol *Wasser* und sein spezifisches Auftauchen in den Träumen als „Wasser, das auf und ab springt“, das heißt als *Wasser in heftiger Bewegung,* könnte deshalb von zwei Seiten her verstanden werden: a) über die taktilen und kinästhetischen Erlebnisse des Kindes, hervorgerufen durch den physischen Kontakt mit dem mütterlichen Bauch in Bewegung; b) über die eigenen libidinösen und aggressiven Triebe des Kindes, die es indirekt, jedoch deutlich ausdrückte, indem es auf dem Boden (d. h. auf der Mutter oder besser: dem schwangeren Bauch der Mutter) hin- und hersprang, um das Vorhandensein und die Wucht des Wassersymbols zu beschreiben.

Hier wird also die zweite Komponente der Symbolbildung, der Triebaspekt, verdrängt. Doch die Wiederkehr des Verdrängten läßt sich in der Handlung (dem Springen des Kindes) erkennen. Diese theoretischen Annahmen werden bestätigt durch die genauere Untersuchung dessen, was sich zwischen Mutter und Kind vor der Folge Wasserträume, Regen, Straße und Fenster abgespielt hatte. Bei genauer Untersuchung stellte sich heraus, daß die Mutter in jenen Wochen Johnny nicht nur oft und fest in die Arme genommen, sondern ihm auch von dem neuen Baby, das in ihrem Bauch wuchs, und von der bevorstehenden Trennung von ihm erzählt hatte; daß sie deshalb ins Krankenhaus müsse und daß er in der Obhut der Großmutter bleiben würde. Auf fast alles hatte das Kind mit erheblicher Neugier reagiert, äußerlich war es ruhig und gefaßt geblieben. Jedoch genau einen Tag vor der Serie von Wasserträumen hatte das Kind, als es auf dem Schoß der Mutter saß, auf eine schnelle Folge heftiger fötaler Bewegungen in ihrem Bauch jäh erschrocken reagiert. Nach den Worten der Mutter drückte Johnnys Gesicht Angst, Überraschung, Entsetzen und Elend zugleich aus, und von dem Moment an wurde sein Benehmen immer unruhiger, ängstlicher und schwieriger. Er zeigte auch Anzeichen auffallender Regression. In den 14 Tagen seiner Wasserträume warf er sich wiederholt auf den Boden, kroch wie ein Baby, verfiel in die Babysprache und rief tatsächlich laut aus: „Ich bin ein Baby.“ Bettnässen und Einkoten kamen jedoch nicht vor. Weiter ist bemerkenswert, daß seit jenem Tag die Mutter die physischen Kontakte zu Johnny reduzierte und es vor allem vermied, ihn auf den Schoß zu nehmen, da das Kind eine heftige Angstreaktion und ein stark verändertes Betragen zeigte.

Es scheint daher gerechtfertigt, die tatsächliche kindliche Wahrnehmung der spezifisch vibrierenden und fluktuierenden Bewegungen im mütterlichen Bauch, die dadurch hervorgerufenen taktilen und kinästhetischen Erlebnisse und die daraus resultierende Intensivierung der libidinös-aggressiven Impulse im Subjekt selbst als ontogenetische Determinanten oder zumindest doch als Kodeterminanten der Symbolbildung zu bezeichnen. Ohne auf den Identifikationsaspekt näher einzugehen, mag es ferner erlaubt sein, die kinästhetische Erfahrung als den Schlüsselfaktor herauszulösen – eine Erfahrung, die in einer hochgradig konflikt- und angstbeladenen Umgebung im Hinblick auf die Schwangerschaft und bevorstehende Entbindung der Mutter gemacht wurde. Daß es sich hier um eine akute Trennungsangst handelt, wird daran deutlich, daß sich der Junge an den Körper der Mutter klammerte und mit erhöhter Aggressivität und sichtlich regressiven Neigungen reagierte.

Das andere Symbol in diesen Träumen, das Fenster, gegen das in der Nacht der Regen schlug (so wie tagsüber die mütterliche Bauchwand gegen Johnny getrommelt hatte), ist als Schwangerschaftssymbol par excellence von Freud in der Krankengeschichte des kleinen Hans (1909) namhaft gemacht worden, ebenso in *Eine Kindheitserinnerung aus „Dichtung und Wahrheit“* (1917), einem Text über Goethes früheste Kindheitserinnerung. Auch hier wird von der erhöhten Aggressivität des kleinen Goethe berichtet, der im Zusammenhang mit der Geburt eines Geschwisterchens alles Familiengeschirr aus dem Fenster warf. Die Bedeutung des Fensters als Schwangerschaftssymbol (die Öffnung im mütterlichen Körper, durch die das Baby ankommt) wird weiter unten ausführlich behandelt werden.

Goethes Leben und Kreativität bieten, wie die Schöpfungen vieler anderer genialer Menschen, eindrucksvolle Illustrationen von Symbolisierung. In früheren Studien (1956, 1957, 1960) habe ich treffende Beispiele dieser Symbolisierung im Leben und Werk Byrons, Conrad Ferdinand Meyers und anderer gegeben. Der symbolische Fluß-Schwester-Vergleich etwa findet sich auch in Goethes enger und inzestuös gefärbter Beziehung zu seiner Schwester Cornelia. Eissler (1963) publiziert in seiner umfassenden, gründlichen Studie über Goethe „das früheste gesicherte Dokument, das einen klaren Beweis für Goethes Beziehung zu Cornelia enthält“ (ebd., S. 75), einen Brief des fünfzehnjährigen Dichters an seine Schwester, die fünfzehn Monate jünger war als er. Wie Eissler darlegt, enthält der Brief „nahezu unverschleierte Sexualphantasien" (ebd., S. 76). Was uns hieran interessiert, ist die Tatsache, daß dieser Brief an Cornelia gesandt wurde, als der Dichter sich, nach seinen eigenen Worten, „unter den schwärmenden Freuden eines starck besuchten Bades" befand (ebd., S. 75), das heißt, in *Wiesbaden,* dem berühmten *Badeort* nahe seiner *Heimat*stadt Frankfurt. Jahre später, nach dem Tod seiner Schwester, schrieb Goethe einer Freundin, Auguste Stolberg, die Eissler zu Recht als einen Schwesterersatz erkennt, folgendes: „Danck Gustgen, ... So sang ich neulich als ich tief in einer herrlichen Mondnacht aus dem Flusse stieg der vor meinem Garten durch die Wiesen fliest; und das bewahrheitet sich täglich an mir. Ich muss das Glück für meine Liebste erkennen, dafür schiert sie mich auch wieder wie ein geliebtes Weib. Den Todt meiner Schwester wirst du wissen ..." (ebd., S. 299). Wiederum Jahre später, als Goethe vor einem anderen Schwesterersatz, Charlotte von Stein, nach Italien floh, sind die ersten Seiten seiner *Italienischen Reise* voll von Hinweisen auf Flüsse, auf ihre szenische Schönheit, ihren Lauf, ihre Strömung usw.

Klinische Beobachtungen bei Erwachsenen

Meine nächsten Beispiele zeigen, wie im Schaffen erwachsener Patienten Symbolbildung stattfindet, und behandeln die weitreichende emotionale Bedeutung individueller Erfahrungen, veranschaulicht und ausgedrückt durch das Symbol.

Zu Beginn der Analyse von Patient A., der sich der Behandlung wegen eines heftigen Waschzwanges, wegen Potenzstörungen und offen zutage tretenden Tötungsabsichten gegenüber mehreren nahen Familienmitgliedern unterzog, zeigte sich in vielen Träumen und Phantasien eine mehr oder weniger konstante geometrische Grundstruktur, so etwas wie ein Kreis oder eine ringähnliche Konfiguration. Dieser einen Quelle, die ich der Kürze halber den „symbolischen Kreis" nennen möchte, entsprang eine Anzahl anderer Symbole und symbolischer Mitteilungen. Bei verschiedenen Gelegenheiten sah der Patient sich selbst bedroht durch vage, undefinierbare Strukturen, die sich deutlich konsistent um seinen Körper legten; vor allem im Gebiet von Nacken, Brust und Taille umgaben sie ihn in kreisförmiger

Weise. Als sich die Übertragung entwickelte, bekam er das Gefühl, daß ich ihn auf der Couch in einem unendlich festen Griff gefangenhielt oder umschlossen „wie in Zement“, wobei die Couch ihrerseits ein umkreisendes, gefährliches Monstrum mit polypenartigen Armen und bedrohlichen Fängen wurde. Das Behandlungszimmer verwandelte sich in eine Gefängniszelle mit Wänden, die sich langsam um ihn schlossen, während er in sich zusammenziehenden Kreisen eingezwängt war, die aus Ketten oder festem Tauwerk bestanden. Der Patient war ein Berufsmaler mittleren Alters, dessen künstlerische Karriere in jungen Jahren begonnen hatte; selbst der oberflächlichste Blick auf seine früheren und gegenwärtigen Gemälde ließ erkennen, daß in ihnen ständig Kreise vorkamen. Praktisch alle menschlichen Figuren, die er gemalt hatte, wiesen kreisförmige Krümmungen in der Taille auf. Selbst die Kastrationsängste des Patienten trugen den Stempel von Kreiskonfigurationen. Sie waren besonders heftig und konzentrierten sich auf die Phantasie, „mit dem Nacken in einer Schlinge zu hängen bis zum Tode“, des ödipalen Verbrechens wegen, das er als Fünfjähriger begangen hatte. (Der Patient war 5 Jahre alt, das heißt auf dem Höhepunkt der ödipalen Phase, als sein Vater starb.)

Die Analyse förderte zutage, daß letztlich alles derselben Quelle entstammte als der körperlichen *fons et origo* der späteren Symbolbildung: nämlich dem *angeborenen Torticollis* des Patienten. Diese Deformation war später durch plastische Chirurgie so erfolgreich ausgebessert worden, daß nicht die leiseste Andeutung davon zu bemerken war, als A. in Analyse kam. Dieselbe Deformation jedoch hatte einen Großteil der Matrix mit jener Symbolik ausgestattet, die der Patient benutzte und die manchmal zu ziemlich rätselhaft klingenden symbolischen Mitteilungen während der Analyse führte.

Das nächste Beispiel betrifft Patient B., einen fünfundzwanzigjährigen Mann, der an den Folgen einer schweren Poliomyelitis litt. Er wurde in die Polioabteilung des Mount-Sinai-Hospitals[1] eingeliefert mit nahezu völliger Lähmung beider Beine, beider Arme und beider Schultern; nur das linke Handgelenk und die linken Finger funktionierten leidlich. Praktisch an allen vier Gliedmaßen gelähmt, blieb der Patient einige Monate in der eisernen Lunge. Wegen fortschreitenden Muskelschwunds, eines sich entwickelnden Decubitus und seines offensichtlich nicht zu behandelnden emotionalen Zustandes, der durch beinahe völlige Apathie und Passivität charakterisiert war, war die Prognose schlecht. Ich befasse mich hier hauptsächlich mit den auffälligen Veränderungen im Befinden und Verhalten des Patienten, die man in der Folgezeit bei ihm beobachten konnte.

Vor diesen Veränderungen hatte der Patient wiederholt geträumt, er läge tot in einem Sarg. Und in einem dieser Träume fand sein Begräbnis statt, während es draußen goß. Freuds Interpretation solcher Träume entsprechend („Ich wünschte, es wäre nur ein Traum") neigte ich dazu, die Symbolik dieser Träume, vor allem des Traumes, in dem es so heftig geregnet hatte, als Geburts- und Wiedergeburtswünsche des Patienten zu deuten. Kurz nachdem diese Träume aufgetreten waren, begann auf Dr. Corvins Vorschlag hin eine Maltherapie, das heißt, B. wurde in die linke Hand (mit der restlichen Fingerfunktion) ein Bleistift gedrückt, und die Maltherapeutin Frau Paneth ermunterte ihn, alles, was er nur könne oder wolle, aufs Papier zu kritzeln, zu zeichnen, zu skizzieren. Ohne weiter auf Sinn und Dynamik dieses therapeutischen Vorgangs einzugehen,[2] möchte ich nur kurz erwähnen, daß B. anfänglich einige zaghafte Linien und Kurven kritzelte. Doch dann begann er, eine Reihe von Wasserszenen zu zeichnen, zum Teil mit Booten, Leuchttürmen und weiten Wasserflächen. In diesem Zusammenhang sind besonders das neunte und das zehnte Bild interessant, die beide einige Wochen nach dem Beginn seiner künstlerischen Arbeit entstanden. Das hervorstechende Merkmal des neunten Bildes ist ein *Erkerfenster* mit Aussicht auf eine Seelandschaft. Während er dieses Bild zeichnete, war das einzige Wort, das der Patient äußerte, „Erkerfenster". Auf dem zehnten Bild ist der Ozean als riesige, formlose Wasser- und Wellenfläche zu sehen. (In der Umgangssprache wird das Wort „Erker" oft synonym gebraucht für einen „großen" Bauch und weist damit auf „Schwangerschaft" hin.) Danach zeichnete der Patient noch mehrere Wasserbilder, insgesamt sechs von ungefähr zwanzig.

Ich beschränke mich auf einen kurzen Kommentar zu dem symbolischen Gehalt von B.s Produktionen. Es wird deutlich, daß die Träume, er liege tot im Sarg und werde bei Regenwetter begraben, und die späteren Zeichnungen von Erkerfenster, Ozean und anderen Wasserszenen auf das Vorhandensein starker Schwangerschafts-, Mutterschoß- und Geburtsphantasien hinweisen, die alle eine beträchtliche Rolle im günstigen Verlauf gespielt haben mögen. Was die besonderen Bedingungen betrifft, unter denen sich die Symbole entwickeln, will mir scheinen, daß auch hier wiederum die kinästhetischen Erfahrungen in der eisernen Lunge (dem „Sarg“, letztlich dem Mutterschoß), später das Handhaben des Bleistiftes und die künstlerische Arbeit bedeutsam für den Aktivierungsprozeß der Symbolbildung waren. Obgleich hier sicherlich mehrere Faktoren mitspielen, sind kinästhetische Stimuli von gewisser Intensität offensichtlich häufiger Faktoren oder Kofaktoren der Symbolbildung, als dies bis heute erkannt wird. Im vorliegenden Fallmaterial zumindest scheinen solche kinästhetischen Stimuli und ihre Umwandlung in Symbole die visuelle Stimulanz zu überflügeln. Da B. nicht analysiert wurde, muß in seinem Fall dieser Gedanke eine bloße Vermutung bleiben. Einige Traumsymbole, von denen die Literatur berichtet, wie etwa Lewins Mitteilung (1958) über eine örtliche Zahnreizung und deren Umwandlung in ein direktes Symbol in einer organspezifischen Umgebung, seine Analyse von Descartes' Träumen, die von Freud (1900, S. 39 f.) erwähnten charakteristischen Leibreizträume Scherners, die Lewin erwähnt, erhärten unsere Auffassung bezüglich der essentiellen Rolle kinästhetischer Faktoren bei der Symbolbildung. Jedenfalls zeigt sich in dem von diesen Autoren beschriebenen Material die enge Verknüpfung von Körperprozessen mit dem Auftauchen symbolischer Elemente im Traum ebenso deutlich wie in obigen Fällen. Mehr noch: Das Ich erscheint in diesen kritischen Untersuchungen verändert, regrediert und unverkennbar nahe dem Körper-Ich.

Illustrationen aus historischen Quellen

Wie schon erwähnt, beschränkt Symbolik sich nicht auf Träume; sie erscheint in Folklore, Märchen, Mythen, Kunst, Poesie, Witzen und in allen Sprachen der menschlichen Gattung. Wir dürfen daher annehmen, daß sich die Körperwurzeln dieses Symbolprozesses auch in Studien nachweisen lassen, die ihr Auftauchen und Vorhandensein in nichtindividuellem Material untersuchen. Um diesen Punkt zu illustrieren, möchte ich aus zwei verschiedenen Gebieten dargestellter Symbolik kurze Beispiele bringen.

Die legendäre Figur des Dukatenscheißers, von der Freud sprach, ziert noch heute eines der alten Gebäude nahe der Kaiserpfalz in

Goslar, jahrhundertelang traditionelle Residenz und Krönungsort der deutschen Kaiser im Mittelalter. Die Tatsache, daß diese kleine Steinfigur, die künstlerisch wenig bedeutet und die in der Vergangenheit ebenso häufig zerstört wie wieder restauriert wurde, bis in unsere heutige Zeit hinein existiert, ist vielleicht an sich schon ein Hinweis darauf, wie sehr sie die Phantasie des Menschen durch die Jahrhunderte bewegt. In ihrer primitiven Direktheit und ihrer örtlichen Nähe zum Krönungssaal veranschaulicht diese kleine Figur eines häßlichen, ungestalten Zwerges, der Münzen fäkaliengleich ausstößt, vieles von dem, was Analytiker als symbolische Derivate der Analfunktion erkannten: Geld, Schläue, Herausforderung, Macht, Analaggression und Exhibitionismus sowie unbewußte Quellen, denen so viele Legenden über Kobolde, Zwerge, gehütete Schätze und dergleichen entstammen.

Die Körperwurzeln von Symbolbildungen werden ebenfalls deutlich, wenn man die historische Entwicklung der Bilderschrift untersucht, die die Sumerer in den ersten drei Jahrtausenden v. Chr. benutzten. Diese ältesten Keilschriftsymbole sind in ihrer bildhaften Konfiguration, wie wir sie in der frühesten Periode der überlieferten Geschichte der Sumerer finden, unverkennbar Abbildungen von Körperteilen oder anderen konkreten Objekten. In späteren Perioden nehmen dieselben Zeichen gebräuchlichere Formen an, durch die Einführung eines weitverbreiteten phonetischen Schriftsystems. Die Verwendung von Tontafeln „ging zurück" (Kramer, 1959). Die originalen Bildzeichen veränderten in den folgenden Jahrhunderten ihren Umriß und ihr Aussehen (Abb. 1).

Obgleich ich weder Assyriologe noch Philologe bin und über die Entwicklung des Keilschriftsystems nicht weiter urteilen kann, halte ich es nicht für überflüssig, auf diese konkreten und körperlichen Elemente in den frühesten sumerischen Schriften und auf ihr allmähliches Verschwinden aufmerksam zu machen, bis hin zu fast unkenntlich gewordenen Körperformen in späteren Zeiten.

Dieser Vorgang, den Charakter der originalen Symbolzeichen zu verändern (durch Einführung der „gebräuchlichen" Methode, wie es die führenden Assyriologen nennen, durch Verdrängung, wie es im psychoanalytischen Denken heißt), wird vor allem sichtbar, wenn man die Bildzeichen für Mann und Frau in ihrer unmittelbaren physischen Ähnlichkeit mit den ihnen jeweils entsprechenden Genitalien

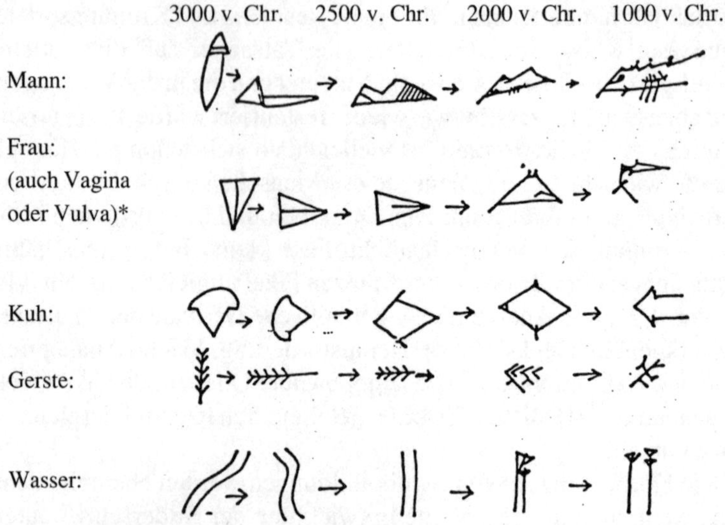

Abbildung 1: Die Entwicklung des sumerischen Keilschriftsystems von etwa 3000 bis 600 v. Chr. (Kramer, 1959)
* Hinzufügung des Autors; die Schriftzeichen sind leicht schematisiert.

betrachtet, wie wir sie in der frühesten Epoche der Keilschrift (etwa 3000 bis 2500 v. Chr.) finden. Soweit es die Zeichen für Mann und Frau betrifft, verliert sich die Körperähnlichkeit der Zeichen im Zuge der historischen Entwicklung. Die Bildzeichen sexuell indifferenter Objekte jedoch – etwa die für Gerste, Kuh, Pflanze – behalten über einen langen Zeitraum hinweg ein erkennbares Maß an Ähnlichkeit. Vom analytischen Standpunkt aus könnte man bei einem solchen Entwicklungsverlauf an die Existenz unbewußter, verdrängender Kräfte denken, die in diesem Fall die Symbolbildung ohne jede individuelle Spur durchsetzen. Bildsprache, dies sei der Deutlichkeit halber festgestellt, ist kein Synonym für Symbolsprache, obwohl vermutlich die eine ebenso alt und primitiv ist wie die andere. Beide entsprechen einer frühen, archaisch gefärbten Art und Weise, Gefühle und Gedanken auszudrücken.

Ohne daher unsere Analogie zu sehr zu strapazieren (und ohne andere Einflüsse außer acht zu lassen, die für die allmähliche Transformation der Keilschrift verantwortlich sind), läßt sich sagen, daß weitere Studien zu diesem Material, gewonnen aus klinischen und nichtklinischen Beobachtungen, einen wichtigen Schritt markieren könnten auf dem Weg zum Verständnis nicht nur des Symbolbildungsprozesses, sondern auch der mentalen Entwicklung im allgemeinen. Unser Ausgangspunkt war, nach einer universalen Matrix zu suchen, auf der sowohl Symbole wie Gedanken ihren Ursprung finden. Und wir sollten nicht allzu überrascht sein, wenn wir herausfänden, daß beide letztlich aus denselben somatischen Quellen herrühren. Auf diesem Gebiet ist unser Wissen noch sehr unvollständig. Niemand wußte das besser als Freud, der in der *Traumdeutung* (1900, S. 356) von den „zahlreichen, großenteils noch ungelösten Probleme[n]" sprach, „welche sich an den Begriff des Symbols knüpfen".

Übersetzt von Wenda Focke

Anmerkungen

1) Der Patient wurde psychiatrisch untersucht und behandelt von Dr. Alfred Corvin, damals beratender Psychiater der Polioabteilung am Mount-Sinai-Hospital, und seinen Mitarbeitern. Ich bin Dr. Corvin denn auch sehr dafür zu Dank verpflichtet, daß ich das klinische Material über diesen Patienten einsehen und auswerten durfte, insonderheit den Symbolinhalt des Materials.

2) Weiter danke ich Dr. Corvin für die Mitteilung, daß B. einige Wochen nach Vollendung seiner Bilder das Hospital in wesentlich besserem Zustand verlassen und zu seiner Familie zurückkehren konnte. In einem Rollstuhl sitzend, nahm er seine frühere Tätigkeit wieder auf. In den vergangenen drei Jahren arbeitete er also.

Klinische Aspekte der Kreativität

Kreativität und die Quellen dessen, was man den „kreativen Prozeß" genannt hat, reichen so tief hinab, daß es der analytischen Exploration – wie anderen Forschungsmethoden – nicht gelungen ist, Charakter, Ursprünge und andere zur Psychologie dieses Prozesses gehörende Wesenselemente genügend zu erhellen. Trotz aller Bemühungen, seinen vollen Wesensgehalt zu ergründen, ist er noch immer ein Rätsel. In seinem Vorwort zu Marie Bonapartes Buch (1933) über Edgar Allan Poe sagt Freud: „Solche Untersuchungen sollen nicht das Genie des Dichters erklären, aber sie zeigen, welche Motive es geweckt haben und welcher Stoff ihm vom Schicksal aufgetragen wurde" (ebd., S. 5).

In den mehr als dreißig Jahren, die seither vergangen sind, sind wir den Quellen und dem Gehalt künstlerischen Schöpfertums vielleicht doch ein wenig nähergekommen. Einige der Voraussetzungen und Bedingungen des kreativen Prozesses sind sehr eingehend analytisch untersucht worden (Eissler, Greenacre, Kris, Muensterberger, Slochower, Sterba etc.). Ebenso haben bestimmte Merkmale und spezifische Vorgänge Beachtung gefunden, die bei der Entstehung jener Gemütszustände beobachtet werden, in denen eine künstlerische Leistung vollbracht wird, und die als „Inspirations-" bzw. „Erarbeitungsphasen" der Kreativität beschrieben wurden (Kris). Mit Blick auf derartige Überlegungen habe ich in meiner Schliemann-Studie (1965 b) gezeigt, daß ein zweispuriger Ansatz dieser Art im Hinblick auf Kernfragen und Umfang etwas begrenzt erscheint, da er dazu verlockt, sich auf die dramatischeren Momente des Prozesses (d. h. „die schöpferische Eingebung", „die plötzliche Erleuchtung") zu konzentrieren, die den Beobachter durch ihr mitunter schlaglichtartiges und außergewöhnliches Auftreten innerhalb des Gesamtbildes faszinieren. Die verschwiegeneren Züge der Kreativität, etwa die Inkubationsperiode, latente Entwicklung und Vorstufen, vorbereitende Prozesse und andere innere Vorgänge scheinen durch eine zu starke Betonung der Zweiphasigkeit verdunkelt, die dem kreativen Akt zugeschrieben wurde. Das Erlebnis der „Inspiration" ist zweifellos ein wichtiges Phänomen des schöpferischen Geschehens, aber es ist Ausdruck einer Kulmination, eines spektakulären Aufflammens, nicht so sehr Ausdruck der zugrundeliegenden Dynamik und des tatsächlichen Verlaufs. Da die in diesem Zusammenhang verwendeten Bezeichnungen selbst eher Benennungen als Erklärungen sind, können sie der Komplexität der Probleme, denen der Forscher gegenübersteht, oder der Vielfältigkeit der dynamischen Kräfte, aus denen der kreative Mensch vor oder während des kreativen Aktes schöpft, kaum gerecht werden. Es sei u. a. daran erinnert, daß Kris (1950, 1952) selbst darauf hingewiesen hat, „daß nicht jede künstlerische Schöpfung aus Inspiration stammt".

Wie dem auch sei – ich möchte im folgenden als Kliniker einige Beobachtungen berichten, die ich bei der Psychoanalyse schöpferischer Menschen machen konnte. Bei diesen Patienten handelte es sich um vier Maler, einen Schriftsteller, einen Musiker und einen bedeutenden Wissenschaftler; alle zeigten Psychopathologien verschiedenen Grades, die ihr persönliches, berufliches und soziales Leben mehr oder weniger stark beeinträchtigten und sie in analytische Behandlung führten. Da es sich nur um eine kleine Zahl handelt (sieben Personen), sollen in meinem gedrängten Bericht keine endgültigen Schlußfolgerungen gezogen werden. Ich werde mich auf die Erörterung einiger Züge beschränken, die diesen Menschen gemeinsam waren, deren Persönlichkeit, Alter, Vorgeschichte, Symptomatik und Lebensumstände im übrigen durchaus differierten.

Von den charakteristischen Merkmalen, die meinen künstlerisch oder anderweitig kreativen Patienten gemeinsam waren, möchte ich die folgenden hervorheben:

1. Bleibende, meist schwere Kränkung des infantilen Narzißmus

In den beobachteten Fällen rührte diese narzißtische Kränkung von einem angeborenen, äußerlich nicht sichtbaren Defekt bzw. von einer physischen Mißbildung her, die aus einer oft schweren in früher Kindheit durchgemachten Krankheit stammte. Ich fand, daß die bleibenden Folgen frühkindlicher Schädigung zu Deformationen der Ich-Entwicklung und zur Bildung und Aufrechterhaltung narzißtischer Störungen beitragen – unter Intensivierung bisexueller Konflikte, bemerkenswerter Ausgestaltung in der Phantasie und bleibender Verzerrung des Körper- und Selbstbildes. Die psychologischen Rückwirkungen – in mehreren Fällen von archaischer Färbung –, die ich in früheren Publikationen ausführlicher dargestellt habe (Niederland, 1964 a, 1965 a), überwogen bei weitem die tatsächlichen physischen Anomalien. Der von Freud (1923) beschriebene Ausnahmecharakter gehört zu dieser Gruppe. In der Tat waren die sieben analysierten Patienten solche „Ausnahmen" im Sinne Freuds und Jacobsons (1959).

2. Reiches Phantasieleben mit spezifischer Beziehung zur Kreativität

Durch die analytische Behandlung meiner kreativen Patienten, die unter äußerlich nicht sichtbaren Körperdefekten litten, war es möglich, Einsicht in die unbewußten, vor allem restaurativen Strebungen zu erhalten, von denen ihre Phantasien, Träume, Tagträume und innersten Wünsche durchdrungen waren. Die meist unbewußten Strebungen zielten im wesentlichen darauf ab, das ursprüngliche Stigma in eine Art „Auszeichnung" zu verwandeln; sie schienen die schöpferische Einbildungskraft zu beflügeln, deren Charakteristika ungewöhnliche Assoziationen während der analytischen Arbeit, stürmische Ausbrüche von Ärger und Wut in der Übertragung, Geheimhaltung ihres körperlichen Defekts und ständige Suche nach neuen Beziehungen von großer (restitutiver) Intensität waren. Der körperliche Defekt, genauer: seine unbewußte psychische Repräsentanz, wirkte als ständiger unbewußter Stimulus. Die sich daraus ergebenden außerordentlich beharrlichen Restaurationstendenzen liefen zeitweise auf komplizierte Formen des Kämpfens und Haderns mit dem Schicksal, dem Universum und Gott hinaus – ein intrapsychischer Kampf, der vor jedermann verborgen gehalten werden mußte und erst in längerer Analyse voll zutage trat. Alle meine Patienten rangen mit intensiven aggressiven Tendenzen, die zu meistern ihnen bis zu einem gewissen Grade gelang, wenn sie sie auch nicht vollständig sublimierten. Ihre Objektbeziehungen waren durchweg prekärer Art. In ihrer Gefühlswelt überwog gewöhnlich die Aggression[1], die sich durch Ausbrüche von Ärger, Episoden depressiv gestörter Untätigkeit, die mit Anwandlungen geradezu hektischer Produktivität abwechselten, und ähnliches manifestierte.

3. Besondere Bedingungen und Auswirkungen der narzißtischen Dauerstörung

Die Verheimlichung, Unheilbarkeit und der Ort der körperlichen Schädigung trugen nicht nur zu gesteigerten Körpersensationen und gesteigerter sensorischer Ansprechbarkeit in dem von Greenacre (1957, 1958) geschilderten Sinne bei; sie erzeugten auch ein quälendes Gefühl, von den Mitmenschen verschieden zu sein, und Geburts- und Wiedergeburtsphantasien, die von ständiger Suche nach den Umständen der Entstehung, der Herkunft und der Reversibilität der Mißbildung begleitet waren, durch die sich die Patienten als von der Umwelt abgesondert empfanden. Diese Bemühungen um Erklärung und Heilung hörten niemals auf – zumindest nicht in der Phantasie –, da natürlich alle reparativen Anstrengungen angesichts der durch eine unabänderliche Körperverbildung bedingten narzißtischen Störung vergeblich blieben. Die analytische Durchforschung der prekären Objektbeziehungen ergab, daß sie vorwiegend den Charakter von Pseudoobjektbeziehungen trugen, das heißt, das Objekt war entweder Teil des eigenen Körpers oder ein solches, von dem eine Wiederherstellung des gestörten Körperbildes und seine magische Vervollständigung bzw. Heilung erwartet wurde.

Ähnliche Restitutionsaspekte der Kreativität werden auch in Fällen von Objektverlust deutlich. Das Rätsel des Todes, der plötzliche Verlust eines mehr oder weniger ambivalent gebliebenen Objekts, etwa der Tod von Vater oder Mutter oder eines Geschwisters in der Kindheit, scheinen mächtige Anreize für Phantasien und Strebungen reparativer Art zu setzen. Jackels (1966) klinische Beobachtungen über das Auftreten des Wunsches nach einem Kind bei plötzlicher Unterbrechung einer analytischen Behandlung bestätigen entsprechende Ergebnisse auf dem Gebiete angewandter analytischer Studien. Wie Eissler (1963, S. 827) berichtet, teilte ihm Marie Bonaparte mit, daß es Freud gelang, seinen ersten Traum, den berühmten Irma-Traum vom 23. Juli 1895, zu deuten, als ihm eröffnet wurde, daß sein 80jähriger Vater an einer tödlichen Krankheit litt. Pollock und sein Chicagoer Forschungsteam haben kürzlich nachgewiesen, daß eine der späteren Entdeckungen Freuds, die Strukturtheorie und analytische Ich-Psychologie, auf den Tod seiner Tochter Sophie und seine erste Krebsoperation folgte. Aufgrund seiner tiefschürfenden Goethe-

Studien schließt Eissler (1963, S. 319), daß der erste Anstoß zur Niederschrift des *Wilhelm Meister* die Nachricht war, daß Goethes Vater im Sterben lag. Meine eigenen psychobiographischen Untersuchungen über Schliemanns Kreativität (1965 b) erbrachten, daß der große Wendepunkt in der Laufbahn des Forschers, nämlich sein Umsatteln vom Geschäft zur Archäologie, wenige Wochen nach dem Tod einer älteren Kusine, eines Mutterersatzes, eintrat – ein Ereignis, daß ihn in eine tiefe Depression stürzte. Ferner vollbrachte Schliemann seine erste große archäologische Tat, die Entdeckung der Lage des antiken Troja, im Jahre 1870, dem Todesjahr seines Vaters. Ein solcher Wendepunkt findet sich auch in der künstlerischen Laufbahn Rembrandts: Nach einem Jahrzehnt des Wohlstandes und Erfolges als modischer Porträtist wandelten sich durch eine Reihe persönlicher Mißgeschicke, die mit dem Tod seiner ersten Frau im Jahre 1642 begann, Zielsetzung und Charakter seiner Arbeit. Er wandte sich ab von der Welt der Reichen und Vornehmen, verlegte den Fokus seines künstlerischen Schaffens auf das Seelische und begann, sich auf die Darstellung des spirituellen Lebens des Menschen zu konzentrieren. Die Folge war, daß Aufträge selten wurden; er machte Bankrott, und im Jahre 1656 mußten sein Haus und seine persönliche Kunstsammlung versteigert werden. Er starb 1669, verarmt und fast vergessen, im Alter von 63 Jahren. Musikkenner wissen von der Vertiefung und Verinnerlichung der Werke Mozarts nach dem Tod seines Vaters, wie sie in seinem g-Moll-Quintett zum Ausdruck kommt. Das Lebenswerk Johann Sebastian Bachs, der beide Eltern als Kind verlor, ist von Tod, Todesahnung und deren Ungeschehenmachen – Auferstehung – durchdrungen. Auf dem Gebiet der bildenden Kunst sei Henri Rousseau angeführt: Erst nach 1888, dem Todesjahr seiner Frau, wurde „Le Douanier" zu dem großen Maler, dessen eigenartige, naiv-melancholische Gemälde und Farbkompositionen uns noch heute in manchem rätselhaft erscheinen. Conrad Ferdinand Meyers erste literarische Schriften stammen aus seinem 16. Lebensjahr, kurz nach dem Tod seines Vaters: Als Thema wählte er historische Vatergestalten – Kaiser Heinrich IV., König Friedrich II., Tarquinius Superbus, später Jürg Jenatsch, Pescara usw.

Aber kehren wir zu meinen klinischen Beobachtungen über die reparativen Tendenzen der Kreativität zurück. Das folgende wörtliche

Protokoll der assoziativen verbalen Produktion eines Künstlerpatienten während einer analytischen Stunde mag einige der obengenannten Zusammenhänge illustrieren.

Der Patient hatte die analytische Sitzung mit einer Bemerkung über den kürzlich verstorbenen Bildhauer Giacometti begonnen und mit einiger Bitterkeit dessen Ausspruch „Erfolg haben bedeutet für einen Künstler, daß er versagt hat" erwähnt. Auf meine Frage betreffs des merklichen Affekts, mit dem Giacomettis Bemerkung berichtet wurde, sagte der für gewöhnlich verschlossene Patient mit starkem Gefühl und Anzeichen steigender Erregung:

„Ich liebe Giacometti nicht, aber in diesem Punkt hat er recht. Das Ziel ist so viel mehr, als man erreichen kann. Sobald ein Bild fertig ist, fühlt man, daß man versagt hat. Dann kommt stets das quälende Gefühl, daß ich nicht erreiche, was ich erhofft hatte. Dieses Gefühl stellt sich immer dann ein, wenn ich ein Bild beendet habe ... Einer der schwierigsten Augenblicke für einen Maler kommt dann, wenn ein Bild fertig ist, weil er eben dann empfindet, daß er niemals fertig ist, niemals ... Jedes Bild, das ich jemals gemalt habe, wirkt auf mich unvollständig. Wenn ich es mir ansehe, nachdem ich glaubte, es sei fertig, finde ich es unvollständig ... Bei einem Bild sehe ich, daß ich den Raum hätte vergrößern müssen, bei einem anderen hätten die Farben intensiver sein sollen, bei wieder einem anderen wäre diese oder jene Lücke auszufüllen gewesen. Aber dann hätte ich das Ganze noch einmal machen und ganz von vorn anfangen müssen ..."

Dieser Maler hatte seit seiner Geburt eine verborgene (äußerlich nicht sichtbare) körperliche Mißbildung. Ein Schriftsteller, bei dem nach einer in der Kindheit durchgemachten Rachitis relativ geringfügige Mißbildungen an Schädel und Brustkorb zurückgeblieben waren, sprach von dem Dilemma, fertige Texte wieder und wieder schreiben zu müssen, mit fast denselben Klagen und in der gleichen düsteren Stimmung. Ich könnte weitere einschlägige Beispiele aus der angewandten Analyse anführen, aber ich glaube, es ist ohnehin klar, worauf es hier ankommt. Die kreativen Strebungen dieser Menschen stellen, so meine ich, die künstlerische Externalisierung ihrer unermüdlichen, aber vergeblichen Bemühungen um die Lösung eines Konfliktes dar, der eben wegen seiner konkreten Natur, Dauer und Besetzung sowohl ungelöst als auch unlösbar bleiben muß, zumindest unter den bei dieser zugegebenermaßen kleinen Gruppe kreativer

Persönlichkeiten obwaltenden besonderen Umständen. Ein Zustand rastloser Unzufriedenheit mit Neigung zu depressiver oder subdepressiver Verstimmung und vagen Schuldgefühlen schien bei den meisten die vorherrschende Gemütslage stets dann zu sein, wenn sie ihre kreative Arbeit beendet hatten, die im Grunde eine reparative war. Für sie blieb die künstlerische Leistung in einem sehr realen Sinne unvollendet, da sie naturgemäß niemals zur unbewußt ersehnten Beseitigung des ursprünglichen Defekts am eigenen Körper führte.

In diesem Zusammenhang möchte ich Giacomettis Bemerkung „Erfolg haben bedeutet für einen Künstler, daß er versagt hat" etwas weiterführen, indem ich sie zum Konzept des Körperbildes (und seiner zentralen Bedeutung für das Verständnis wesentlicher Aspekte des Wachstums der individuellen Persönlichkeitsstruktur) in Beziehung setze. Im Jahre 1923 schrieb Freud: *„Das Ich ist vor allem ein körperliches"* (Freud, 1923, S. 253). Unsere gebräuchlichen akademischen Bezeichnungen – Körperbild, Körpergefühl, Selbstbild, Körper-Ich etc. – zeigen in ihrer blassen Deskriptivität und trockenen Sachlichkeit vielleicht auch am deutlichsten unsere beklagenswerte Schwäche in der Erforschung dessen an, was als das subjektive Erleben des eigenen Körper-Ichs bezeichnet werden kann, nämlich die Summe all jener hochgradig persönlichen, alles durchdringenden, stets gegenwärtigen Erlebnisse, die sich aus der lebenslangen Interaktion der postural-kinästhetischen, dimensional-physischen Ich-Funktionen mit denen, die als Sensorium die Wahrnehmung, Affektivität und Erkenntnisfähigkeit ausmachen, herleiten. Der Einfluß dieser kombinierten Elemente in ihrer ständigen Interaktion und dynamischen Wechselbeziehung kann mit einer Art *vis a tergo* verglichen werden, die beim erwachsenen Menschen den im ganzen stabilen und kohärenten Hintergrund bildet, der für den Gesamtbereich der persönlichen Ich-Funktionen und für die Entwicklung befriedigender Objektbeziehungen im späteren Leben unerläßlich ist. Obgleich mit der tatsächlichen Körpergestaltung nicht einfach identisch, ist das subjektive Erleben des Körper-Ichs unter normalen Bedingungen so, daß es sich der tatsächlichen Körperstruktur in Umriß und Gestalt annähert. Bei Patienten mit permanenten, von Kindheit an bestehenden Mängeln ist dieses Erleben des eigenen Körpers nicht nur andersartig und schärfer als bei anderen Menschen, die psychosomatischen Körperempfindungen bewirken auch – auf dem Wege über Projektion und Externalisierung – jene erhöhte Sensibilität und affektive Reaktivität, die die Wahrnehmung des inneren und äußeren Milieus entscheidend beeinflußt. Sie führt dazu, daß das betreffende Individuum die Welt um sich und in sich anders erlebt, auf Reize intensiver reagiert und dergleichen mehr. Schon Greenacre (1957) hat auf die größere persönliche Empfindsamkeit und Reizbarkeit des Künstlers hingewiesen und auf „die Stärke seiner eigenen Körperempfindungen", deren Impetus ein „erstes Crescendo in der phallisch-ödipalen Phase" erreicht. Sie verbindet dies mit späteren leidenschaftlichen Inspirationserlebnissen und der Entwicklung tiefer religiöser und persönlicher Gefühle, etwa der Hinneigung zu Gott, Religion, Kunst, Natur und Universum, die sie unter dem Begriff der „collective alternates" zusammenfaßt. Sie führt ferner aus, daß ein Kind, das eine starke potentielle Kreativität besitzt, sich andersartig und fremd fühlt und unausweichlich ein isoliertes, einsames Kind ist. Wie ich fand, verhält es sich ebenso beim Kind, das einen physischen Defekt aufweist. Man könnte hinzufügen, daß der erwachsene Künstler sich ebenfalls oft als ein abgesonderter Mensch fühlt – „einsam wie ein Henker", wie Raffael Michelangelo genannt haben soll.

Während ich im allgemeinen mit Greenacres Anschauungen übereinstimme, bin ich nicht so sicher bezüglich ihrer Ansicht, daß die erhöhte Sensibilität des Künstlers gegenüber seiner Innen- und Außenwelt und seine intensive Empfindungsfähigkeit angeborene Eigenschaften sind. Obwohl ich eine Prädisposition zu solchen spezifischen Eigenschaften nicht völlig ausschließen möchte, sei ausdrücklich betont, daß zumindest bei den von mir analysierten Patienten eben diese Charakteristika auf bestimmte sensorische Einflüsse und subjektiv gesteigerte Körperempfindungen zurückgeführt werden konnten, wie sie aus der Diskrepanz zwischen der wirklichen Gestalt, den tatsächlichen Eigenschaften des Körpers und dem phantasierten, oft schwer entstellten Körperbild[2] resultierte. In der Tat bildet das subjektiv als fehlerhaft und entstellt erlebte Körperbild – ein unvermeidliches Ereignis bei körperlichen Mißbildungen mit ihrer ungleichen Verteilung von Körperbesetzungen – ein den erogenen Zonen vergleichbares libidinös wie aggressiv besetztes Reservoir, und die daraus hervorgehenden Reize scheinen den kreativen Prozeß in Gang zu setzen. Bei mehreren meiner Patienten hatte ich den Eindruck, daß ihre Kreativität das wichtigste Hilfsmittel bei dem Versuch darstellte, das schadhafte Körperbild auszubessern und damit ihre seelischen Konflikte zu lösen. Da die Bemühungen, die im Grunde der Wiederherstellung des Körper-Ichs dienen, in derartigen Fällen zum Scheitern verurteilt sind – in Giacomettis Worten bedeutet ja sogar der Erfolg ein Scheitern –, können sich solche gänzlich unbewußten Wiederherstellungsbemühungen auf lange Zeitspannen ausdehnen oder auch zu fieberhaften Ausbrüchen einer hektischen, nicht selten hypomanisch gefärbten schöpferischen Tätigkeit steigern.

Meine Patienten waren im allgemeinen keine zufriedenen oder umgänglichen Menschen. Sie waren Individuen von übergroßer Empfindlichkeit und intensiver Reizbarkeit; sie litten an hypochondrischen Ängsten, wie wir sie bei überbesetzten oder ungleichmäßig besetzten Ich-Zuständen vorfinden. Die Art ihres Selbsterlebens blieb lange Zeit ein streng gehütetes Geheimnis. Wurde es nach längerer Analyse schließlich aufgedeckt, so enthüllte sich die Entfremdung ihres subjektiven Selbsterlebens und ihre Suche nach einer neuen (reparativen) Körperimago. Analytisch ausgedrückt, kann dies als unbewußter Wunsch nach Wiedergeburt durch einen magischen, in das künstlerische Schaffen hineinprojizierten Wiederherstellungsprozeß verstanden werden.

Was die ungleiche Verteilung der Körperbesetzung angeht, so konnten im wesentlichen zwei Arten der Fehlverteilung beobachtet werden: Es bestand eine generelle Uneinheitlichkeit in der Verteilung der Körperbesetzung, verbunden mit Empfindungen von physischem Unbehagen, unvollkommenen und unvollständigen Körperkonturen, Gefühlen der Leere, wechselndem Muskeltonus etc. Neben diesen allgemeinen und vagen körperlichen Mißempfindungen kathektischer Fehlverteilung bestanden mehr oder weniger umschriebene Gebiete fokaler Über- oder Unterbesetzung innerhalb des gestörten Gleichgewichts der gesamten Körperbesetzung. Eine genauere Untersuchung dieser Zonen brachte zutage, daß eine bestimmte Zone fokaler Überbesetzung im Körperschema existierte – lokalisiert entweder am Übergang des defekten („schlechten") Teils in den angrenzenden „guten" Teil der Körperoberfläche oder an peripheren Körperteilen. Im zweiten Fall handelte es sich um Kompensationsbereiche, die vom beschädigten Körperteil möglichst entfernt lagen. Bei einer Patientin zum Beispiel, einer bedeutenden Malerin, deren linker Arm infolge eines Geburtstraumas leicht deformiert war, waren dieser Arm und die naheliegenden Teile der Körperoberfläche in so hohem Maße *unterbesetzt,* daß sie von ihnen sagte, sie fühle, daß sie von kautschukähnlicher Beschaffenheit seien und quasi gar nicht existierten. Ihr rechter Arm (mit dem sie malte) und die Augen waren kompensatorisch *überbesetzt.* Bei einem anderen Künstler, dessen angeborene Deformierung des Halses, ein Torticollis, während der Adoleszenz erfolgreich operativ korrigiert worden war, tauchte die ursprüngliche Mißbildung – nach ihrer chirurgischen Beseitigung – in halb wahnhaften Phantasien über periphere Körperteile und auf dem Wege der Externalisierung in vielen seiner Gemälde wieder auf. Während seiner späteren Analyse hatte dieser Patient zahlreiche Träume über mißgestaltete, bösartige Kreaturen, groteske, Wasserspeiern ähnelnde Ungeheuer etc., durch die er sich bedroht fühlte und die analytisch als Projektionen seiner eigenen Gefühle über die ursprüngliche Mißgestalt kenntlich gemacht werden konnten.

Mehrere meiner Patienten zeigten während der Perioden kreativer Aktivität deutliche Veränderungen ihrer subjektiven Körper-Ich-Empfindungen oder Wahrnehmungen. Patienten, die sich „klein", „unsicher", „geschrumpft", „hohl", „gummiartig", „zwerghaft" und „leer" gefühlt hatten, verloren diese Mißempfindungen während ihrer kreativen Tätigkeit, in deren Verlauf Gefühle, „ganz", „stark", „voll Kraft und Gesundheit" zu sein, sich einstellten. War die schöpferische Arbeit getan, kehrten die alten Gefühle von Unvollständigkeit und Schwäche gewöhnlich zurück. Hier wurden die restaurativen, wenn auch gänzlich unbewußten Bemühungen, durch kreative Tätigkeit den als Makel empfundenen Zustand zu beseitigen, recht deutlich. In der Analyse wurde dann klar, daß das Körperbild seinen stärksten und dauernden Einfluß im Bereich averbaler Kommunikationen ausübt: Durch fortgesetzte schöpferische Leistungen versuchten die Patienten, eine „Vollkommenheit" reparativ zu erschaffen, von der sie im geheimen glaubten, daß sie sie *vor* ihrer Deformierung besessen hätten – im wesentlichen also ein narzißtischer Wunsch, der in eine kreative (d. h. rekreative) Aktion umgesetzt wurde. In diesem Zusammenhang sei darauf hingewiesen, daß eine nicht unbeträchtliche Anzahl psychischer Traumen und Konflikte in der Kindheit oft mehr oder weniger spontan durch Bemeisterung gelöst wird. Hingegen führt ein frühkindlicher körperlicher Defekt gerade durch seine konkrete Natur, relative Unbeeinflußbarkeit, intensive Besetzung und narzißtische Dauerstörung dazu, als Konfliktbereich bestehen zu bleiben. Meine klinischen Beobachtungen bestätigen in diesem Sinne Kohuts (1966, S. 154) Feststellung, daß „die schöpferische Arbeit selbst" es verdiene, „als Transformation des Narzißmus verstanden zu werden". Auch Beres' (1957, 1960) Arbeiten über die kommunikativen und imaginativen Prozesse bei Dichtern, Schriftstellern usw. sind für unser Verständnis dieser Probleme von Bedeutung.

Diese Punkte seien mit einigen weiteren klinischen Beispielen illustriert. Ich habe die reiche und blühende Phantasie erwähnt, die sich bei gewissen durch frühkindliche Krankheit oder Geburtstraumen geschädigten Individuen entwickelt und sich zu floriden Wiedergeburtsvorstellungen ausweitet. Die Patientin mit der bleibenden Geburtsschädigung (Verkürzung) des linken Armes malte nicht nur zahllose Geburts- und Wiedergeburtsbilder, sie ließ sich auch im Deltagebiet eines Flusses nahe einer Lagune nieder, wo sie lebte, schrieb und malte. Sie malte sich selbst als einen verkrüppelten, zwerghaften Knaben – *als Knaben, nicht als Mädchen* –, der vor der St.-Rochus-Kathedrale hingestreckt liegt und den Heiligen um Heilung seines Körperdefekts anfleht (St. Rochus ist der Pestheilige des christlichen Mittelalters, und die Patientin sprach von ihrem linken Arm als von einer Pest). Der Maler mit dem angeborenen – später operativ beseitigten – Torticollis stellte die Mißbildung seines Halses als mächtigen Speer dar, eine tödliche Waffe von ausgesprochen phallischer und aggressiver Bedeutung mit fokaler Überbesetzung (Hals – Speer). Ein zweites Bild, vom gleichen Künstler gemalt, weist sowohl auf die Kastrationsmomente als auch auf die Veränderung der gesamten Körperbesetzung hin. (Der kopf- und armlose Torso ist aus *Stein;* der Patient fühlte und verhielt sich oft so, als sei er selbst aus *Stein.*[3] Wie ersichtlich, wird der Defekt mit einer Kastration gleichgesetzt, die die meisten Körperteile betrifft.)

Das eindrucksvollste Beispiel von vermutlich lebensrettender Kreativität lieferte ein 25jähriger Mann, der, an den Folgen einer akuten Poliomyelitis leidend, mit nahezu vollständiger Lähmung von Beinen, Schultern und Armen vor einigen Jahren ins Krankenhaus eingeliefert wurde. Einzelheiten zu diesem Fall habe ich bereits andernorts mitgeteilt.[4]

Da der Patient nicht analysiert wurde und meine eigene Rolle auf die eines Beraters *par distance* beschränkt war, kann ich die Einzelheiten des partiellen, aber dennoch bemerkenswerten Genesungsprozesses nicht mitteilen, der unter den beschriebenen spezifischen Umständen durch „restaurative" Kreativität in Gang gesetzt wurde oder doch zumindest in psychodynamischer Verbindung dazu stand. Ich möchte jedoch auf die Träume über das Liegen im *Sarg* und das *Begräbnis im Regen* sowie auf die Zeichnungen des Erkerfensters und des Ozeans und der sonstigen Wasserszenen aufmerksam machen. Frühere Untersuchungen (Niederland, 1956/57) über die Symbolik von Wasser, Meer, Flüssen und mit Wasser verknüpften Elementen in Phantasien, Träumen, künstlerischen und symbolischen Darstellungen hatten mich längst darüber belehrt, daß entscheidende, mit Schwangerschaft, Geburt und Wiedergeburt verbundene Strebungen im Unbewußten ihren symbolischen Ausdruck in solchen synoptischen Wasserszenen finden. Diese können aus regressiv-narzißtischen Phantasien hervorgegangen sein – möglicherweise erzeugt durch den Aufenthalt in der eisernen Lunge (dem „Sarg" des Traums, letztlich dem Mutterleib) –, die der Patient mit Hilfe eines restaurativen Externalisierungsprozesses durch seine kreative Produktivität zu transzendieren vermochte. Ferner möchte ich auf die symbolische Bedeutung des weit ausladenden *Erkerfensters* hinweisen, das der analytisch geschulte Beobachter leicht als eindeutigen Bezug auf Schwangerschaft und Geburt erkennt.

Wir wollen nun einen weiteren Faktor betrachten, der in diesem Fall direkt mit dem kreativ-restaurativen Prozeß verknüpft erscheint: die *Hand*. Daß die Hand oder der Arm andere Teile des Körpers symbolisch darstellen kann – gewöhnlich mit phallischer Struktur –, ist aus der klinischen Psychoanalyse natürlich wohlbekannt. Ebenso bekannt ist die überragende Rolle der menschlichen Hand für die Bildung und die ersten Leistungen des kindlichen Körper-Ichs – Hoffers „Hand-Mund-Ich" (Hoffer, 1949, 1950). Die Hand, die nach Hoffer beim Kinde anfänglich „mit dem Mund eng verbündet war, um innere Spannungen zu eliminieren", bewahrt diese Funktion das ganze Leben hindurch. Bald erwirbt sie die Fähigkeit, zu berühren, zu halten, zu greifen und jeden Punkt innerhalb des Radius des ausgestreckten Arms zu erreichen. Innerhalb dieses Radius hat die menschliche Hand die einzigartige Fähigkeit, wie ein Vogel im Fluge zu funktionieren, nämlich jeden beliebigen Punkt innerhalb eines Umkreises zu erreichen, der nur durch die Länge des Armes und die Stellung der Finger begrenzt wird. Die Hand ist ferner Träger libidinöser und aggressiver Energien, wie dies durch ihre liebkosenden wie aggressiven Funktionen evident ist. Durch den einfachen Akt des Ausstreckens und Berührens eines Objekts entweder der Außenwelt oder des eigenen Körpers kann die Hand libidinöse und/oder aggressive Impulse auf jeden Punkt innerhalb der Reichweite des Armes übertragen. In Ausübung etwa ihrer aggressiven Funktion als Exekutivorgan des gestreckten Armes können sich Hand und Arm in einen veritablen Dreschflegel verwandeln, zum Beispiel beim Schlagen oder Ohrfeigen eines anderen Menschen. Hinsichtlich des bemerkenswerten Genesungsprozesses des an Poliomyelitis erkrankten Patienten, der dem Tode nahe war, bin ich daher geneigt anzunehmen, daß seine Hand zum „Sammler" und „Vollstrecker" aller ihm noch verbliebenen Körperbesetzungen wurde, die der kranke Mann in seinem Bemühen um Gesundung auf den kreativen Akt (das Zeichnen) konzentrierte und in seinen symbolischen Wasserszenen bildhaft zum Ausdruck brachte.

Abgesehen von den bereits erwähnten Attributen illustriert die menschliche Hand auch vorzüglich Freuds Amöbengleichnis. In diesem Sinne stellt sie den körperlichen Gegenpart dessen dar, was Freud über das Denken als Probehandeln mit kleinsten Besetzungsquantitäten und ihrer Abfuhr durch den psychischen Apparat sagte. Im alten Griechenland wurde die Hand als Verkörperung der „vollziehenden Gewalt" des Menschen, als Lebensseele angesehen. Man glaubte, daß sie Zeugungskräfte besitze oder selbst ein Fortpflanzungsorgan sei. Im Talmud (Sota 36) wird bei Erörterung der Josephsgeschichte im Alten Testament (insbesondere der Unterdrückung von Josephs geschlechtlichem Verlangen nach Potiphars Weib) erwähnt, daß „Samen aus seinen Fingern kam". Für die Hebräer drückt sich Gottes Liebeskraft ebenso wie die Macht zu zerstören in „seinem ausgestreckten Arm und der erhobenen Hand" aus. Im alten Ägypten wurde die „Lebensflüssigkeit", die zeugend und schöpferisch ist, in der Weise verbildlicht, daß sie verliehen wurde, indem die Hand entweder auf das Rückgrat gelegt wurde oder an ihm hinunterglitt (Niederland, 1965 b). Im kaiserlichen Rom grüßte man sich durch Erheben der Hand,[5] eine Sitte, die *salutare* genannt wurde, d. h., einander durch den Gebrauch der erhobenen Hand *salus* (Gesundheit) zu bieten, wovon sich unsere heutigen Bezeichnungen „salve" und „save" (wie in „God save the King") herleiten. Hierher gehören wahrscheinlich auch gewisse mythische Vorstellungen über die Hand, zum Beispiel die, daß das Schicksal eines Menschen aus den Linien seiner Hand zu erkennen sei.

Ich glaube, wir haben nun einen Punkt erreicht, jenseits dessen klinische Evidenz und unsere daraus gezogenen Schlußfolgerungen aufhören, als verläßliche Richtlinien für weitere, vorwiegend theoretische Überlegungen zu dienen. Natürlich könnte man aus dem klinischen Bereich allein noch viele weitere Beobachtungen anführen, etwa die von Kris, daß in Streßsituationen in einem kindlichen Milieu Kinder ihre Angst dadurch zu überwinden versuchen, daß sie zu einem gesteigerten Spiel der Phantasie und zum Malen ihre Zuflucht nehmen, oder Linns (1955) neurologische Forschungen, wonach in gewissen Frühstadien des Körper-Ichs eine experimentell nachweisbare Fusion der Hand-Gesichts-Brust-Empfindungen besteht. Diese „Trias" bildet nach Linn „das archaisch-primordiale Konglomerat der primitiven Selbstrepräsentanz".

Eine Untersuchung all dieser Daten unter dem Aspekt der analytischen Ich-Psychologie führt uns zu zwei weiteren Schlüsselfaktoren, die mit dem Problem der Kreativität verbunden sind: Wahrnehmung und Energie. Was die Wahrnehmung anbelangt, so habe ich bereits Greenacres Hinweis auf die erhöhte Sensibilität des Künstlers und im Zusammenhang damit auch meine eigenen Beobachtungen erwähnt, daß diese Eigenschaften – zumindest bei den von mir studierten Patienten – nicht notwendigerweise als angeboren angesehen werden müssen. Einer meiner Patienten, ein Schriftsteller, nahm die Umwelt ganz anders wahr als ich: Als er beispielsweise von einem Straßenverkäufer eine Eistüte erstand und später in der Analyse darüber berichtete, sprach er von einem alten Mann, der ihm die Tüte verkauft hatte, von den Runzeln und Falten in seinem *Gesicht* und von der *Hand* des Mannes, die in den Behälter langte, um die süße, weiße Creme herauszuholen (die genannte Gleichsetzung von Gesicht, Hand und Brust scheint hier im kreativen Prozeß im buchstäblichen Sinne hervorzutreten). Schließlich, so berichtete der Schriftsteller, erinnerten ihn die Linien und Runzeln des Gesichts an die tiefen Furchen, die der Pflug des Bauern in den fruchtbaren und schmerzdurchwühlten Ackerboden zieht (man beachte den zugleich libidinösen und aggressiven Schluß). Dieser Patient hatte eine Trichterbrust, die auf eine frühkindliche Rachitis zurückzuführen war, von der er aber glaubte, daß sie durch die Nachlässigkeit seiner Mutter verursacht worden sei. Er haßte sie deshalb bewußt während seines ganzen Lebens, und dies war einer der Gründe, die ihn in die Analyse brachten.

Andere Patienten sprachen von den körperlichen Mißempfindungen, die an der Stelle oder in der Nähe ihrer Mißbildung auftraten. Sie beschrieben solche Mißempfindungen als „nagend", „schmerzhaft", „bedrückend", „störend", „quälend" oder mit analogen Bezeichnungen. Derartige Empfindungen riefen nicht nur lokalisiertes Unbehagen hervor, sondern auch Zustände von Ruhelosigkeit und Ärger, die sich gelegentlich bis zur Wut steigerten. Während solcher Phasen haßten die Patienten den Analytiker, der in der Übertragung die „schlechte" Mutter repräsentierte. Sie geißelten die Mutter als die vermeintliche Ursache der Mißbildung und überschütteten mich und meine therapeutischen Bemühungen mit ätzendem Hohn. Die sie quälenden Empfindungen und Störungen gaben während der Analyse zu ärgerlichen Ausbrüchen und Erregungszuständen, aber auch ungewöhnlichen Assoziationen im Sinne schöpferischer Gedankengänge Anlaß.

Niemand hat die Quellen der Wahrnehmung besser beschrieben als Freud in *Das Ich und das Es:* „Der eigene Körper und vor allem die Oberfläche desselben ist ein Ort, von dem gleichzeitig äußere und innere Wahrnehmungen ausgehen können ... ein Bewußtwerden der Denkvorgänge durch Rückkehr zu den visuellen Resten [ist] möglich ... Das Denken in Bildern ist also nur ein sehr unvollkommenes Bewußtwerden. Es steht auch irgendwie den unbewußten Vorgängen näher als das Denken in Worten und ist unzweifelhaft onto- wie phylogenetisch älter als dieses" (Freud, 1923, S. 253, 248). An dieser Stelle muß die häufig zitierte Äußerung von Kris (1952, S. 149) über die „Regression im Dienste des Ichs" erwähnt werden. Obschon auf manche Situationen anwendbar, die dem Analytiker bekannt werden, und insbesondere auf die analytische Situation selbst, habe ich mich nicht völlig von ihrer Gültigkeit in bezug auf den kreativen Prozeß als solchen überzeugen können. Vielmehr schien bei den kreativen Patienten, die ich klinisch beobachtete, der Umfang der psychischen Leistungsfähigkeit quantitativ und qualitativ weiterreichend, so daß sie das gesamte Spektrum von den frühesten Modalitäten des Denkens, Fühlens, Erlebens, Wahrnehmens etc. bis zu den geistigen Funktionen höchster Ordnung umfaßte. Ich hatte den Eindruck, daß diese größere Spannweite bei meinen kreativen Patienten mit der Uneinheitlichkeit der Besetzungsverteilung libidinöser und aggressiver „Quanten" – *sit venia verbo* – zusammenhängt. Anstatt von einer „Regression im Dienste des Ichs" zu sprechen, bin ich daher eher geneigt, diesen Zustand in Beziehung zur gesamten Ich-Organisation zu setzen, die bei den zur Diskussion stehenden Personen sowohl deutlich „regressive" als auch „progressive" Züge aufwies und den Einfluß unablässiger Stimuli zur Wiederherstellung verlorengegangener (oder verloren geglaubter) Liebesgüter zeigten.

Was das Problem des Ursprungs und Charakters der in all diesen Prozessen wirksamen psychischen Energie angeht, glaube ich in Übereinstimmung mit anderen Analytikern, daß diese Fragen vorerst noch nicht beantwortet werden können. Hartmanns Formulierungen über Sublimierung, die Umwandlung von psychischer Energie, die konfliktfreie Sphäre des Ichs und dessen eigene „neutralisierte" Energie stellen zweifellos wichtige Beiträge dar, wenn ich auch als Kliniker gestehen muß, daß ich niemals einen kreativen Menschen gesehen habe, der nicht ernste, offenbar alles durchdringende Konflikte hatte.[6] Nicht selten findet die gesteigerte Selbstwahrnehmung, insbesondere des eigenen Körpers und seiner intensiven Reaktionen auf Stimuli, klinisch Ausdruck in hypochondrischen Befürchtungen und psychosomatischen Beschwerden, die den Beobachter – wie auch den Betroffenen selbst – auf einen geschwächten Gesundheitszustand schließen lassen. Die subjektive Empfindung, hilflos, „leer", mißgestaltet oder krank zu sein, kann zeitweise eine solche Intensität erreichen, daß Gefühle der Entkörperlichung oder der Desintegration des ganzen Körpers auftreten. Einige meiner Patienten äußerten solche Empfindungen und Ängste. Ich denke, daß man diese Zustände dem gestörten Gleichgewicht der Besetzungsverteilung zuzuschreiben hat, das es dem Individuum nicht erlaubt, seinen Körper als ein festgefügtes, zusammenhängendes und einheitliches Ganzes zu erleben. Eine anschauliche Schilderung eines solchen gestörten Zustandes findet sich in Dostojewskis *Aufzeichnungen aus einem Kellerloch:*

> Ich bin ein kranker Mann ... ich bin ein böser Mensch ... Ich bin kein anziehender Mann. Ich glaube, daß meine Leber krank ist. Allerdings weiß ich überhaupt nichts über meine Krankheit und weiß nicht sicher, was mir fehlt. Ich konsultiere deshalb

keinen Doktor und habe es noch nie getan, obwohl ich vor der Medizin und den Ärzten Respekt habe.

Durchforscht man das Leben – und die Leiden – schöpferischer Persönlichkeiten, so wird man sich in zunehmendem Maße der erheblichen Energiequellen bewußt, die ihnen zur Verfügung stehen. Es hat den Anschein, als konzentrierten sich alle Energien auf den kreativen Prozeß und als handelte es sich um eine Regression nicht so sehr im Dienste des Ichs als im Dienste der *Wiederherstellung* des Ichs, ja mitunter des *Überlebens* des Ichs. Was ich aus der Analyse meiner Künstlerpatienten hinsichtlich der Quellen und des Wandels der ihnen für ihre kreative Tätigkeit verfügbaren Energie gelernt habe, läßt mich zu Freuds Bemerkung über den Körper als die Quelle all dieser Vorgänge und zu einer früheren Beobachtung von ihm zurückkehren (1914), daß bei gewissen physischen Zuständen narzißtische Energie an den Ort der organischen Störung „fließt", wo der Reizzufluß „gebunden" wird. Diese Beobachtung scheint mit meiner Ansicht betreffs der ungleichen Verteilung der Körperbesetzung bei meinen Patienten und der fokalen Überbesetzung *in loco laesionis,* d. h. am oder nahe dem Ort der Mißbildung, in gutem Einklang zu stehen. Wie schon gesagt, begegnet man diesen fokalen Überbesetzungen auch in Körperregionen, die vom eigentlichen Läsionsgebiet entfernt sind. Das gestörte Besetzungsgleichgewicht innerhalb oder außerhalb des Läsionsbereichs kann so zur Quelle ständiger Reize libidinöser wie aggressiv-restaurativer Art werden. Einer der Wege, mit diesen permanenten Reizen fertig zu werden, ist in meiner Sicht die Kreativität. Obwohl Freud es in seiner Arbeit über den Narzißmus etwas anders ausdrückt, können wir seine Formulierungen für unser Verständnis dieser Vorgänge benutzen, insbesondere seine Bemerkung, daß im Fall körperlicher Krankheit Besetzungen auf das eigene Ich zurückgenommen und im Bemühen um Genesung „wieder ausgesandt werden". Auf diese Weise wird der Versuch unternommen, den beschädigten Körperkonturen oder -bereichen ihre ursprüngliche (d. h. idealisierte) Form zurückzugeben und gleichzeitig die abgezogene narzißtische Energie den Objektrepräsentanzen wieder zuzuwenden. Dies wird erreicht, wenn der Künstler, der in seinem lebenslangen Kampf oft so verzweifelt allein steht, die Empfindung hat, daß das, was er durch seine Dichtungen, seine Bilder oder Skulpturen zu sagen hat, für die Umwelt bedeutungsvoll geworden ist.

Ich behaupte also, daß bei diesem Vorgang des „Wiederaussendens“ die allgemeinen Besetzungen wie die mit ihnen einhergehenden fokalen Überbesetzungen nebst all ihren aggressiven und libidinösen Komponenten auf das Kunstwerk als außerkörperliches Objekt, d. h. auf die Leinwand, den Marmorblock, das wissenschaftliche oder künstlerische Vorhaben, an denen die gerade entstehende kreative Arbeit sich vollzieht, projiziert werden. Ich glaube, den Beweis dafür nicht nur in der außergewöhnlichen Energiemenge gefunden zu haben, die in den kreativen Prozeß investiert wird, sondern auch in dem geschaffenen Werk selbst, das oft erkennbare Züge der überbesetzten Bereiche in Gestalt typischer oder atypischer Abkömmlinge des ursprünglichen Objekts aufweist.

Zusammenfassend sei gesagt, daß die Fehlverteilung der Körperbesetzung *in toto,* insbesondere die der fokalen Überbesetzung spezifischer Körperbereiche, bei den schöpferischen Leistungen bestimmter Individuen, bei denen im frühkindlichen Alter verursachte narzißtische Dauerstörungen nachweisbar sind, eine Rolle spielt. Die analytische Erforschung einer Gruppe kreativer Patienten, die unter langwährenden psychischen Folgen angeborener oder früherworbener körperlicher Defekte litten, ergab, daß die Nachwirkungen dieser Art narzißtischer Verletzung bestehen blieben. Hierbei muß die Vergeblichkeit fortgesetzter Bemühungen um die Behebung des Körperdefekts und die daraus resultierende weitere narzißtische Kränkung hervorgehoben werden. Sie führt zu aggressiv gefärbten intensiven Strebungen, das deformierte und gestörte Körperbild zu reparieren, seine Selbstrepräsentanz als einheitliches *Ganzes* wiederherzustellen und so ein positives, intaktes Selbstgefühl zurückzugewinnen. Meine Patienten erreichten dies, indem sie abgezogene libidinös-aggressive Energien in den kreativen Akt einbrachten, der sich im Laufe der analytischen Behandlung im wesentlichen als ein reparativer und re-kreativer Akt erwies. Es soll hier nicht behauptet werden, daß Kreativität stets mit den im Vorstehenden erörterten Bezügen verbunden ist. Als weitere Faktoren seien genannt: die bei allen meinen Patienten beobachtete gesteigerte Bisexualität, früher Objektverlust und damit verbundene restaurative Strebungen, bleibende Auswirkungen des fast unvermeidlich gestörten Gleichgewichts der Mutter-Kind-Beziehung bei Patienten mit angeborenen (oder früherworbenen) organischen Schäden – alle diese Elemente stellen Komponenten der künstlerischen Produktivität solcher Menschen dar. Da der Körper oder Teile desselben selbst Objekte sind, müssen Mißbildungen als eine Form von *Objektverlust sui generis* angesehen werden. In der Tat waren charakteristische Trauerreaktionen, der „Erkennungsschock" („recognition shock"), von dem ich an anderer Stelle gesprochen habe (Niederland, 1965 a), und andere klinische Manifestationen bei allen meinen schöpferisch tätigen Patienten festzustellen. Vom Standpunkt der Ich-Psychologie aus empfiehlt es sich, im Auge zu behalten, daß das Ich als vermittelnde und Problemlösungsinstanz hauptsächlich auf dem Wege über Abwehr- und verwandte Mechanismen wirkt; hingegen ist das Ich als kreative Instanz in der Lage, mit freieren und mobileren Mechanismen zu arbeiten, die den Trieben näherstehen und das Individuum in den Stand setzen, in die tieferen Bereiche psychischen Wirkens einzudringen und aus ihnen im wesentlichen unversehrt emporzutauchen.

Wenn wir nun das Feld der klinischen Beobachtung verlassen und uns in historische Bezirke hinauswagen, mag es gestattet sein, einige dieser Prozesse in einem größeren Rahmen zu betrachten. Folgende Fragen wären zu stellen: Da es keine Kunst ohne Künstler gibt – welche Rolle spielen das Körperbild und seine Wandlungen bei der Entwicklung primitiver künstlerischer Produktivität oder überhaupt in der Geschichte der frühen Kulturen? Klarer ausgedrückt: Kommt dem Körperbild mißgestalteter Individuen, beispielsweise des Krüppels, des Zwerges, des Lahmen, möglicherweise eine besondere Stellung in der langen Reihe künstlerischer, kultureller und kreativ bedeutungsvoller Leistungen zu, wie sie im Laufe der Jahrtausende historisch in Erscheinung traten? Betrachtet man gewisse primitive Schöpfungen im Lichte unserer Studien, oder genauer: betrachtet man jene primitiven, in Stein gemeißelten Zeichnungen oder die von paläolithischen und neolithischen Künstlern aus Knochen oder Ton geformten Figuren und Statuetten, die so oft körperliche Mißbildungen, rachitische Deformierungen und ähnliche aus Krankheit oder Verletzung resultierende körperliche Anomalien zeigen, so kann man nicht umhin, sich zu fragen, ob nicht eine gewisse Verknüpfung zwischen jenen rohen künstlerischen Produktionen der Vorzeit und dem abnormen Körperbild der namenlosen primitiven Künstler bestand, die sie schufen. Niemals ist eine angemessene Erklärung für diese Massen in Stein gehauener Buckliger, mißgestalteter Zwerge (oder Kinder?), Krüppel mit verkrümmtem Rückgrat und grotesk mißgebildeter Körper gefunden worden, die Prähistoriker zumeist als Kultgegenstände irgendwelcher Art, als Talismane zur Abwendung von Unglück oder dergleichen bezeichnen. Selbst wenn dies der Zweck der rätselhaften Statuetten war – wie steht es mit den vorgeschichtlichen Meistern und Gestalten, die sie formten? Ist es nicht einleuchtend anzunehmen, daß im Verlauf der Frühgeschichte des Menschen es eben die körperlich weniger aktiven, etwa die Verletzten, die Lahmen oder sonstwie kranken Mitglieder der Gruppe waren, die in der Höhle zurückgelassen werden mußten, während die physisch tauglichen Männer auf die Jagd gingen und die wohl allzeit schwangeren und allzeit nährenden Frauen der Höhlenbewohner mit der Pflege des Nachwuchses beschäftigt waren? Wäre es also so, daß aus der Schar jener Verletzten, Mißgestalteten oder Kranken, die zurückgelassen wurden, die ersten Bildhauer und Künstler der Gruppe hervorgingen, d. h. jene, die rohe Gestalten entsprechend dem subjektiven Erleben ihres eigenen Körpers zu schnitzen und zu meißeln begannen: primitive künstlerische Versuche, die ursprünglich reparativer Art waren, und die durch unbewußte Identifikationsprozesse zusätzlichen Auftrieb erhielten?

Wie Muensterberger und andere gezeigt haben, bestehen gute Gründe für die Annahme, daß der Neid des Mannes und die daraus gegebene Rivalität mit der Frau wegen ihrer Fähigkeit, Leben hervorzubringen, zum Teil oder auch gänzlich für seine größeren Fähigkeiten auf dem Gebiet künstlerischer und wissenschaftlicher Schöpfung verantwortlich sind. Wenn das Leben im weiblichen Körper seinen Anfang nimmt, ist es dann nicht einleuchtend, die Anfänge der Kunst mit der magischen und aggressiven Identifizierung primitiver Männer mit dem allzeit schwangeren, allzeit gebärenden Weib in Beziehung zu setzen – *Männer, die wegen ihrer körperlichen Untauglichkeit oder ihrer Abneigung gegen die Jagd gezwungen waren, zurückzubleiben, und zwar in unmittelbarer, gedrängter und ständiger Nähe der nährenden oder schwangeren Mütter in der Höhle?* Wie bereits erwähnt, ist eine der bleibenden Merkmale einer körperlichen Mißbildung eben die erhöhte bisexuelle Neigung, d. h. die Tendenz zur Identifikation mit dem Weiblichen. Infolge unseres spärlichen Wissens in bezug auf die „klinischen“ Aspekte frühzeitlicher künstlerischer Schöpfungen, die mit auffallender Häufigkeit verkrüppelte, mißgestaltete oder schwangere Individuen zeigen, befinden wir uns in unerschlossenem Territorium. Nichtsdestoweniger könnten die wenigen verfügbaren Marksteine, einschließlich der in dieser Arbeit aufgezeigten, einen neuen Anreiz zu weiteren Forschungen auf dem Gebiet der Geschichte, der Vorgeschichte und der Archäologie bieten. Führt der verborgene Weg, den der kreative Prozeß durch Jahrtausende gegangen ist, von ursprünglich narzißtischer Verletzung mit ihren psychologischen Rückwirkungen und den daraus resultierenden Wandlungen der Körperbesetzung zu unablässigen restitutiven Anstrengungen und ihrer Kulmination in der künstlerischen Tat? Die bemerkenswerte Lebendigkeit, die dem Realismus der Körperformen jener vorzeitlichen künstlerischen Objekte innewohnt, scheint mit einer erhöhten Empfänglichkeit für den Einfluß gewisser psychophysischer Zustände verwandt zu sein (oder ihr zu entstammen?), jener überbesetzten Aufmerksamkeit nicht unähnlich, der man bei Künstlerpatienten begegnet, die unter körperlichen Mißbildungen leiden. Wenn zeitgenössische Historiker und Prähistoriker die Schöpfungen jener primitiven Künstler vorwiegend als religiöse Kultgegenstände betrachten und in ihnen einen Versuch erblicken, bestimmte körperliche Zustände (durch Gestaltung und getreue Neuerschaffung – „recreation" – der gleichen Zustände) zu beeinflussen, dann kommen ihre Ansichten unseren eigenen bezüglich der Bedeutung magischer restaurativer Prozesse *in concretu et arte* recht nahe.

Insbesondere Archäologen scheinen durch das erstaunliche Können der primitiven Künstler oder Handwerker beeindruckt. Bei den Cromagnonmenschen der mesolithischen Kultur und den Höhlenbewohnern der Aurignacperiode arbeiteten diese Künstler in fast unzugänglichen Winkeln der Höhle, als ob sie des Schutzes vor Gefährdung durch potentielle Eindringlinge (Menschen oder Tiere) bedurft hätten, denen gegenüber sie wegen ihrer körperlichen Schwäche hilflos gewesen wären. Obwohl einige der Höhlenzeichnungen Tiere in Bewegung zeigen, kann die große Mehrzahl der Tierbilder entsprechend ihren hervorstechenden „klinischen" Merkmalen in zwei Gruppen eingeteilt werden: trächtige weibliche Tiere oder solche, die – wie sich aus ihren Stellungen ergibt – tote oder gefallene Tiere darstellen, die in das schützende Obdach gebracht wurden. Ferner gibt es eine beachtliche Anzahl schwangerer Frauen. Viele der weiblichen Figuren stellen verschiedene Aspekte der Schwangerschaft dar, wobei die Geschlechtsmerkmale stark überbetont, d. h. *überbesetzt* sind (vgl. Abb. 1)! Hier kommt noch ein weiterer Aspekt hinzu: Die Hände körperlich untauglicher, für die Jagd ungeeigneter Männer wurden vom Gebrauch der Waffen befreit und konnten als Instrumente im Dienste anderweitiger Funktionen benutzt werden. Mit anderen Worten, *die Befreiung der Hand machte ihren Gebrauch für verfeinerte menschliche Handlungen möglich.* Die visuelle Funktion, ebenfalls von ihrer fixierten Bindung an Jagd, Mord, Beute und Angriff befreit, konnte gleichermaßen restaurativen und potentiell kreativen Bemühungen dienstbar gemacht werden.

Abbildung 1:
Aus: R. Linton, *The Tree of Culture,* New York 1956, S. 142. Die Kunst der Steinzeit liefert den Beweis für die Bedeutung der Besetzung: Geschlechts- und mütterliche Merkmale werden betont, d. h. überbesetzt, während die Gesichter der Figürchen unausgefüllt (unterbesetzt) sind. (Aurignacperiode)

Analytisch gesprochen wäre die künstlerischer Produktivität also *une méthode de retrouvaille de l'objet perdu,* wobei das Objekt Teil des Körpers des Subjekts selbst oder ein Objekt der äußeren Welt ist. In einem bemerkenswerten Passus, den ich in den Briefen Schliemanns fand (Niederland, 1965 b), schreibt der „Vater" der modernen

Archäologie, damit beschäftigt, aus einer Anzahl von Kandidatinnen eine geeignete griechische Gattin auszuwählen: „In Griechenland ... sind die Mädchen so schön wie die Pyramiden." Hier wird die Gleichsetzung lebendiger weiblicher Schönheit mit der majestätischen Schönheit der im Grabe ruhenden Vergangenheit, die für Schliemann eine besondere Bedeutung hatte, mit frappanter Eindeutigkeit ausgesprochen. Schliemanns Mutter, Sophie, war kurz nach ihrer letzten Schwangerschaft gestorben, als er neun Jahre alt war. Seine ihm am nächsten stehende Kusine, die ebenfalls Sophie hieß und einen frühen Mutterersatz für ihn darstellte, starb, wenige Wochen bevor er seine erstaunliche archäologische Laufbahn einschlug, die ihn zum Entdecker von Troja und zum ersten Vorkämpfer der Erforschung einer bis dahin unbekannten Kultur – der Welt der vor langer Zeit untergegangenen mykenisch-minoischen Völker – werden ließ. Der Weg, den er bei seinen Ausgrabungen einschlug, kann den Analytiker nicht überraschen, wenn man die Art und Weise in Betracht zieht, in der er seine archäologische Arbeit leistete. Es war wesentlich für ihn, von seiner Frau, einer *mater rediviva,* begleitet und von den Epen Homers geführt zu werden, die ihm sein Vater während seiner Kindheit vorgelesen hatte. Der Name des griechischen Mädchens, das er heiratete, war *Sophie Engastromenos,* das heißt: Sophie, die Schwangere. Es war Freud, der Jahre später über Schliemanns außergewöhnliche Leistungen auf dem Gebiet der Archäologie an Fließ (1986, S. 387) schrieb: „Ich habe mir Schliemanns Ilios geschenkt und mich an seiner Kindheitsgeschichte erfreut. Der Mann war glücklich, als er den Schatz des Priamos fand, denn Glück gibt es nur als Erfüllung eines Kinderwunsches."

Nach Homers berühmter Beschreibung war der Schild des Achill, den der *lahme* Gott Hephaistos geschmiedet hatte, mit künstlerischen Darstellungen geschmückt, die an Schönheit, Kraft und Bewegung ohnegleichen waren. Eben die Beweglichkeit vieler dieser Szenen scheint mittels der Mechanismen des Ungeschehenmachens und der Umkehrung zum körperlichen Defekt ihres Schöpfers in Beziehung zu stehen: „Einen *Reigen* auch schlang der *hinkende Feuerbeherrscher* ... Blühende Jünglinge dort und vielgefeierte Jungfraun *tanzten den Ringeltanz* ... den *Tänzern* hingen goldene Dolche zur Seit' an silbernen Riemen. *Kreisend hüpften sie bald mit schöngemessenen Tritten leicht herum* ... Bald dann *hüpften sie wieder in Ordnungen gegeneinander* ..." Homers Beschreibung des künstlerischen Meisterstücks ist reich an ähnlichen Darstellungen erlesener Beweglichkeit, die von dem „*lahmen Feuerbeherrscher*" bewirkt wird, und „als er nun jedes Gerät vollbracht, nahm er und legt es gehäuft vor Achilleus' göttliche Mutter"[7] (Hervorhebungen von mir, W. G. N). Homer selbst war der Überlieferung nach blind, Moses litt an Sprachstörung, Ödipus hinkte, wie sein Name besagt.

Wenden wir uns nun von den prähistorischen Themen ab und den geschichtlichen Daten zu: Ben Johnsons und Darwins lebenslange Kränklichkeit, wobei die des ersteren möglicherweise auf eine frühkindliche Poliomyelitis zurückzuführen ist, Talleyrands und Byrons Lahmheit, Keats', Chopins und Robert Louis Stevensons Tuberkulose (und die Krankengeschichten vieler anderer kreativer Persönlichkeiten) sind allzu bekannt, als daß sie weiterer Ausführungen bedürften.

Wenige Familien sind in der europäischen Genealogie ausführlicher behandelt worden, und zwar sowohl vom historischen als auch vom klinischen Standpunkt, als die Habsburger mit ihrem charakteristischen körperlichen Merkmal – der Habsburger Lippe. Unter ihnen gab es viele begabte Persönlichkeiten mit künstlerischen, musikalischen, mystischen und anderen kreativen Neigungen (Karl V., Maximilian I., Philipp II., Rudolf II., Maria Theresia). Der berühmte Feind der letzteren, Friedrich der Große, litt an einer schweren Mißbildung des Penis. Kristine von Schweden, die „Minerva des Nordens" und Gönnerin Descartes', hatte in ihrem ersten Lebensjahr eine leichte, aber bleibende Verletzung der linken Schulter erlitten. Ihre späteren königlichen Gewänder mußten besonders zugeschnitten und angeordnet werden, um die ungleiche Höhe der beiden Schultern zu verbergen. Weniger bekannt ist Heinrich Heines Verletzung. Während er sich als Jüngling in Berlin aufhielt, wurde ihm mit dem Degen eine Verletzung in der Lendengegend zugefügt. Da diese Tatsache in den Standardbiographien selten erwähnt wird, obwohl ihre lebenslangen Nachwirkungen vom Dichter selbst in einem seiner Briefe, wenn auch nur nebenbei, berichtet werden, zitiere ich daraus: „Ich habe viertehalb Jahre in Berlin gelebt ..., wo ich von Krankheiten aller Art, unter andern von einem Degenstich in die Lenden heimgesucht worden bin, den mir ein gewisser Scheller aus Danzig beigebracht, dessen Namen ich nie vergessen werde, weil er der einzige Mensch ist, der es verstanden hat, mich aufs empfindlichste zu verwunden."

Da Heine die Verletzung in der Inguinalgegend während seiner späten Adoleszenz zugefügt wurde, sei daran erinnert, daß die Adoleszenz dem Individuum „eine zweite Chance" gewähren kann – um Eisslers (1958) Worte zu gebrauchen –, indem sie „Kräfte, die in der Struktur gebunden waren", freisetzt. Die daraus resultierende Reorganisierung und Restrukturierung des Ichs kann zu Veränderungen von Besetzungen, neuen Identifikationen, erheblich geänderten Zielsetzungen etc. führen. Ich habe eine solche Entwicklung in meiner Studie über Schliemann beschrieben, der im Alter von 19 Jahren bei einem Schiffbruch beinahe umkam und unter den psychischen und physischen Folgen dieses Traumas sein Leben lang litt. Es könnte scheinen, als stünden einige der eben genannten Beobachtungen im Gegensatz zu dem, was zuvor über die Verborgenheit und das Geheimhalten der hier untersuchten körperlichen Defekte bzw. Anomalien gesagt wurde. Obwohl äußerlich nicht sichtbare Mißbildungen sich eher dazu eignen, verborgen und geheimgehalten zu werden, muß hinzugefügt werden, daß auch in Fällen äußerlich wahrnehmbarer Mängel häufig Abwehrmechanismen am Werke sind, insbesondere Verleugnung, Isolierung, Verschiebung, Umkehrung und Projektion. Mittels solcher Abwehrmechanismen kann das betreffende Individuum *bewußt* glauben, daß es einen durchaus normalen Körperbau besitze. Greenacre (1958) sprach von der kleinen Statur des Forschers Stanley als von „einer Tatsache, die man aus seiner Autobiographie kaum erfahren würde". Das gleiche gilt für Rudolf Virchow, den Begründer der modernen Pathologie, und für Daniel Moritz Gottlieb Schreber, den Schöpfer der Schrebergärten in Deutschland und den Vorkämpfer der modernen Gymnastik.

Beethoven und Schopenhauer, der Maler Menzel und der Dichter Leopardi waren beträchtlich unter Durchschnittsgröße. Schopenhauer hatte überdies einen angeborenen Hörfehler, und Leopardi war von Kindheit an verkrüppelt. Alexander Pope hatte eine Verkrümmung des Rückgrats; er wurde nicht größer als 1,38 Meter. Voltaire war ein so kränkliches Kind, daß während seines ersten Lebensjahres niemand glaubte, er könne am Leben bleiben. Mit 21 Jahren beschrieb er sich selbst als „dünn, lang, fleischlos, ohne Hinterbacken". Victor Hugo war nach Aussage seiner Biographen ein zarter und kranker Knabe „mit einem riesigen Kopf, der für seinen Körper zu groß war; – er sah wie ein mißgestalteter Zwerg aus". Die Beschreibung erinnert an die Rachitis, unter der einer meiner kreativen Patienten während seiner Kindheit gelitten hatte. Ernest Jones, *rara avis* unter den Psychoanalytikern, der einen autobiographischen Bericht über seine Entwicklung gab, sagt in seinen posthum veröffentlichten *Free Associations* folgendes über sich aus: „Ich war mickerig und kränklich [in meinen frühen Tagen] ... mit ausgeprägter Rachitis und einer nicht sehr glücklichen Konstitution ... Ich wußte, daß ich gerne Arzt werden wollte, solange ich zurückdenken kann."

Zwei der größten Soldaten der Weltgeschichte, Prinz Eugen von Savoyen und Napoleon, waren von kleiner Statur. Die schwedische Nobelpreisträgerin Selma Lagerlöf war durch eine Poliomyelitis in der Kindheit zum Krüppel geworden. Michelangelo war ein zartes und kränkliches Kind; in der Adoleszenz erlitt er bei einem Faustkampf mit einem Mitschüler einen Nasenbeinbruch, und sein Gesicht blieb für immer entstellt. Hemingways bemerkenswerte Geschichte multipler Verletzungen begann mit seiner Schulzeit und umfaßt eine gebrochene Nase, ein ernstlich verletztes Auge und ein teilweise behindertes Bein. Somerset Maugham haßte seine kleine Gestalt so sehr, daß er sich ständig aufreckte und die Schulter straffte, um größer zu erscheinen. Die Tatsache, daß der Held von Maughams größtem Roman, *Der Menschen Hörigkeit,* einen Klumpfuß hat, ist für Inhalt und Handlung von stärkster Bedeutung.

Bei Lincolns hagerer und übergroßer Erscheinung scheint es sich um eine Manifestation des Marfan-Syndroms, einer seltenen Stoffwechselstörung, gehandelt zu haben, die durch Mißbildungen des Knochenbaus, übermäßiges Wachstum der Gliedmaßen, eingesunkenen Brustkorb und andere Unregelmäßigkeiten der Knochenstruktur gekennzeichnet ist. Die Unfälle, die Talleyrand in seiner frühen und Toulouse-Lautrec in seiner späteren Kindheit zu Krüppeln machten, übten ihren schicksalhaften Einfluß auf Leben und schöpferische Fähigkeiten der Betroffenen aus. Jean-Jacques Rousseau litt anscheinend an einer angeborenen Mißbildung der Blase, die Harnverhaltung, Enuresis und eine bedenkliche klinische Symptomatologie während seines ganzen Lebens zur Folge hatte. Georg Christoph Lichtenberg und Moses Mendelssohn, Philosophen des 18. Jahrhunderts, waren bucklig. Mozart litt unter mancherlei Beschwerden. Von seinen sieben Geschwistern überlebten nur zwei, und seine Schwester schildert ihn als klein, dünn, mit blassem Gesicht, Ohren ohne Läppchen und einen Körper in ständiger und rastloser Bewegung. Sein Tod, durch viele Legenden verdunkelt, ist verschiedenen Ursachen zugeschrieben worden, die von der Tuberkulose bis zur Vergiftung reichen. Kierkegaard war verkrüppelt, und es besteht Grund zu der Annahme, daß auch Kant mißgestaltet war. Johann Kepler, ein frühgeborenes Kind, war von sehr zarter Gesundheit; im Alter von vier Jahren bekam er die Pocken und wurde fast blind, wodurch seine Sehkraft für immer beeinträchtigt blieb. Es ist ferner interessant festzuhalten, daß der berühmteste Philosoph der Geschichte, Sokrates, nach überlieferter Meinung mit einer Knollennase, untersetzter Statur und anderen entstellenden Merkmalen behaftet war. In James A. Micheners Meisterwerk *The Source* ist der Verfasser des ersten Psalms ein Flüchtling, der unter Mordanklage steht, ein Mann ohne Heim, mit einer häßlichen Narbe am Hals, der von seiner „Zeit der Qual, dem Wimmern des Lammes in der Nacht und dem schmerzgeplagten Ochsen" singt.

Die bisher akzeptierte analytische Erklärung, daß eine körperliche Behinderung oder Mißbildung gewöhnlich in vorbestehende konflikthafte Angst hineingearbeitet (oder „integriert") wird, ist nicht völlig überzeugend. Durch die Ergebnisse der vorliegenden Arbeit wird sie jedenfalls nicht bestätigt. Ich habe den Eindruck, daß unter bestimmten Bedingungen diese Faktoren von großer Bedeutung sind, und zwar hauptsächlich wegen der bleibenden Beeinflussung des subjektiven Körperbildes als unvermeidlicher Folge früher physischer Schädigung. Reparative und restaurative Aspekte fehlen in solchen Fällen nie. Wenn es wahr ist, daß der Künstler schafft, was er sieht und fühlt (Zola definierte Kunst einmal als „la nature vue par un tempérament"), dann muß das Erleben des eigenen Körper-Ichs zu einer der Quellen der Kommunikation des Künstlers mit anderen werden.

Von besonderem künstlerischen wie biographischem Interesse ist der „Fall" – *sit venia verbo* – des großen französischen Malers Jacques Louis David, eines der Gründer der neoklassizistischen Schule, Zeitgenosse von Ludwig XVI., Robespierre und Napoleon, welch letzterer ihn zu einer Art „Kunstdiktator" in Frankreich erhob. Von den meisten Biographen und Kritikern wird David als eine der am wenigsten sympathischen Persönlichkeiten in der Geschichte der bildenden Kunst betrachtet, und in der Tat ist die Mehrzahl seiner glattflächigen, frostigen Gemälde mit ihren starren Figuren und ihrer gradlinigen

Ausgestaltung (*Der Schwur der Horazier, Napoleon am St.-Bernhard-Paß* usw.) kaum dazu angetan, wärmere Gefühle beim Beschauer zu erwecken. Dennoch war ich durch seine Darstellung von *Marats Tod* so beeindruckt, daß ich auch diesen Bezügen bei meinen psychobiographischen Forschungen weiter nachging und nunmehr glaube, der Frage der übertrieben symmetrischen, flächenhaften, *glatten* Gestaltung in den Bildern Davids nähergekommen zu sein: Der Künstler litt zeitlebens an einer tumorähnlichen Verunzierung der rechten Wange, die die natürliche Gesichtssymmetrie (und wahrscheinlich auch die Funktion der Fazialismuskulatur) erheblich störte. Es gibt ein Selbstbildnis Davids aus dem Jahre 1794, das diese Deformierung schattenhaft andeutet und zeigt, wie sehr er auf das Verborgenhalten des wohl als erheblichen Makel empfundenen Defekts bedacht war. Auch hier sei erneut betont, daß es m. E. nicht auf die Art oder Ausdehnung des Defekts *per se* ankommt, sondern auf das *Selbsterleben* des Künstlers und dessen (unbewußtes) Streben, das psychophysische Geschehen reparativ-bildnerisch transformiert in seinem Schaffen zu externalisieren. Die eigenartige Beseitigung jeder Unebenheit in den Davidschen Gemälden, die ausgesprochen flächenhafte Gestaltung und Ausglättung, ja „Verglasung" der vielen Figuren in seinen Kunstwerken, die man ihm von kunstkritischer Seite so oft entgegengehalten hat, bleiben ohne Bezug auf diese psychodynamischen, zutiefst im subjektiven Körpererlebnis wurzelnden Zusammenhänge unverständlich. Der Maler Henri Rousseau litt übrigens ebenfalls an einer Verformung im Kopfbereich, die er stets vor der Umwelt geheimzuhalten versuchte.

Obwohl über Cervantes' Entwicklungsjahre wenig bekannt ist, steht doch fest, daß er als junger Soldat – lange bevor er seinen *Don Quijote* zu schreiben begann – während der Schlacht bei Lepanto im Jahre 1571 schwer verwundet wurde. Er erhielt drei Schußverletzungen, zwei davon in die Brust, während durch die dritte seine linke Hand für immer verkrüppelt wurde – *„zum Ruhme der rechten"*, wie er später sagte. Diese treffende Feststellung enthüllt die scheinbar intuitive Einsicht des Genies in seine restaurativen Fähigkeiten *in nuce*. Hier wird die Reorganisierung von Körperbesetzung, die unter dem Einfluß traumatischer Ereignisse während der Adoleszenz (und wahrscheinlich auch später) erfolgen kann, ausdrücklich benannt. Es wurde bereits gezeigt, daß ein ähnlicher Verlauf bei Heine und anderen zu verzeichnen war. Die Tatsache, daß während Cervantes' späterer Jahre in der Gefangenschaft der örtliche Machthaber in Algier ihn „den lahmen Spanier" nannte, scheint auf das Vorhandensein weiterer körperlicher Schäden hinzudeuten, durch die auch andere Körperteile in Mitleidenschaft gezogen waren. In diesem Zusammenhang mag von Interesse sein, daß Freud in seinem Aufsatz über Narzißmus (1914, S. 152) Heine zitiert: „Krankheit ist wohl der letzte Grund / Des ganzen Schöpferdrangs gewesen: / Erschaffend konnte ich genesen. / Erschaffend wurde ich gesund."

In Heines Gedicht werden diese Worte der schaffenden Gottheit in den Mund gelegt. Cervantes erwähnt die Veränderung des Körpergefühls und seine andersartige Verteilung im Körper selbst und teilt uns diese Veränderung fast triumphierend mit, als ob er um sie als Quelle seiner schöpferischen Begabung wüßte.

Wenn es für den oberflächlichen Beobachter den Anschein haben sollte, als bestünden zwischen einigen der vorstehenden Ausführungen und Adlers Ansichten über „männlichen Protest" und „Minderwertigkeitskomplex" gewisse Beziehungen, so kann ich nur sagen, daß diese deskriptiven Formulierungen kaum mit den in meinem Aufsatz dargelegten Modalitäten des unbewußt restaurativen Geschehens in Einklang stehen. Alfred Adlers Gesichtspunkte werden weder der Komplexität noch der unbewußten Qualität der hier gegebenen Prozesse gerecht. Das Problem, um das es geht, ist nicht das einer organischen Minderwertigkeit *per se,* sondern das der Struktur bzw. der Verformung des Körperbildes, der hierdurch beeinflußten Selbstrepräsentanz, des gestörten Besetzungsgleichgewichts, der irreversiblen Beeinträchtigung des Körper-Ichs und der damit verbundenen restitutiven Vorgänge und reparativen Strebungen. Diese Ansicht geht auch über Kris' Formulierungen hinaus (1952), der die Ich-Restitution bei gewissen Typen schizophrener Patienten hervorhob. In meiner Sicht wird das Streben nach „Ich-Restitution" zu einem wesentlichen Faktor der Kreativität bei Menschen, die frühzeitige und spezifische körperliche Schäden erlitten und dadurch eine narzißtische Dauerstörung davongetragen haben. Eine weitere Aufgabe für den Analytiker ist die Ergründung und Darstellung des *optimalen* Spielraums innerhalb der gesamten Ich-Organisation, worin dynamische, ökonomische und energetische Kräfte jenes noch zu präzisierende Stadium erreichen können, das für ihre Konvergenz auf den reparativ-kreativen Akt erforderlich zu sein scheint. Dieser optimale Spielraum scheint bei gewissen Individuen mit dem Ausmaß und der kathektischen Bedeutung ihrer narzißtischen Problematik zusammenzuhängen. Da nicht behauptet wird, daß bei sämtlichen kreativen Vorgängen dieser Weg eingeschlagen wird, bleibt abzuwarten, ob ähnliche oder andersgeartete Prozesse bei nichtmißgebildeten Künstlern wirksam sind.

Im 20. Jahrhundert ist die Vorstellung, daß körperliche Veränderungen und künstlerische oder wissenschaftliche Kreativität miteinander in Beziehung stehen können, am nachdrücklichsten von Thomas Mann vertreten worden, der in vielen seiner Werke die These wiederholt, daß erhöhte Sensibilität und künstlerische Produktivität auf dem Wege über körperliche Krankheit erlangt werden können (*Der Zauberberg, Doktor Faustus* etc.). In seinem frühen Werk *Königliche Hoheit* läßt Thomas Mann einen Protagonisten, einen Dichter, unumwunden sagen: „Meine Gesundheit ist zart – ich darf nicht sagen ‚leider', denn ich bin überzeugt, *daß mein Talent mit meiner Körperschwäche unzertrennlich zusammenhängt*" (Hervorhebung von mir, W. G. N.).

Damit rundet sich der Bogen; fast haben wir einen vollen Kreis beschrieben und kehren zu den klinischen Aspekten unseres Problems zurück. Da notwendigerweise alle unsere Beispiele aus biographischen, autobiographischen, geschichtlichen und literarischen Quellen fragmentarisch bleiben müssen und keine wirkliche Beweiskraft besitzen, scheint ihre Zusammenstellung mehr illustrativen als klärenden Wert zu haben. Wird sich die klinische Forschung für die Psychoanalyse, vielleicht in Verbindung mit Entwicklungsstudien im Längsschnitt und psychobiographischen Untersuchungen, letztlich für dies komplizierte Gebiet als fruchtbar erweisen? Diese Frage kann jetzt noch nicht beantwortet werden. Trotzdem fällt es schwer, den Schluß zu vermeiden, daß die psychologische Bedeutung des Körperbildes oder, genauer gesagt, seiner Wandlungen und Veränderungen unter dem Einfluß gewisser lebenslang anhaltender körperlicher Gegebenheiten einen wichtigen Faktor bei der Bildung, Bewahrung und Richtung restaurativ-kreativer Strebungen darstellt. Was Freud uns fast von Anbeginn der Psychoanalyse als Wissenschaft über die Bedeutung der erogenen Zonen für die psychosexuelle Entwicklung gelehrt hat, könnte fruchtbringend angewendet und auf die organischen Erlebniszonen in ihrer Beziehung zu Wachstumsprozessen im allgemeinen und auf die Erforschung der Kreativität im besonderen ausgedehnt werden.

Der Baum, in dessen Zweigen Pallas Athenes Eule haust, hat verschlungene, tiefverborgene Wurzeln.

Übersetzt von Hilde Weller

Anmerkungen

1) Meine klinischen Beobachtungen scheinen zu bestätigen, was ein zeitgenössischer Kunstkritiker über den Maler Jackson Pollock sagte: „Er war ein tief deprimierter Mann, äußerlich ruhig und zurückhaltend ... Auf dem Grunde seiner Depression ... konnte man stets seine potentielle Wut ahnen."

2) Kierkegaard sprach häufig von dieser Diskrepanz als von „einem Mißverhältnis zwischen Seele und Körper". Kierkegaard war seit seiner frühen Kindheit ein Krüppel.

3) Während des ersten Jahres der analytischen Behandlung sagte er oft, daß er völlig „gefühllos" sei, und gegenüber seinen Familienangehörigen, Freunden und mir als Psychoanalytiker verhielt er sich auch wirklich so.

4) Vgl. in diesem Band S. 102 ff.

5) Die phallische Symbolik der erhobenen Hand ist unschwer zu erkennen.

6) In seinem Aufsatz „Creativity and sublimation" (*American Imago*, 24, 1967) bestätigt J. Stamm meinen Eindruck, indem er die Rolle „primitiver, nichtneutralisierter aggressiver Kräfte in der Kreativität" unterstreicht. Stamm spricht auch von der Bedeutung des Ich-Ideals für die künstlerische Aktivität. Die mit dieser Produktivität verbundenen Unsterblichkeitsaspekte habe ich an anderer Stelle behandelt (Niederland, 1965 a).

7) Zit. nach der Übertragung von Johann Heinrich Voss.

Psychoanalytische Überlegungen zur künstlerischen Kreativität

Nie zuvor gab es ein so starkes Bedürfnis nach Literatur über die menschliche Kreativität und eine so große literarische Produktion zu diesem Thema. Das eigentliche Wesen der Kreativität bleibt stets ein Problem, das uns herausfordert, ähnlich einem „Rätsel, das in ein Geheimnis gehüllt ist", um mit Churchills treffenden Worten zu sprechen, die er in anderem Zusammenhang gebrauchte. Als Freud 1930 der Goethe-Preis verliehen wurde, sprach er vom „Rätsel der wunderbaren Begabung ..., die den Künstler macht" (Freud, 1930 b, S. 549); in seinem Aufsatz über Dostojewski wies er auf die „unanalysierbare, künstlerische Begabung" des Dichters hin (Freud, 1928, S. 401), und 1934 äußerte er sich ähnlich über Edgar Allan Poe. In der Tat wurde bis vor etwa zehn oder zwanzig Jahren jeder Versuch, das Problem der Kreativität aus psychologischer Sicht anzugehen, für eine Anmaßung gehalten; Kreativität war „im wesentlichen nicht erklärbar durch die Methoden der deterministischen Psychologie" (Rothenberg, 1971).

Unterdessen sind natürlich zahlreiche Untersuchungen über Kreativität erschienen, sowohl von psychoanalytischer als auch von nichtanalytischer Seite. Ohne im einzelnen auf die verschiedenen Theorien und Begriffssysteme einzugehen, die hierzu in der neueren Literatur entwickelt worden sind, mag der Hinweis genügen, daß viele der geäußerten Ansichten wohlbekannt sind. Manche Autoren versuchen nachzuweisen, daß Genie und schwere geistige Störung Hand in Hand gehen, andere trennen die psychopathologischen Züge, die man so oft im Leben sehr kreativer Menschen findet, von ihren schöpferischen Neigungen und Leistungen. Zwischen diesen Extremen finden sich mannigfaltige Mischformen; immer wird versucht, die Bedingungen und Einflüsse zu verstehen, die ein Hervorbrechen mächtiger Impulse erlauben – seien diese nun libidinöser oder aggressiver Art oder beides zusammen – und zugleich die Verwirklichung dieser Impulse im schöpferischen Akt und mittels des schöpferischen Akts.

Wiederum denkt man an Freuds Aufsatz über Dostojewski (1928), in dem er den großen russischen Romanschriftsteller den „Dichter, den Neurotiker, den Ethiker und den Sünder" nennt und dann die Frage aufwirft: „Wie soll man sich in der verwirrenden Komplikation zurechtfinden?" (S. 399). Manches ist und bleibt schwer faßbar, nicht nur für uns analytische Beobachter und Forscher, sondern auch für den Schöpfer eines Kunstwerks selbst – so schwer faßbar, daß ein Genie in der bewußten Einschätzung seiner schöpferischen Arbeit ebenso fehlgehen kann wie wir mit unseren bescheidenen Versuchen einer solchen Einschätzung. Goethe und Rousseau zählten ihre Beiträge zur Optik bzw. Musikwissenschaft zu ihren bedeutendsten Leistungen. Doch haben diese Arbeiten dem wissenschaftlichen Fortschritt nicht standgehalten. Dasselbe gilt von Edgar Allan Poe, der seinen Aufsatz „The Philosophy of Composition" (1846)[1] als Meisterwerk betrachtete. Diese und ähnliche Beispiele wecken ernsthafte Zweifel an dem Wert von Fragebögen über Leben und Werk von zeitgenössischen Künstlern, die heute so oft in psychologischen Untersuchungen gebraucht werden. Wie das Publikum – seien es Laien oder Fachleute – Neuschöpfungen aufnimmt, ist uns besser bekannt. So schrieb Galilei 1609 an seinen Freund, den berühmten Astronomen: „Mein lieber Kepler, was würdest Du von den hiesigen Gelehrten sagen, die sich standhaft weigern, einen Blick durch das Fernrohr zu werfen? Sollen wir lachen oder weinen?" Wieviele Forscher weigern sich auch heute noch, in das analytische Mikroskop zu schauen?

In unserer klinischen Arbeit ist die Begegnung von Patient und Analytiker vorwiegend verbaler Art. Wir arbeiten hauptsächlich mit Verständnis und Einsicht, die durch Worte gewonnen und gefühlsmäßig angenommen werden, wobei die nichtverbale Kommunikation auch eine gewisse Rolle spielt. Während der verbale Ausdruck – das Gefühl für den Klang eines Wortes und dieser Klang selbst – in einem so schöpferischen Gebiet wie der Poesie äußerst bedeutsam ist, fehlt er in der Malerei oder Bildhauerei. Als der 84jährige Maler Max Ernst gefragt wurde, was stets seine Lieblingsbeschäftigung gewesen sei, antwortete er: „Das Sehen". Damit ist hier nicht nur das physiologische Sehen gemeint, sondern ebensosehr das Aufnehmen und Einverleiben durch die Augen; der ganze optische Apparat ist überbesetzt.

Künstlerische Schöpfungen befassen sich oft mit Erfahrungen, die sich nicht ohne weiteres in Rede oder Gespräch einfangen lassen. Nach Susanne Langer (1942) können wir wohl über sie sprechen, aber ihre Wirklichkeit existiert nur durch die künstlerische Wahrnehmung. Um dies noch etwas auszuführen, zitiere ich aus Leonardo da Vincis *Trattato della pittura*. Da Vinci schreibt:

> Ich will es nicht unterlassen, mit diesen Vorschriften auch eine neu erfundene Art der Betrachtung anzuführen ... wenn du irgendwelche Mauern betrachtest, welche mit mancherlei Flecken beschmiert oder aus verschiedenen Steinen zusammengesetzt sind ... kannst du dort Ähnlichkeiten mit manchen Landschaften sehen, die geschmückt sind mit Bergen, Flüssen, Felsen, Bäumen, weiten Ebenen, verschiedenartigen Tälern und Hügeln; du kannst auch allerlei Kämpfe sehen und seltsamer Gestalten Gebärden, welche eine baldige Handlung anzeigen, bestimmte Gesichtsausdrücke, Kleider und unendlich viele Dinge. Denn bei solchen Mauern und Steingemischen geschieht dasselbe wie beim Klang der Glocken, in deren Schlägen du jeden Namen und jedes Wort findest, das du dir ausdenken kannst.

Wir haben hier eine bildhafte Aufzeichnung der geistigen Welt des Künstlers, welche mit Eindrücken, Bildern, Farben, Formen und Geräuschen (der Klang der Glocken!) erfüllt ist, die von nichtkünstlerischen Menschen gewöhnlich gar nicht bemerkt werden. Der innerpsychische Prozeß des Gestaltens neuer Beziehungen zwischen den psychischen Repräsentanzen und ihre neuartige Gruppierung zu verwobenen künstlerischen Mustern ist hier treffend formuliert. Der Künstler kann Bezüge und Bilder aufnehmen, die die meisten von uns nicht sehen. Der Analytiker, der einen Künstlerpatienten behandelt, tut gut daran, sich Leonardos Unterweisung vor Augen zu halten. Das Betrachten und Bemalen einer Mauer, das er beschreibt, geschieht auf der Couch des Analytikers, und die analytische Untersuchung dieser Bilderwelt, die klinisch *in statu nascendi* zu beobachten ist, kann neue Einsichten fördern.[2]

Ich werde nun ein paar Thesen zum heutigen Stand des Wissens um den schöpferischen Prozeß vortragen. Zuvor ist es vielleicht nützlich zu erläutern, wie ich die Ausdrücke „Kunst“, „Künstler“ und „schöpferisch“ gebrauche. Diese Bezeichnungen werden hier in Übereinstimmung mit den Bedeutungsbestimmungen von Greenacre (1957, S. 53) verwandt. Nach Greenacre ist ein Mensch schöpferisch „unabhängig vom Mittel des ... künstlerischen Ausdrucks“; ein Künstler ist ein Mensch, dessen Produkt „eine außergewöhnliche Fähigkeit zu phantasievollem Produzieren dokumentiert, originelle Gedanken, Erfindungen oder Entdeckungen zeigt“; diese Fähigkeiten werden durch Übung und Lernen erweitert.

Der schöpferische Prozeß

Wenn wir den Prozeß beziehungsweise die Prozesse als Ganzes betrachten, können wir folgende Hypothesen aufstellen:

Obwohl die eigentliche Natur, der Ursprung und die Quellen der Kreativität noch nicht genügend erforscht sind, läßt sich sagen, daß die Rolle des Unbewußten im künstlerischen Schaffen von großer Bedeutung ist. Kreativität im üblichen Sinn ist eine angeborene Gabe und gehört als solche zum Erbgut des Menschengeschlechts. In der Frühzeit des Menschen sind Sprache und das Herstellen von Werkzeugen Teil der Evolution und tragen dazu bei, daß der Mensch Mensch wurde. Ein Blick beispielsweise auf die Höhlenmalereien von Lascaux oder Altamira zeigt, daß die Brunnen, aus denen die menschliche Kreativität schöpft, tief sind. Oder sollen wir sie unergründlich nennen?

Kreativität, verstanden als Möglichkeit zur außergewöhnlichen und originellen Leistung, ist jedoch eine verhältnismäßig seltene Eigenschaft einiger begabter Menschen. Bestimmte innere und äußere Bedingungen in früher Kindheit müssen offenbar vorhanden sein, damit sich diese Möglichkeit entwickeln und entfalten kann; das Zusammenwirken dieser Bedingungen scheint die schöpferische Aktivität und ihr Wachstum zu fördern. Wir werden sehen, daß viele Künstler unter bestimmten Bedingungen aufwuchsen; wenn man ihr Leben untersucht, findet man unter anderem ungewöhnliche Umstände bei der Geburt, bestimmte Familienkonstellationen und individuelle Erfahrungen. Die künstlerische Einbildungskraft zeugt von der Fähigkeit, auseinanderzunehmen und wieder zusammenzufügen, d. h., eingebürgerte Muster von Bezügen aufzubrechen und durch neue zu ersetzen. Dieser innerpsychische Prozeß spielt sich zwischen Selbst- und Objektrepräsentanzen ab und resultiert in schöpferischen Umgruppierungen, wobei es dem Betrachter und dem Schöpfer selbst zumeist verborgen bleibt, wie ihr Ursprung und ihre Neuschöpfungen mit der persönlichen Vergangenheit des Künstlers verknüpft sind. Dies trifft jedoch nicht immer zu. So sagt Munch: „Ich male nicht, was ich sehe, sondern was ich sah“ (Steinberg und Weiss, 1954).

In der Terminologie der Ich-Psychologie kann die künstlerische Produktivität als Anpassungsleistung besonderer Art verstanden werden, die auf die Realität (den Sekundärprozeß) ausgerichtet ist, obwohl sie im Primärprozeß wurzelt und von ihm beeinflußt ist.

Die Verwandtschaft, die Psychopathologie und Kunst zu verbinden scheint, hat in der Literatur viel Beachtung gefunden. Zur Zeit sind das Vorhandensein und die Folgen dieser Beziehung noch keineswegs verstanden oder erklärt, obwohl die Vorstellung einer Verknüpfung zwischen Kunst und Psychopathologie bis auf Aristoteles zurückgeht, der meinte: „Alle außergewöhnlichen Menschen, die sich in der Philosophie, Politik, Poesie und den Künsten ausgezeichnet haben, sind offensichtlich melancholisch" (*Problemata*, XXX, 1). In meiner klinischen Arbeit habe ich nie einen schöpferischen Menschen gesehen, der nicht ernste und offenbar alles durchdringende Konflikte hatte. Doch habe ich bei diesen Menschen auch kein Nachlassen der schöpferischen Schaffenskraft infolge der analytischen Therapie festgestellt. Hier ist ein warnendes Wort angezeigt. Sicher hätten diese Menschen ohne ihr seelisches Leiden nicht um eine Behandlung gebeten und wären nicht meine Patienten gewesen. Doch finden sich seit Aristoteles bis zur Gegenwart zahlreiche ähnliche Beobachtungen im nichtpsychiatrischen und nichtanalytischen Schrifttum (vgl. Wittkower, 1963).

Diese Hypothesen, die sehr konzentriert und schematisiert vorgestellt wurden, müssen noch weiter untersucht und ausgebaut werden. Trotzdem sollen innerhalb dieses Gedankengerüsts wenigstens einige Aspekte der Kreativität berücksichtigt werden, insbesondere diejenigen, die für den Analytiker und den auf Analyse ausgerichteten Beobachter interessant sind.

Wenn man den schöpferischen Prozeß in dieser Weise betrachtet, mag man bezweifeln, ob es richtig ist, das Wort „Prozeß" hier im Singular zu verwenden. Statt von einem einzigen Prozeß, der zugegebenerweise sehr verwickelt und komplex sein kann, sollte man wohl besser von *Prozessen* sprechen. So scheint doch beispielsweise die schöpferische Leistung eines mathematischen Genies in ihrer Eigenart, ihrem Gehalt, ihrem Ziel verschieden von derjenigen eines Komponisten, eines Malers oder eines Dichters zu sein. Offenbar gibt es keine befriedigende Formulierung, die alle diese Leistungen umfaßt. Wenn man aber alle Daten und alles Material der klinischen und angewandten psychoanalytischen Forschung genau betrachtet und untersucht, wird es möglich, das Vorhandensein einiger *gemeinsamer*

Faktoren anzudeuten, die sich bei schöpferischen Persönlichkeiten ungemein häufig und intensiv finden. Gewisse Komponenten dieser Faktoren können mit Fug und Recht als relevant für den schöpferischen Prozeß angesehen werden.

Die verwirrenden Erlebnisse des Künstlers

Bei der Suche nach gemeinsamen Faktoren stellt man betroffen fest, wie häufig und bedeutsam verwirrende, ja, oft tragische Kindheitserlebnisse bei kreativen Menschen anzutreffen sind. Mit dieser Beobachtung allein könnte man einen ganzen Band füllen. In unserer klinischen Arbeit sind wir als Analytiker natürlich vertraut mit Konflikten unserer Patienten, deren Ursprünge in der Kindheit liegen. Ich bin geneigt, denen zuzustimmen, die meinen, daß Traumatisierungen im frühen Leben der kreativen Menschen eine besonders große Rolle spielen (vgl. z. B. Kris, 1952). Obwohl ich aus Gründen, die auf der Hand liegen, nicht auf die Lebensgeschichte meiner Künstlerpatienten eingehen kann, darf ich doch soviel über ihre Kindheitssituation sagen: Sie waren frühen traumatischen, nicht selten tragischen und verwirrenden Erlebnissen ausgesetzt, die zu den üblichen, allgemein verbreiteten Konflikten hinzukamen. Als Reaktion auf die großen Schwierigkeiten, die solche Erlebnisse verursachen, neigten die Patienten dazu, in einem Zustand erhöhter gefühlsmäßiger Reaktionsbereitschaft zu verharren, der anscheinend die bereits bestehende Überempfindlichkeit für Reize von innen und außen verstärkte.

Die Erlebnisse, deren Folgen sich im späteren künstlerischen Werk spiegeln, sind oft vorwiegend verwirrender Art. Aus den frühesten Verwirrungen im Bereich der sensorisch-kinästhetisch-visuell-auditiven Erfahrung scheint eine Neigung zu kreativem Staunen zu erwachsen, das bei begabten Menschen zum bleibenden geistigen Zustand wird. Ich glaube, daß die meisten Analytiker mit mir übereinstimmen, daß die frühe familiäre Situation des ersten Psychoanalytikers, d. h. die spezifische Familienkonstellation mit ihren komplexen und für das Kind verwirrenden Seiten, für die Entdeckung des Ödipuskomplexes, der kindlichen Sexualität, der Geschwisterrivalität usw. von Bedeutung war. Später erlebte Freud den Tod seines Vaters, ein Ereignis, das, nach Eissler (1963), in Zusammenhang gebracht werden kann mit der erfolgreichen Deutung des ersten Traumes, des berühmten Irma-Traumes, über den in der *Traumdeutung* berichtet wird.

Auch sollte nicht übersehen werden, daß der Künstler verwirrende oder tragische Erlebnisse meistert. So wie in der klassischen Tragödie der Held, der schwer verwundet oder geschwächt ist, entweder untergehen oder das Ziel erreichen kann und im letzteren Fall triumphierend von Erfolg zu Erfolg schreitet, so mag auch die Karriere eines Künstlers in ihrem Auf und Ab einem bestimmten Weg folgen – von Isolation und Elend zu Ruhm und Ehre.

Physischer wie auch psychischer Schmerz ist eines der häufigsten Merkmale, das den kreativen Personen eigen ist. Freud nannte diesen Schmerz „Mittelelend", eine ungewöhnliche Wortverbindung, die schwer zu verstehen ist und von Max Schur im Englischen als „semi-misery" wiedergegeben wurde. Der Brief von Freud an Fließ vom 22. Juni 1894 enthält folgende Stelle: „Meine ... Ansicht, für die ich keine wissenschaftliche Begründung habe, ist die, daß ich noch 4–5–8 Jahre an wechselnden Beschwerden mit guten und schlechten Zeiten leiden und dann zwischen 40 und 50 ... verenden werde" (Freud, 1986, S. 79). Glücklicherweise kam es anders.

Das alles durchdringende Gefühl des Schmerzes und der Krankheit, verbunden mit körperlicher Empfindlichkeit und dem Empfinden, häßlich zu sein, ist wohl am besten von Dostojewski in seinen *Aufzeichnungen aus einem Kellerloch* ausgedrückt worden, aus denen ich bereits zitiert habe.[3]

Eng verknüpft mit der erhöhten Bereitschaft zu reagieren ist die Fähigkeit des Künstlers, für das Einströmen von Sinneserfahrungen offen zu sein, sei es der Anblick eines Kornfeldes in der Sonne, der Mondschein, der sich auf den Wellen spiegelt, oder der Klang eines Wortes, das mit dem Wind verweht. Dieses bereitwillige Staunen und die geschärfte Wahrnehmungsfähigkeit werden hauptsächlich Kindern zugeschrieben, was aber nur bis zu einem gewissen Grade richtig ist. Die Fähigkeit des Künstlers, sich die gefühlsstarke Erfahrung des Staunens zu erhalten, ist eine noch nicht genügend erforschte, wunderbare Sache. Vielleicht hat sie mit einem teilweisen Verschwimmen oder Verwischen der Ich-Grenzen zu tun oder zumindest mit einer nicht sehr festen Abgrenzung von Selbst und Nichtselbst. Meine Beobachtungen stimmen mit denjenigen von Nass überein, der die

Fähigkeiten zu Veränderungen der Ich-Zustände und vorübergehende Auflösungen der Ich-Grenzen als charakteristischen Zug kreativer Individuen feststellt. Obwohl diese Erlebnisse bei Künstlern häufig und intensiv auftreten, heißt das nicht unbedingt, daß die Realitätsprüfung oder die Selbst-Nichtselbst-Abgrenzung so problematisch wird, wie es bei psychotischen Patienten der Fall sein kann.

Eine Patientin, die Dichterin war, fand eine halbzerbrochene, verlorene Puppe auf der Straße. Sie nahm die Puppe mit nach Hause und schrieb ein bewegendes Gedicht darüber, in dem sie selbst die verlorene Puppe war. Wie ich in einem früheren Aufsatz berichtet habe (Niederland, 1975), hatte diese Patientin eine angeborene Gesichtsentstellung, die ihrem Gesicht ihrer Meinung nach ein „lebloses" Aussehen verlieh und ihr das Gefühl gab, sie sehe wie eine „tote Mumie" aus, häßlich, körperlich und geistig „halbzerbrochen". Während der Analyse der Patientin war eine vorübergehende Auflösung der Ich-Grenzen häufig manifest. Dadurch wurde zwar manchmal der Fortschritt der Behandlung verlangsamt, aber nie ganz aufgehalten.

Die Einsamkeit des Künstlers

In der Literatur überhaupt und auch in der Fachliteratur wurde oft auf die Einsamkeit des Künstlers hingewiesen. Man braucht nur an Dante, Kierkegaard, Leopardi, Schliemann, Rembrandt oder Michelangelo zu denken. Michelangelo wurde von Raffael *solo come un boia* – „einsam wie ein Henker" – genannt. Als Dante als einsamer Vertriebener durch die Straßen von Verona wanderte, sollen die Mütter ihre Kinder versteckt und ihnen ängstlich zugeflüstert haben: „Ecco l'uomo che è stato all'inferno" – „Das ist der Mann, der in der Hölle war". Dieses Merkmal der völligen Isolation und Einsamkeit zeigt sich auch auf einer alten Fotografie von Schliemann, wie er im Ausgrabungsfeld des alten Troja sitzt. Als Analytiker können wir dieses Bild zwar als eine symbolische Darstellung einer phantasierten Rückkehr in den Mutterleib auffassen, doch ist damit noch nicht alles erklärt. Schliemann kam in einem Pfarrhaus inmitten eines Friedhofs zur Welt, und er verbrachte die ersten neun Jahre seines Lebens in dieser Umgebung. Später wurde er zum Archäologen, der ständig nach Gräbern, Grüften, Mausoleen und deren Inhalt suchte (Niederland, 1967 a). Auf der genannten Fotografie ist er sozusagen in seinem eigenen Grab zu sehen; die Einsamkeit des Forschers spricht in dem Bild eine deutliche Sprache.

Das kreative Schaffen ist eine einsame Tätigkeit. Meist zieht sich der Künstler dabei von schwierigen Gefühlsbindungen an bestimmte Personen der Außenwelt zurück und ersetzt diese durch Gedanken, Vorstellungen, Phantasien und persönliche, künstlerische, kulturelle oder religiöse Bemühungen, die zu den wohlbekannten „collective alternates“[4] werden können (Greenacre, 1957), die oft ganz außergewöhnlich stark besetzt sind. Es besteht nämlich ein Unterschied zwischen der Einsamkeit des künstlerischen Menschen und derjenigen des nichtkünstlerischen Einzelgängers. Dieser Unterschied wurde von Bernard C. Meyer (1972) feinfühlig bemerkt, indem er auf den „verborgenen Partner“ im Leben vieler produktiver Künstler hinwies. Gewiß ist der Künstler oft abgesondert, aber er ist ein „enthusiastischer Abgesonderter“, wenn ich so sagen darf. Um noch einmal mit Leonardo zu sprechen: „Der Maler muß allein leben, betrachten, was sein Auge sieht, und mit sich selbst kommunizieren.“ Michelangelo soll niemandem, nicht einmal dem Papst, erlaubt haben, in seiner Nähe zu sein, wenn er arbeitete.

Die Einsamkeit des Künstlers ist Qual und Hingerissenheit zugleich, denn neue Gedanken verursachen nicht nur eine Erregung, wie sie ursprünglich mit der kindlichen Neugier verbunden war, sondern auch eine Befriedigung, da dank der Einsamkeit neue Bereiche wachsender Bewußtheit und des Wissens erschlossen werden. (Die tiefere Bedeutung dieser Befriedigung liegt in ihrem Zusammenhang mit unbewußten Geburtsphantasien.) Der Sekundärprozeß dient dazu, unter den vielfältigen Möglichkeiten auszuwählen, sie zu prüfen und an andere weiterzugeben. Der innere Zustand des Künstlers *in statu creandi* wird von Schiller sehr schön ausgedrückt, wenn er den alten griechischen Dichter Ibykus „des Gottes voll“ nennt, d. h. voll von des Gottes kreativen Kräften. Kafka schrieb in einem seiner Briefe, daß die ganze Welt in seinem Kopfe sei. Man stelle sich vor, was das heißt: ein Gehirn, das die ganze Welt enthält, sozusagen ein literarischer Kosmos! Ich habe ähnliche Bemerkungen von Musikern in bezug auf musikalische Themen gehört, die „innen“ verborgen seien, zum Ausdruck und zur Offenbarung drängten.

Man tut gut daran, sich zu erinnern, daß der Schriftsteller an seiner Schreibmaschine und der Maler vor der Staffelei oft zu Einsiedlern werden, die aus ihren Arbeitszimmern, nach den treffenden Worten von Bush (1969), „nach außen abgeschlossene heilige Stätten" machen, die dem freien Spiel der Phantasie und der Vorstellungskraft dienen. Auf diese Weise geschieht es, daß der Künstler mindestens zeitweise in einem *hortus conclusus,* einem abgeschlossenen Garten lebt, der ihn nicht nur vor der Verwirrung und Unruhe der Außenwelt schützt, sondern auch vor ermüdenden Problemen der Gefühlswelt und der Beziehungen zu anderen Menschen. Unter solchen Bedingungen taucht in begabten Personen die Welt der unterdrückten visuellen, auditiven und kinästhetischen Erinnerungen auf, die der Künstler in schöpferische Handlung umsetzt. Dies schließt allerdings gesellige Bedürfnisse zu anderen Zeiten nicht aus; es kann sogar ein übertriebener Drang nach Gesellschaft bestehen, der der Abwehr (Verkehrung ins Gegenteil, Verneinung) dient. Manche Autoren haben in diesem Zusammenhang auf den Reizhunger des Künstlers hingewiesen. Der Wiener Schriftsteller Peter Altenberg, der gewöhnlich den ersten Teil der Nacht in Gesellschaft von Menschen verbrachte, die dem Wein gerne und viel zuzusprechen pflegten, wurde einst gefragt: „Wann schreiben Sie ihre Bücher, Herr Altenberg?" Er antwortete: „Wenn ich allein bin, um drei Uhr in der Früh'." Dies trifft auch auf E. T. A. Hoffmann zu, dessen groteske Phantasien ein Körperbild widerspiegeln, das ans Ungeheuerliche grenzt und z. T. auf seinem Gefühl beruhte, „ein Monstrum von Häßlichkeit" zu sein.

Körpergefühle und Wahrnehmungen

Freud lehrte uns, daß „das Ich vor allem ein körperliches" ist (1923, S. 253). Freuds Spuren folgend schrieb John Rickman (1940) den Aufsatz „On the Nature of Ugliness and the Creative Impulse". Er betrachtet vor allem den Zusammenhang von schöpferischen und aggressiven Strebungen im Künstler und postuliert, daß der „Abscheu vor der Häßlichkeit" eine *vis a tergo* sei, die den Menschen in die kreative Leistung dränge. Dies stimmt mit neueren Beobachtungen von Greenacre (1957) überein, daß die Überempfindlichkeit der Sinne des Künstlers für äußere und innere Reize und seine größere Fähigkeit, diese Reize wahrzunehmen, ihn von Kindheit an einen genaueren und intensiveren „Wahrnehmungsbezug zum eigenen Körper und auch der Umgebung" bringt.

Lowenfeld (1941) und Kris (1952), die Einsichten der Arbeiten von Greenacre und anderen vorwegnahmen, beschreiben die unbewußten Zusammenhänge zwischen psychischem Trauma und künstlerischer Erfahrung. In meiner eigenen Arbeit habe ich mich auf die ständigen und oft schwerwiegenden Kränkungen des kindlichen Narzißmus und deren Wirkung auf die schöpferischen Möglichkeiten des einzelnen (Niederland, 1965 a) konzentriert. Bei den analysierten Patienten konnte die narzißtische Verletzung mit Gefühlen der Unvollständigkeit in Zusammenhang gebracht werden, die von früher körperlicher Zartheit oder Schwäche, von längerer Krankheit im Kindesalter, angeborener oder erworbener Entstellung und tatsächlichen oder phantasierten Anomalien herrührten. Diese Gefühle ließen ein reiches, geheimes Phantasieleben entstehen, das um Wiedergeburt und Wiederherstellung kreiste, im Sinne einer Wiedererlangung des phantasierten vollkommenen Zustandes, wie er vor der Kränkung oder der Erfahrung der Unvollkommenheit bestanden hatte und nun zum Ausgangspunkt der Strebungen und Bemühungen nach Rückführung in diesen ursprünglichen Zustand wurde. Die Bildung der Selbstrepräsentanz geht derjenigen der Objektrepräsentanz voran, und diese frühe Selbstrepräsentanz übertrifft alle anderen an Intensität der Besetzung. Eine unvollständige oder unzusammenhängende Selbstrepräsentanz verlangt nach innerpsychischer Vervollständigung.

Künstlerpatienten, die in ihrer Kindheit narzißtische Kränkungen der beschriebenen Art erlitten oder später Erlebnissen ausgesetzt waren, die diese frühen Traumata wiederbelebten, zeigten auffällige Schwankungen in ihrem Muskeltonus und ihrem Körpergefühl, je nachdem, ob sie sich in einer Periode künstlerischer Aktivität befanden oder nicht. Bei einer Gruppe von acht analytisch beobachteten Patienten, die alle schöpferisch tätig waren, fand man Vorstellungen, wonach sie körperlich unvollständig, mißgestaltet, häßlich oder sonstwie mangelhaft seien. Während der schöpferischen Arbeit fühlten sie sich dagegen komplett, stark, ganz und ohne Mangel oder Ungenügen, wobei die Minderwertigkeitsgefühle wieder auftauchten, sobald sich bei der Arbeit Schwierigkeiten zeigten. Dieses Auf und Ab des Körpergefühls war sehr ausgeprägt. Die frühen Traumata, die fast immer zu einer Störung des Gleichgewichts in der Mutter-Kind-Beziehung führten, hatten die kindlichen Allmachtsgefühle gestört und die Bildung eines stabilen, nicht defekten Körper- und Selbstbildes verhindert. Bei den Analysanden kehrten die Phantasien, unvollständig und mangelhaft zu sein, wieder zurück, sobald eine schöpferische Arbeit abgeschlossen war. Manchmal dachten sie sogar, sie hätten die Leistung gar nicht vollbracht. Bei seinen Untersuchungen von Zwillingen fand Glenn (1974) ähnliche Beispiele für Gefühle der Unvollständigkeit und äußerte die Ansicht, daß sie auf die Kreativität Einfluß hätten.

Wir wissen, daß viele frühe Traumata mehr oder weniger spontan überwunden werden. Wenn besondere Situationen vorliegen, wie sie hier beschrieben werden, sind solche spontanen Bewältigungen weniger häufig, da die Besetzung des Körpers ungleich verteilt ist, die betreffenden Menschen gefühlsmäßig besonders erregbar sind und auf Reize verstärkt reagieren. Normalerweise ist die Diskrepanz zwischen den psychischen Repräsentanzen des realen Körpers und des Idealkörpers in bezug auf Merkmale, Gestalt und äußere Erscheinung gering. Bei meinen Künstlerpatienten waren die Unterschiede zwischen den Repräsentanzen sehr groß, und sie erlebten ihre Unvollständigkeit und Mangelhaftigkeit so stark, daß daraus eine treibende Kraft für unbewußte Wiederherstellungstendenzen wurde.

Die schöpferische Tätigkeit ist bei diesen Patienten eine unbewußte Neuschaffung des Körper-Ichs, das wegen der ungleichmäßigen Besetzung des Körpers ständig irgendwelchen Reizen von innen ausgesetzt ist, wie ich es in einer früheren Untersuchung über die Beziehung zwischen Kreativität und phantasierten oder tatsächlichen Mängeln beschrieben habe (Niederland, 1965 a). In bezug auf die letzteren gilt Freuds bekannter Ausspruch „die Anatomie ist das Schicksal" (Freud, 1910–12, S. 90). Wenn man diese Aussage nur auf die geschlechtliche Anatomie bezieht, vernachlässigt man die Erfahrungen buckliger Menschen wie Alexander Pope, Lichtenberg, Moses Mendelssohn oder von körperlich Behinderten wie Byron, Walter Scott, Leopardi und Toulouse-Lautrec oder von chronisch Kranken wie Watteau, Chopin, John Keats, Robert Louis Stevenson, Eugene O'Neill, Marcel Proust, Steven Crane, George Orwell und vielen anderen. Der verkrüppelte Kierkegaard empfahl eine völlige Rekonstruktion des Selbst als Heilmittel gegen Verzweiflung.

H. G. Wells, der während seiner Adoleszenz und auch noch zu Beginn des Erwachsenenalters schwer an Lungentuberkulose erkrankt war, spricht von seiner schöpferischen Arbeit als einem „Wettlauf mit dem Tod". André Malraux schreibt in seinen *Anti-Memoiren,* daß der Künstler beim Schaffen eines Kunstwerks eine Heldentat vollbringe: Er trotze dem Tod.

Theoretische Begriffe wie Körperbild, Selbstbild, Selbstrepräsentanz usw. weisen auf unsere Unfähigkeit hin, zu erforschen, was ich „das subjektive Erleben des Körpers" („the felt experience of the body") genannt habe (Niederland, 1967 b, 1973). Darunter verstehe ich die Gesamtheit der ausgesprochenen persönlichen, alle Bereiche umfassenden und stets gegenwärtigen Erfahrungen, die, nach Schilder, den Hintergrund bilden für das lebenslange Ineinandergreifen von Ich-Funktionen des kinästhetischen, auditiven und visuellen Bereichs mit denen des perzeptiven, sensorischen, emotionalen, kognitiven Bereichs. Vor diesem Hintergrund sieht der Künstler mannigfaltige Welten,[4] eine Beobachtung, die wenigstens zum Teil von Rothenbergs Untersuchungen über das „Janus-Denken" (1969, 1971) bestätigt wird. Unter „Janus-Denken" versteht er die Fähigkeit des Künstlers, „zwei oder mehr Gedanken und Bildvorstellungen gleichzeitig ... zu erfassen und zu verwenden", seien diese auch widersprüchlicher oder gegensätzlicher Natur. Da die Beeinträchtigung der Allmachtsgefühle und die restitutiven Bemühungen schon erwähnt wurden, mag es genügen, sich an die folgende Aussage Freuds (1913, S. 111) zu erinnern: „Nur auf einem Gebiete ist auch in unserer Kultur die ‚Allmacht der Gedanken' erhalten geblieben, auf dem der Kunst." W. H. Auden schrieb, daß er „zum Dichten verletzt" worden sei („hurt into poetry"). Diese Worte erinnern an Ortega y Gassets Aussage, daß das Kunstwerk die Aktualisierung der Lebensgeschichte des Künstlers sei – und zwar, so möchten wir hinzufügen, als unbewußter Versuch der Selbstheilung.

Dies bringt uns zum Körperbild des Künstlers zurück, das meiner Meinung nach von größerer Bedeutung ist als man im allgemeinen realisiert. Es beeinflußt die Ich-Grenzen und eine Menge anderer Ich-Funktionen. Dies kann z. B. an den Kunstwerken der beiden französischen Maler Henri Rousseau und Jacques-Louis David gezeigt werden. Die Auswirkungen einer ständigen narzißtischen Kränkung zeigen sich immer wieder in ihren Werken.

Wir wissen kaum etwas von der Kindheit Henri Rousseaus, der nach seinem Beruf auch *Le Douanier,* der Zöllner, genannt wurde. Er trat verhältnismäßig spät in seinem Leben als Maler in Erscheinung und wird von vielen Kunstkritikern als Begründer der naiven Malerei und Pionier der modernen Kunst betrachtet. Seine Biographen, die in seiner Kunst stets neuen Widersprüchen begegneten, warfen die Frage auf: „War er ein Heiliger oder ein Verrückter?", ein Primitiver ohne Kultur oder ein großer, echter Künstler, „einer der Väter der modernen Malerei", um mit Robert Cowley zu sprechen?

Als ich die Bilder von Rousseau unter dem ergiebigen Aspekt betrachtete, den eine genaue Beobachtung des Körperbildes liefert, und als ich die figürlichen Gruppierungen in diesen Bildern anschaute, postulierte ich aufgrund meiner Überlegungen, daß es möglicherweise hinsichtlich seines Körperbildes eine Besonderheit gegeben habe. Als ich weitersuchte, fand ich etwas heraus, das mir mindestens ansatzweise eine Antwort zu geben scheint. Ich stieß auf eine Kopie seines alten Militärpasses, der ausgestellt worden war, als er im Alter von 19 oder 20 Jahren Soldat der französischen Armee war. Dieser Paß enthält unter der Rubrik „besondere Merkmale" die Bemerkung „linkes Ohr fehlt". In den Standardbiographien wird dies kaum erwähnt. Wir wissen nichts vom Ursprung dieser Verkrüppelung, ob sie angeboren oder erworben war, noch, auf welche Weise und wann sie ihm zustieß, wir wissen nur, daß sie bereits vorhanden war, als der Militärpaß ausgestellt wurde. Wenn wir an die Gestalt seiner Köpfe denken, bemerken wir, daß manche Gemälde von Rousseau die Beziehung zwischen seinem Körperbild und seiner Kunst verraten. Viele seiner Bilder, z. B. der *Knabe auf Felsen*, zeigen die porträtierten Menschen mit einem fehlenden Ohr. Natürlich liegt es mir ferne zu behaupten, damit seien unsere Fragen voll und ganz beantwortet worden. Doch können wir ohne Schaden Ortega y Gassets Ansicht wiederholen, daß Kunst die Aktualisierung der Lebensgeschichte des Künstlers sei, oder, in analytischer Sprache: die Aktualisierung seines eigenen Körperbildes. Das jeweilige Körperbild wird üblicherweise als ein verschwiegener Prozeß angesehen; in den Bildern von Rousseau spricht es eine deutliche Sprache.

Über den französischen Maler Jacques Louis David habe ich schon andernorts geschrieben.[5] Den meisten Betrachtern fällt auf, wie glatt und ebenmäßig seine Werke sind, wie glasartig, ja gleichsam eingefroren seine Bilder wirken. Alle Kunstkritiker haben dieses glatte, symmetrische Aussehen kommentiert. Wir bemerken diese Eigenschaft am deutlichsten bei den Bildern *Der Schwur der Horatier, Der Tod des Sokrates* und den bekannten Porträts von Napoleon.

Es gibt aber ein Bild von David, das nicht in dieses Schema paßt. Derselbe Maler, der von Delacroix und vielen anderen wegen der übermäßig „frostigen Darstellung" seiner Gemälde kritisiert wurde, war fähig, ein Bild zu malen, das wohl die bewegendste Darstellung eines sterbenden Menschen in der Kunst ist: *Marats Tod.*

Vom analytischen Standpunkt aus erwähne ich die folgende Tatsache aus der psychischen Lebensgeschichte, um unser Verständnis zu vertiefen. David, der ursprünglich Jakobiner und Mitglied des Nationalkonvents war, stand Marat sehr nahe und soll nach dessen Ermordung viele Wochen lang in einem „Zustand der Benommenheit" verharrt haben. Ich meine, daß er unter dem Gefühlseindruck dieses Ereignisses sich für kurze Zeit von seinen selbst auferlegten Regeln, nach symmetrisch ausgeglichenen, neoklassizistischen Richtlinien zu arbeiten, befreien konnte und fähig war, das Bild *Marats Tod* zu malen.

Die medizinische und psychiatrische Geschichte Goyas wird seit langem von Kunsthistorikern, Biographen, Klinikern und Forschern, die am Zusammenhang von Kreativität und Krankheit interessiert sind, erforscht. Die künstlerische Laufbahn Goyas stellt eine eindrückliche Illustration des Zusammenhangs der subjektiven Erfahrung des Körperzustands mit der künstlerischen Produktivität dar, wobei ich hier einige Faktoren beiseite lasse, die ich anderswo besprochen habe.[6] Nachdem er von einer schweren Krankheit betroffen worden war, die fast zum Tode führte und ihn für etwa ein Jahr arbeitsunfähig machte (1792/93), gelang es ihm, den erwähnten Zusammenhang *in statu nascendi* zu beobachten und sogar darüber zu schreiben. Ich zitiere aus einem Brief, den Goya am 4. Januar 1794 an Bernard de Yriarte, den Direktor der San-Fernando-Akademie in Madrid, schrieb:

> Mein Herr, um meine *Vorstellungskraft,* die *durch mein ständiges Brüten über mein Leiden beinahe abgetötet war,* wieder in Anspruch zu nehmen ... habe ich mich an ein paar Salonbilder gewagt. Es ist mir geglückt, in diesen Gemälden Platz für Beobachtungen zu finden, die nicht so gut in Auftragsbilder passen, und ich konnte meiner Phantasie und meinen schöpferischen Kräften Spielraum lassen. Ich denke daran, diese Bilder vielleicht der Akademie zu unterbreiten.

Obgleich wir nicht genau wissen, welche Bilder Goya an Yriarte sandte, wissen wir doch von einem doppelten schwerwiegenden Verlust, der ihn in diesen Jahren traf. Eine Krankheit raubte Goya vollständig und für immer das Gehör; das Ende seiner Liebesbeziehung mit der Herzogin von Alba, die damals als schönste und berühmteste Frau Spaniens galt, ließ ihn isoliert, verbittert und voller Rachegefühle zurück. Diese Erfahrungen können Schritt für Schritt anhand der auffälligen Veränderungen, die sie für seine Kunst mit sich brachten, nachvollzogen werden. Vor 1793, dem Jahr seiner Krankheit, entwarf Goya Tapisserien und war ein begehrter Porträtmaler; er malte reizende Dekorationen und sanfte Genrebilder, auf denen spielende Kinder oder elegante Damen beim Picknick, auf der Schaukel, mit einem Sonnenschirm usw. dargestellt sind. Nach dem zweifachen Objektverlust ging er zu völlig anderen Themen und Darstellungsweisen über. Zuerst kamen die *Caprichos,* massive Anklagen, die zum Teil gegen die Gesellschaft, zum Teil gegen die Herzogin gerichtet waren, die ihn verlassen hatte und von der er sich verraten fühlte.

Der zweifache Verlust, der den eigenen Körper und das Liebesobjekt betraf, scheint mir Goyas Verletzbarkeit durch spätere Verluste verstärkt zu haben, was z. B. in den dann folgenden Bildern *Schrecken des Krieges, Sprichwörter* und in den *Schwarzen Bildern* zum Ausdruck kommt. Ich sehe den tieferen Grund für die traumatische Wirkung, die den Verlust des Liebesobjekts auf Goya ausübte, in der Tatsache, daß seine Mutter als Angehörige des spanischen Adels durch ihre Heirat mit Goyas Vater, einem Handwerker und Zunftangehörigen, etwas für Spanien höchst Ungewöhnliches getan hatte. Im Leben Goyas können wir eine ähnliche Wendung feststellen: Aus dem Künstler in Saragossa wurde der Erste Königliche Hofmaler in Madrid.

Die *Pinturas Negras* vermitteln ein Gefühl der Verzweiflung und der Einsamkeit, die an Auslöschung grenzt und daher an das Problem des Überlebens des Ichs rührt. In einem Bild, das einen Hundekopf darstellt, versinkt ein einsames und hilfloses Tier im Boden; es wird sozusagen in den Sand und die formlose Weite des leeren Raumes eingesogen und ist auf der Schwelle des unausweichlichen Todes. Gleichzeitig herrscht in dem Gemälde eine eigenartige Wachheit, eine flehende Verzweiflung in Ausdruck und Haltung des einsamen Hundekopfes, wobei die Komposition des Bildes mit der Leere des Raumes und dem drohenden Verschwinden aller Dinge beinahe unheimlich wirkt. Eine auffallende Umkehrung findet sich im Gemälde *El Coloso*. Der massive Kopf des Riesen gleicht demjenigen Goyas; es ist ein Riese, der über die Erde schreitet, während jedermann vor ihm flieht und davonrennt – sozusagen eine Weltzerstörungsphantasie in Aktion, wobei die kolossale und überwältigende Gestalt des Riesen hervorgehoben wird. Ich neige dazu, in diesen und anderen Bilder von Goya psychologische Dokumente ersten Ranges zu sehen (Niederland, 1972, 1973).

Nach diesen Beispielen aus der bildenden Kunst wollen wir uns dem Zutagetreten des Körperbildes in der Literatur zuwenden. Die schöpferische Selbstbehandlung einer physischen Entstellung findet sich auch in den Meisterwerken von Nicolai Gogol, zwar nicht in Form von übertrieben symmetrischer und ebenmäßiger Gestaltung, sondern durch Komödie und Satire. Dieser russische Dichter war ein Mensch von fast zwergenhaftem Wuchs, sein Gesicht wurde von einer riesigen Nase beherrscht, die eine solche Beweglichkeit und Größe hatte, daß er damit in Gesellschaft Kunststückchen vorführen konnte. Er pflegte die Spitze seiner Nase mit seiner Unterlippe zu berühren, was ihm nach seinen eigenen Worten ein Lustgefühl bereitete. Wie Vladimir Nabokov, einer seiner Biographen, der übrigens ein frenetischer Hasser der Psychoanalyse war (vgl. Nabokov, 1960, S. 19), schreibt, findet sich in Gogols Erzählungen ein Schwelgen im Schnuppern, Niesen, Schnarchen, Riechen und anderen Nasenaktivitäten. In einer seiner Erzählungen verschwindet die picklige Nase des eingebildeten, arroganten Bürokraten Kowalioff auf rätselhafte Weise aus dessen Gesicht. Sie hat sich in aller Heimlichkeit vom Gesicht des Trägers gelöst und stolziert in prächtiger Kleidung die Straße herunter. In einer anderen satirischen Erzählung sind die Bewohner des Mondes nichts als Nasen. Die komische Wirkung dieser Geschichten ist in Filmen und Theaterstücken wiedergegeben, ihre symbolischen Bezüge und die darin enthaltenen Ängste wurden von Friedman (1951) und Greenacre (1958) beschrieben. Greenacre erwähnte die Unfähigkeit Gogols, körperliche Beziehungen zu Frauen einzugehen. In der Tat läßt Gogol Kowalioff sagen: „Ohne Nase ist der Staatsbürger kein Staatsbürger“, d. h., ohne Nase oder ihre symbolische Entsprechung ist ein Mann kein Mann.

Für den Erforscher des kreativen Prozesses ist die blühende Bildersprache des Körperlichen aufschlußreich, der der Dichter hier offen und ohne Hemmungen Ausdruck verleiht. Es ist klinisch zu beobachten, daß Clownerien und Komödien die unverhüllte Darstellung von Elend erlauben, besonders auch die Darstellung des körperlichen Elends. In Gogols Werken ist die Welt von sichtbaren, lebendigen Nasen bevölkert, genauso wie das Gesicht des Autors von seinem beweglichen und unanständig rüsselartigen Organ gezeichnet war. Die Selbstwahrnehmung des Körpers ist wiedererschaffen und künstlerisch in phantasievolle Erzählungen verwandelt worden, die um das Körperliche und um die mit dem Körper-Ich zusammenhängende Kreativität kreisen. Eine ähnliche Umkehrung ist in den Werken von James Thurber zu finden: Unglück wird in Humor und Satire verwandelt.

Objektverlust und Trauer

Worin besteht ein Verlust? Es kann der Tod eines geliebten Menschen sein, der Weggang einer wichtigen oder beschützenden Person, Veränderungen oder Beeinträchtigungen des Körper-Selbst, die Erfahrung der physischen oder psychischen Leistungsschwäche oder das anhaltende Gefühl einer narzißtischen Kränkung und Demütigung (Cath, 1965). Da das Objekt Teil des Selbst ist, *gleicht die Erfahrung des Objektverlustes derjenigen des körperlichen Verlustes.*

Da das frühe Körperbild und Selbstbild offenbar seelische Repräsentanzen von Schlüsselfiguren aus der Außenwelt enthalten, muß der Verlust eines solchen wichtigen Objekts notwendigerweise einen schädigenden Einfluß auf das Körperbild und auf die Selbstrepräsentanz haben. Freud (1928) definierte das Körperbild als Ansammlung oder Ablagerung verinnerlichter Bilder, die die Selbstrepräsentanz und die verinnerlichten Repräsentanzen des Liebesobjekts enthalten. Daher erweckt das Verschwinden einer wichtigen Person durch längere Abwesenheit oder Tod ein Gefühl, das dem körperlichen Defekt entspricht oder ihm vergleichbar ist.[7]

Einige Analytiker haben ein klinisches Syndrom bei frühem Objektverlust beschrieben, das durch pathologisches, d. h. endloses Trauern, eine stetige Beschäftigung mit dem Tod und Schuldgefühle charakterisiert ist, alles Symptome, die den unbewältigten Schmerz kundtun. Der Tod spukt im Schaffen mancher Künstler in dramatischer Überdeterminiertheit. Der Dichter W. H. Auden antwortete auf die Frage, was er von der Kunst halte: „Die Kunst ist unsere Hauptmöglichkeit, mit den Toten das Brot zu brechen." Eine Episode aus dem Leben Somerset Maughams mag dies weiter illustrieren. Maughams Neffe Robin berichtet von einer Beobachtung, die er während der letzten Lebensperiode des Dichters machte:

> Vor ein paar Jahren speiste ich mit ihm allein ... Er war krank und sein Geist irrte manchmal umher. Plötzlich murmelte er: *„Ich werde ihren Tod nie überwinden. Ich werde ihn nie überwinden."* Einen Augenblick lang dachte ich, er meine meine vielgeliebte Schwester Kate, die kurze Zeit vorher gestorben war, aber als er weiterredete, realisierte ich, daß er an *seine Mutter* dachte, *die seit über achtzig Jahren tot war.*

Die Mutter von Somerset Maugham starb, als er ein kleines Kind war. Die seelische Repräsentanz der *mater aeterna* zusammen mit dem Bedürfnis nach der Wiederherstellung des zerstörten Objekts und damit verwandte Faktoren scheinen bei begabten Personen eine treibende Kraft zu sein, welche sie auf dem Weg der erschaffenden oder, besser gesagt, wiedererschaffenden Arbeit bringt. Der ursprüngliche Verlust in der Psyche des Künstlers bezieht sich nach Gilbert Rose (1973, S. 588) auf die „dyadische Einheit mit der Mutter", und die schöpferische Handlung „befriedigt den unbewußten Wunsch, dies erlebte Einssein mit der Mutter wieder zurückzugewinnen". Wir erinnern uns daran, daß das englische Wort *alone* von *all one* kommt (entsprechend dem deutschen Wort *allein – all ein*).

Der Vater von Edgar Allan Poe verließ die Familie, als Poe noch keine zwei Jahre alt war, und seine schöne, junge Mutter starb an Tuberkulose, bevor er dreijährig war. Die Mutter verbrachte die letzten paar Monate ihres Lebens mit ihren beiden Kindern, dem zukünftigen Dichter und seiner einjährigen Schwester Rosalie, in dem Zimmer einer schmuddeligen Pension in Richmond, Virginia. Man kann mit guten Gründen annehmen, daß Poe nicht nur Zeuge des Todeskampfes war, den seine sterbende Mutter in ihren letzten Lebenswochen ausfocht, sondern daß er sogar tatsächlich eine ganze Nacht in dem kleinen gemieteten Zimmer in Richmond neben dem toten Körper seiner Mutter verbrachte, bis am nächsten Morgen Nachbarn kamen und das Kind von der Leiche der Mutter trennten, eine Episode, die in dem monumentalen Werk von Marie Bonaparte (1934) nicht erwähnt wird.

Die lebenslangen Folgen dieses traumatischen Ereignisses können wir in vielen Werken Poes bemerken, von den frühesten Gedichten über den Kummer, den ein Liebender beim Tod einer Frau empfindet, bis zum immer wiederkehrenden Thema der „verlorenen Schönen" und endlich zum Gedicht *The Raven,* das er gegen Ende seines Lebens verfaßte; vom tödlichen Geheimnis, das in *Der Untergang des Hauses Usher* verborgen ist, bis zu den sich im Grabe windenden Leichen in *Das vorzeitige Begräbnis,* dem makabren Inhalt von *Die längliche Kiste,* den schrecklichen *Tatsachen im Fall Valdemar* und dem Grauen in *Die Maske des roten Todes.* (Poes Mutter hatte während der letzten Wochen in Richmond in Anwesenheit des Kindes unter starken Blutstürzen gelitten.) Die Schlußstrophe des Gedichts *Annabel Lee* lautet:

And so, all the *night-tide, I lie down by the side*
Of *my darling,* my darling, *my life* and my bride.
In the sepulchre there by the sea.
In her *tomb* by the sounding sea.

(Und so lege ich mich zur Nachtzeit neben meiner Liebsten nieder, meiner Liebsten, meinem Leben, meiner Braut – dort im Grabmal beim Meer; in ihrem Grab beim rauschenden Meer.)

Poe offenbart damit in dichterischer Weise sowohl eine Phantasie als auch das tatsächliche biographische Geschehen. Was Poe später in so vielen seiner Geschichten darstellte, ist der halblebendige und halbtote Zustand einer geliebten, schönen Frau. Gleichzeitig erregt und abgestoßen vom Tod, stellte Poe in seinem Werk den verheerenden Objektverlust seiner Kindheit dar, den er mit späteren Verlusten vermischte und verschmolz.[8] Nach dem Tod der Mutter wurde Poe von der Familie Allan adoptiert; weitere Verluste ließen nicht auf sich warten.

Die Suche nach einem verlorenen Elternteil kann auch auf einem andern Gebiet kreativer Tätigkeit gezeigt werden, beispielsweise am Leben des Afrikaforschers Henry Stanley. Sein wirklicher Name war John Rowlands; als er Schiffsjunge auf einem britischen Schiff in New Orleans war, wurde er von einem Mann namens Henry M. Stanley adoptiert und übernahm dessen Namen. Er war als uneheliches Kind zur Welt gekommen und von seiner Mutter in ein Waisenhaus gebracht worden. Später erforschte er den afrikanischen Dschungel, den Kongo-Fluß, den Verlauf und die Quellen anderer Wasserstraßen. Er wurde berühmt, als er nach Jahren des Suchens im Dschungel den seit langem vermißten Livingstone fand und ihn mit den vertrauten und oft belächelten Worten „Dr. Livingstone, nicht wahr?“ begrüßte. Alle Entdeckungsreisen Stanleys sind offensichtlich eine Suche nach den verlorenen Eltern; Flußquellen und Wasser können symbolisch mit der Geburt und der Mutter gleichgesetzt werden, Livingstone wird als der wiedergefundene Vater eingesetzt. Deshalb können wir die ersten Worte, die Stanley an Livingstone richtete, analytisch interpretieren als „Vater, nicht wahr?“ oder „Vater, wie ich hoffe“.

Der alles durchdringende Einfluß unbewältigten Schmerzes kommt besonders quälend in den Werken von Edvard Munch zum Ausdruck. Wie Poe war er als kleines Kind beim Tod seiner tuberkulösen Mutter anwesend, und seine Bilder, z. B. *Der Schrei, Die tote Mutter, Die toten Liebenden,* handeln von Verzweiflung und Tod. Munch war es, der sagte: „Ich male nicht, was ich *sehe,* sondern, was ich *sah.*“ Seine Mutter starb an Tuberkulose, als er ein fünfjähriger Knabe war, also auf der Höhe der ödipalen Periode; einige Jahre später starb seine Schwester an derselben Krankheit. Das „Totenzimmer“ und „das kranke Kind“ sind immer wieder auftauchende Themen seiner Malerei. Der Verlauf der künstlerischen Entwicklung ist nie einfach. Als Erwachsener verbrachte Munch einige Jahre in einer psychiatrischen Klinik. Eine Bildhauerin unserer Zeit, die viele Verluste in ihrem Leben erleiden mußte, sagte sehr prägnant: „Ich habe mich der Kunst zugewandt, die meine Rettung war und das eine in meinem Leben, das ich nicht mehr verlieren konnte.“ Wiederum handelt es sich um Kreativität im Dienste des Überlebens des Ichs.

Das Ich im kreativen Prozeß

Als Gegensatz zu den affektiven Stürmen, die in den Bildern von Munch und in Goyas *Pinturas Negras* dargestellt sind, möchte ich das „ozeanische Gefühl“ erwähnen, über das sich Romain Rolland in einem Brief an Freud vom 5.12.1927 äußerte. Er beschrieb es ihm als „Ein Gefühl, das er die Empfindung ‚Ewigkeit‘ nennen möchte, ein

Gefühl wie von etwas Unbegrenztem, Schrankenlosem, gleichsam ‚Ozeanischen'" (Freud, 1930 a, S. 421 f.).

Ähnliche Beschreibungen finden sich in den Werken von Bertrand Russell und anderen. Es ist wohl möglich, daß bei manchen Künstlern diese beiden affektiven Zustände (die Stürme und das „ozeanische" Gefühl) nebeneinander bestehen oder vielmehr die Tendenz haben, sich zu vermischen. Ein Lyriker, der in Analyse war, sprach von seinen Gefühlen zuerst als von einem „kosmischen Tosen" und später von „etwas Schwebendem, Schwingendem, etwas nicht Faßbarem, Ausgedehntem", so als ob für ihn die Zeit stillstünde. Die beiden Ich-Zustände, die wir sogar als „veränderte Bewußtseinszustände" auffassen können, wenn ich auch glaube, daß in starkem Maße unbewußte Elemente darin enthalten sind, waren bei diesem Patienten fast gleichzeitig da. Ich habe den Eindruck, wir wüßten mehr über die Kreativität, wenn wir mehr von der Pathologie und dem Schwanken des „ozeanischen Gefühls" verstünden.

Damit verwandt ist die Empfindung einer starken, nicht zu befriedigenden Nostalgie, die zeitweise, besonders wenn sie allumfassend und durchdringend ist, bestimmte Eigenschaften mit dem „ozeanischen Gefühl" gemeinsam hat. Wir denken an Prousts *Auf der Suche nach der verlorenen Zeit,* wo er sagt: „Das wahre Paradies ist das Paradies, das man verloren hat." Einer meiner Patienten ging auf sein Nostalgiegefühl näher ein und sagte mit Ungestüm, es sei seine beste Eigenschaft, die ihn zwar leiden, aber aus ihm auch einen „ewigen Träumer" und Sucher mache. Er war Schriftsteller, Gelehrter und Historiker, der weit herumgereist war, um revolutionäre Bewegungen früherer Zeiten an Ort und Stelle zu studieren, und der auf originelle Art über ihr Entstehen und ihren Zusammenbruch schrieb. Für ihn war Geschichte nicht eine Wissenschaft, sondern ein lebendiger Prozeß. In seiner eigenen frühen Lebensgeschichte spielten Traumatisierungen eine ungewöhnlich große Rolle. Ich meine, man könnte mit Sicherheit sagen, daß es ohne das Nostalgiegefühl mit seiner anhaltenden Suche nach dem Vergangenen wenig Poesie und vielleicht weder Geschichte noch Archäologie gäbe. Nostalgiegefühle spielten im Seelenleben mancher meiner Künstlerpatienten eine bedeutende Rolle. Indem die Erinnerung mit einem Wunsch verbunden wird, entsteht die vielleicht differenzierteste Form der Regression. Die Aufgaben des Gedächtnisses, vor allem seine Speicherfähigkeit und die Wiedergutmachungsfunktion, treten hier hervor und regen den kreativen Impuls an. So verschiedene kreative Individuen wie der Archäologe Schliemann und der Komponist Leoncavallo sprachen von der Flut von Erinnerungen, welche unter dem Einfluß von Ereignissen, die frühere Traumata wiederbelebten, hervorstürzte und sie zu schöpferischem Handeln brachte, den einen zur Entdeckung des alten Troja, den anderen zur Komposition seiner einzigen noch gespielten Oper, des *Bajazzo*. Leoncavallo selbst sagte, er habe diese Oper „unter Schmerzanfällen" geschrieben, als *un nido di memorie in fondo all'anima* („ein Nest von Erinnerungen, das tief in der Seele verborgen war") plötzlich aus seinem Inneren emportauchte (Prolog, *Der Bajazzo*). Goya malte sein letztes großes Werk, *Das Milchmädchen von Bordeaux,* gegen Ende seines Lebens. Lange nach den *Caprichos,* den unheimlichen *Desastres de la Guerra* und den *Pinturas Negras* kehrte Goya zu der fraulichen Wärme und Schönheit des „Milchmädchens" zurück und fing auf der Leinwand das Bild der *mater aeterna* ein.

Kreative Produktivität auf irgendeinem Gebiet hängt vom Funktionieren des Ichs und des Über-Ichs ab. Zum Teil geht es um autonome Ich-Funktionen; andere, wie die Phantasie, die Bilderwelt und Symbolbildung, stehen dem Primärprozeß nahe. Gewisse Ich-Anteile sind möglicherweise in ihrer Entwicklung retardiert. Eissler (1971 a) postuliert einen Entwicklungsdefekt in der Über-Ich-Struktur, der zu Spannungen führe, die nach Abfuhr drängten. Weiter postuliert er eine Eigenschaft, die er die *doxalethic function* des Ichs nennt (vom griechischen *doxa* „Einbildung", „Wahn", „Schein" und *aletheia,* ein Begriff, der sich auf denjenigen Wissensbereich bezieht, der in der Suche nach Wahrheit erfaßt und überprüft werden kann). Dieser etwas schwerfällige Ausdruck beschreibt die Ich-Funktion, die, nach Eissler, den Künstler in Phasen erhöhter Kreativität vor dem Ansturm überwältigender innerer Reize schützt, wenn im kreativen Akt archaische Erfahrungen – wie halluzinatorische Wunscherfüllung, Allmachtsdenken, magisches Denken, überbordende Phantasien und Gefühle – auftauchen. Sie hilft ihm, sich gegen ein Überflutetwerden durch chaotische Denkweisen und gegen weitere Regression zu wehren – eine Gefahr, der der Psychotiker oft erliegt (Eissler, 1971 b).

Im schöpferischen Akt lebt der Künstler zeitweise in dem erwähnten *Hortus conclusus,* einem abgeschlossenen Reich schöpferischer

Möglichkeiten, das Zugang zum Denken und zur Bilderwelt des Primärprozesses bietet, aus dem der Künstler wieder auftaucht, wenn das Werk, das ihn bestätigt, vollendet ist. Das künstlerische Produkt ist selbstbestätigend, weil sich der Künstler nach Vollbringen der Aufgabe als Schöpfer dieses Produkts erweist. Die Stärkung seines oft zerbrechlichen Selbst wird auf dreierlei Weise bewirkt: Das künstlerische Produkt gibt ihm Sicherheit, daß er fähig ist, etwas Neues zu erschaffen, und erfüllt so den unbewußten Wunsch des männlichen Künstlers, schwanger zu werden und zu gebären. Es liefert ihm – und bei Erfolg der Welt überhaupt – den Beweis, daß er der Schöpfer dieses Produkts ist. Durch seine Identifizierung mit dem Produkt wird ihm bestätigt, daß er fähig ist, sich selbst neu zu schaffen, und zwar in einer vollkommenen, nicht mehr unvollständigen oder mangelhaften Form.

Unser Verständnis der Kreativität ist noch sehr mangelhaft. In diesem Aufsatz habe ich nur bei einigen wenigen Aspekten verweilt und habe so wichtige Faktoren wie das Ich-Ideal und die Energiequellen, die dem Künstler für seine kreative Leistung zur Verfügung stehen, nicht einmal gestreift. Auch das Problem der Aggression, die Teil der schöpferischen Kreativität ist, wurde nicht genügend berücksichtigt. Schmerz will herausgeschrien und gehört werden, Kummer will Tränen vergießen, und die Welt in Kafkas Kopf weigerte sich, wortlos zu bleiben.

Wenn der Künstler mit seiner schöpferischen Arbeit ein Selbstgefühl bekommt und die Gefahr der Auflösung des Ichs durch überwältigende Affekte kleiner geworden ist, vollzieht sich der kreative Prozeß. Da dieser Vorgang notwendigerweise weder die narzißtischen Wünsche noch die Allmachtsphantasien erfüllen kann, muß die lange, mühselige Arbeit immer wieder von neuem begonnen werden. Sie führt zu weiteren Leistungen und auch zu unvermeidlichen Mißerfolgen, die den Künstler dazu anregen, erneut eine Restitution zu versuchen. Eine Niederlage kann so durch ein neu erschaffenes Werk wettgemacht werden; durch immerwährende Kreativität kann ein Gefühl der Überlegenheit, ja vielleicht der Unsterblichkeit erworben werden.

Übersetzt von Annabeth Hinderling

Anmerkungen

1) Ein Aufsatz, in welchem Poe genau erklärt, wie er das Gedicht *The Raven* konstruierte. Anm. d. Übers.

2) Waelder (1960) machte auf die schöpferische Intention einer jeden korrekt durchgeführten Analyse aufmerksam.

3) Vgl. in diesem Band S. 125.

4) Der Ausdruck ist unübersetzbar. Greenacre verwendet ihn, um die Beziehungen des talentierten Kindes auszudrücken, die sich nicht mehr direkt auf das Liebesobjekt richten, sondern gleichzeitig in konzentrischen Kreisen auf die weitere Umgebung, die Welt. Sie spricht von des Künstlers „love affair with the world", „Liebesverhältnis mit der Welt" (Greenacre, 1957, S. 57), Anm. d. Übers.

5) Vgl. in diesem Band, S. 135 f., 196 f.

6) Vgl. in diesem Band, S. 175 ff.

7) Pollock (1975) hat den Verlust eines Elternteils durch Tod in der Kindheit von über 1200 kreativen Menschen nachgewiesen.

8) Ich danke Dr. Bernard C. Meyer, der mit nach meinem Vortrag in einer persönlichen Mitteilung einige wenig bekannte Zeilen aus einem Gedicht von Poe, das dieser *Romance* nannte, zusandte. In der ursprünglichen Version des Gedichts waren die folgenden Zeilen enthalten, welche in späteren Fassungen weggelassen wurden: „I could not love except where Death / Was mingling his with Beauty's breath. / Or Hymen, Time and Destiny / Were stalking between her and me." (Ich konnte nicht lieben, außer wenn der Tod seinen Atem mit dem der Schönheit vermischte, oder wenn Hymen, Zeit und Schicksal zwischen uns wandelten.) Dr. Meyer machte mich auch auf eine gestrichene Stelle in Poes *Metzengerstein* aufmerksam, wo es heißt: „Die schöne Dame Maria! Wie konnte sie nur sterben? Und dazu noch an Schwindsucht ... in der Blüte ihres Lebens ... im niedergehenden Jahr, um so für immer in den prachtvollen Herbstblättern begraben zu sein."

Handikap, Verlust und Kreativität

Beginnen wir mit einer historischen oder sogar prähistorischen Übersicht: Hephaistos, bei den alten Griechen der Gott der Kunst und des Kunstgewerbes – damals gab es noch keinen so genauen Unterschied zwischen beiden – war lahm. Sein Meisterwerk war, nach Homer, der Schild des Achill; er war bedeckt mit Abbildungen von tanzenden, rennenden und springenden Gestalten, allesamt in aktiver Bewegung und darin das genaue Gegenteil des lahmenden Gottes.

Homer selbst war, wie die Überlieferung berichtet, blind. Sokrates, der große Philosoph, war körperlich verunstaltet, hatte eine Knollennase und war häßlich. Demosthenes verwendete, wie man weiß, eine ganze Sammlung von Kieseln, um seinen Sprachfehler zu überwinden und einer der größten Redner des Altertums zu werden.

Uns etwas näher steht Cervantes, der Schöpfer des unsterblichen *Don Quijote*. Cervantes wurde bei der Seeschlacht von Lepanto (1571) schwer verwundet. Er war als junger Soldat an Bord eines spanischen Schiffes, als ihn drei Kugeln trafen, zwei davon in die Brust. Eine dritte traf seine linke Hand und lähmte sie auf immer. Dies geschah, wie er später sagte, „zum größeren Ruhm der rechten" (Cervantes sagte es auf lateinisch: „Ad majorem gloriam dextrae"), Und tatsächlich schrieb er mit der rechten Hand später sein unsterbliches Werk.

Nehmen wir Cervantes beim Wort: Der Ausfall eines Körperteils bewirkt eine physische Veränderung, unterstützt mental den korrespondierenden Körperteil, der weiterhin gesund ist, und verstärkt kompensatorisch dessen schöpferische Fähigkeit.

Es gibt zahllose Beispiele, die auf einen inneren und in der Regel unbeachteten Zusammenhang zwischen körperlichem Handikap und erhöhtem schöpferischen Vermögen hinweisen, meist kompensatorischer Art.

Alexander Pope hatte eine Rückgratverkrümmung: Er war nur 1,38 m groß. Michelangelo war ein zartes und schwächliches Kind und als Mann von kleiner Statur. Im Jugendalter wurde ihm bei einem Handgemenge von einem Mitschüler die Nase zerschmettert, und sein Antlitz blieb zeitlebens verunstaltet, und zwar so auffällig, daß seine Zeitgenossen ihn als den häßlichsten Künstler unter all den Hunderten von Artisten bezeichneten, die zu jener Zeit durch Rom spazierten (damals gab es noch keine kosmetische oder plastische Chirurgie). Michelangelos künstlerische Werke, von solch männlicher Vollkommenheit und Harmonie wie etwa die Statuen des David und des Moses, können zum Teil gewiß als Kompensation des eigenen körperlichen Handikaps gesehen werden. Diese außergewöhnlich genialen Marmorfiguren sind von einer vollendeten körperlichen Schönheit, wie sie nur ganz selten von einem Künstler gestaltet wird. Auf den markanten Fall des französischen Malers Jacques Louis David, des Gründers der neoklassizistischen Schule, der unter einem stark störenden physischen Handikap litt, bin ich bereits mehrfach ausführlich eingegangen,[1] und verzichte deshalb darauf, diesen Fall noch einmal vorzustellen.

Die Aufgabe, die ich mir hier stelle, zielt nicht auf eine Charakterstudie, sondern will auf die Untersuchung eines subtilen, aber sehr wichtigen Vorgangs völlig anderer Art hinaus, nämlich des Vorgangs der Genesung. Genauer gesagt: der Selbstheilung durch schöpferische Arbeit.

Körperliche Handikaps und andere Defekte oder Verluste stimulieren die kreative Phantasie, aktivieren die heilenden Kräfte und lenken in begabten Individuen das beschädigte Ich zu einer kompensatorischen Form von Selbstheilung durch schöpferische Tätigkeit.

Dies bedeutet nicht, daß körperliche Unvollkommenheiten, Handikaps oder Verluste automatisch Kreativität produzieren. Eine so simplifizierende Auffassung wäre absurd.

Wesentlich für den kreativen Prozeß, der an sich multidimensional ist und bei weitem noch nicht vollständig erforscht, ist ein Faktor, den ich das „Loss-Restoration-Principle" nannte, das „Verlust-Wiederherstellungs-Prinzip". Dieses dynamische Prinzip zeugt von der Tatsache, daß der menschliche Geist danach strebt, alles, was physisch, emotional, ökonomisch oder sonstwie verlorenging, in Übereinstimmung mit den in ihm schlummernden Möglichkeiten wiederherzustellen.

Ist eine derartige Wiederherstellung unmöglich, etwa bei einer Amputation, einer irreparablen körperlichen Entstellung, dem Tod eines Familienmitgliedes, dem Verlust eines Vermögens, dann sucht der menschliche Geist, durch diesen Verlust betroffen, anderweitig unbewußt nach Kompensation oder Ersatz. Dieses innere Streben appelliert an das latente kreative Vermögen. Wenn der Verlust nicht total oder völlig existenzzerstörend war, dann ist der nächste Schritt in diesem komplexen Prozeß der der Externalisierung (des Sichäußerns, Veräußerns): auf Leinwand, Holz, Stein, Marmor, Papier, Metall oder durch Schreiben, Komponieren, Erfinden, wissenschaftliche Betätigung oder auf anderen Wegen, je nach den persönlichen Möglichkeiten, die durch Anlage und Begabung und eventuell andere, noch unbekannte Einflüsse bestimmt sind.

Kernpunkt ist, daß der kreative Mensch unter dem Druck eines Handikaps oder Verlusts *von innen nach außen arbeitet*. In diesem Sinne ist Externalisierung im erwähnten Sinne beides: *restaurativ und kreativ*.

Edvard Munch sagte von sich: „Ich male nicht, was ich *sehe*, sondern was ich *sah*." Seine Gemälde *(Der Schrei, Die tote Mutter, Die toten Liebenden)* sind beherrscht von Verzweiflung und Tod, auf künstlerische Weise dramatisiert. Abgesehen von dem dargestellten Leiden und Grauen und ihrer starken Aussagekraft berichten diese Gemälde auch aus dem Leben Munchs selbst: von der permanenten, nicht auszulöschenden Erinnerung an eine traumatische Erfahrung im Kindesalter. Im Alter von fünf Jahren, als er allein mit seiner tuberkulosekranken Mutter war, wurde er Zeuge ihres plötzlichen Todes, der durch einen Blutsturz eintrat.

Was den Einfluß schwerer körperlicher Handikaps betrifft, so sind die Worte des verkrüppelten Malers Henri Toulouse-Lautrec bezeichnend: „Wären meine Beine etwas länger gewesen," so schrieb er in einem berühmten Brief, „dann wäre ich nie Maler geworden."

Dieser treffende Kommentar Toulouse-Lautrecs könnte auch für Picasso gelten, den Mme. Gilet, eine seiner vielen Geliebten, als einen Mann beschreibt, der sich ungewöhnlich intensiv mit sich selbst, seinem Körper und seiner geringen Körpergröße beschäftigte (er war nur knapp 1,60 m groß). Doch ebenso für Somerset Maugham, der immer mit hochgezogenen Schultern kerzengerade zu gehen versuchte, um nur etwas größer zu erscheinen, und für John Keats und H. G. Wells, die klein und gedrungen waren. Joseph Haydn brauchte, wenn er ein Orchester dirigierte, ein erhöhtes Podium, damit Musiker und Publikum ihn sehen konnten. Die Philosophen Immanuel Kant, Arthur Schopenhauer und Moses Mendelssohn gehörten zu den kleinsten Männern ihrer Zeit, alle drei waren gerade etwas größer als

1,50 m und wirkten durch ihre leicht vorgeneigte Haltung noch kleiner. Der große dänische Denker Sören Kierkegaard war verkrüppelt, ebenso der italienische Dichter Giacomo Leopardi und der deutsche Physiker und Schriftsteller Georg Christoph Lichtenberg. Ihr russisches Pendant, Nicolai Gogol, erhielt von seinen Kollegen den Scherznamen „der geheimnisvolle Zwerg“. Gustave Eiffel, der Erbauer des Eiffelturms in Paris, war klein und hatte einen gekrümmten Rücken. Er konstruierte das zu seiner Zeit höchste und geradeste Gebäude der Welt.

Nochmals, das alles heißt nicht, daß eine physisch kleine oder häßliche Gestalt einen kreativen Menschen hervorbringt. Ständige emotionale Einflüsse, die ein derartig intensiv erlebtes körperliches Handikap hervorruft, und ihre psychische Umsetzung sind es, die zählen. Diese aktivieren dabei unbewußt Kompensation und Wiederherstellungsmechanismen, die, wenn sie erfolgreich sind, zu außergewöhnlichen Leistungen führen.

Emotionen sind, wie das Wort bereits sagt, „Beweger“, und sie sind es, die die wiederherstellenden bzw. restaurativen Kräfte und Begabungen stimulieren. Lähmung ist zweifelsohne ein schweres körperliches Handikap, ein klarer Verlust physischer Funktionsfähigkeit.

Halten wir einen Augenblick inne bei Lord Byron, der verkrüppelt zur Welt kam, und bei der Art und Weise, wie er mit diesem gravierenden und zu seiner Zeit unheilbaren Geburtsdefekt umging.

Als Dichter und Dramatiker war er erstaunlich frühreif. Er schuf ein handgeschriebenes Universum von Reim und Lyrik, Erzählungen, leidenschaftlichen Bekenntnissen und glänzenden Briefen. Ohne im einzelnen weiter auf diese großartigen schöpferischen Äußerungen einzugehen, möge der Hinweis auf *Childe Harold's Pilgrimage* genügen. Darin wandert der Held von Land zu Land, von Meer zu Meer, über Berge, Flüsse und Seen. Der wirkliche Held dieser Erzählungen ist immer Lord Byron selbst, oder genauer gesagt, die projizierte und idealisierte Vorstellung des körperlich vollkommenen und auf magische Weise genesenen Byron.

Und tatsächlich, kurz vor seinem Tod in Griechenland (1824) waren seine letzten Worte im verzweifelten Freiheitskampf der Griechen gegen die Türken: „Avanti! Avanti ...!“, „Vorwärts! Vorwärts ..!“

Der mißgestaltete Dichter hatte sein physisches Handikap am Ende seines bewegten Lebens immerhin in Worten überwunden.

Auch ein anderer berühmter Schriftsteller, der meistgelesene englische Autor des 19. Jahrhunderts, Sir Walter Scott, war gehandikapt; nicht als Folge eines Geburtsdefektes, sondern durch Kinderlähmung, die er im Alter von zwei Jahren durchgemacht hatte. Obgleich er gehbehindert war, spazierte er jeden Tag kilometerweit, kletterte über Hügel und Berge und genoß diese anstrengende Aktivität voll und ganz.

Scott war ein fruchtbarer Schriftsteller und schuf die Gestalt des unbesiegbaren „Schwarzen Ritters" – man denke an *Ivanhoe* und manch anderes seiner Werke –, der den Kranken und Elenden half, sie aus Schwierigkeiten und Gefahren rettete, den Feind besiegte, den Schwachen schützte und selbst nie besiegt wurde. Hier spiegelt sich der Prozeß der Kompensation und Restauration in glänzenden Waffen wider, die sich ja auf dem Schlachtfeld des Lebens ebenso zeigen wie in der literarischen Schöpfung.

Was Polio betrifft: Man erinnere sich an Franklin D. Roosevelt, den amerikanischen Präsidenten der dreißiger und vierziger Jahre. Lange bevor er in das höchste Amt der Republik gewählt wurde, hatte er schon die Möglichkeit verloren, seine Beine gebrauchen zu können. Erst nach seiner traumatischen Krankheit und ihren ebenso traumatischen Folgen stieg er zum Präsidenten und zusammen mit Churchill zur führenden Gestalt im Krieg gegen das gefährlichste Ungeheuer unserer Zeit auf, Hitler.

Seine Frau Eleanor Roosevelt litt an einem dreifachen Handikap: einem frühen Objektverlust durch den Tod der Mutter und des Vaters, die kurz hintereinander starben, als sie acht bzw. zehn Jahre alt war. Körperlich war sie recht unansehnlich; auffälligstes Ergebnis davon waren Schüchternheit und Einsamkeit. Später entwickelte sich dieses unauffällige, scheue und ungeschickte Mädchen zu einer beredten und einflußreichen Persönlichkeit. Während der letzten fünfzehn Jahre ihres Lebens wurde sie Amerikas Stimme der Humanität, eine aktive Frau, bewundernswert stark, unabhängig und einflußreich.

Weit weniger bekannt als die bisher beschriebenen Personen ist der irische Schriftsteller Christie Brown, der 1981 starb. Er litt an einer zerebralen Lähmung. In den ersten Jahren konnte er nicht stehen, gehen, selbständig essen, und seine Sprache bestand zum größten Teil aus Tönen und Klängen, die nur seine Familie und nächsten Freunde verstanden. De facto hatte er keine Macht über seinen Körper, außer über seinen linken Fuß. Mit dem Fuß lernte Christie schreiben, einen Malerpinsel zwischen den Zehen halten, der ihm dabei half, kompensatorisch Gedichte, Erzählungen, Essays und Geschichten aufzuschreiben. Sein Arzt, Robert Collis, Spezialist auf dem Gebiet zerebraler Lähmungen und deren Behandlung, ermutigte Christie dabei. (Das ist sehr wichtig: häufige und wiederholte Ermutigung von seiten der Eltern und Ärzte.) Wesentlicher aber noch ist die emotionale und physische Teilnahme des Patienten selbst. Brown sagte hierzu: „Schon früh hatte ich das Bedürfnis zu schreiben ... Das war meine Entspannung. Meine Brüder entspannten sich beim Fußball und mit Mädchen, *doch ich mußte kompensieren, daß ich gehandikapt war,* und der einzige Weg, dies zu tun, war: meine Gedanken aufs Papier zu setzen ... mit dem Fuß."

Wie bereits gesagt: Kompensation, Ersatz (Substitution) und Entäußerung (Externalisierung) sind an sich restaurativ, das heißt, sie haben kreativen Charakter, oder aber sie sind wesentliche Schritte auf dem Weg zur Kreativität. Auch visuelle und Gehörstörungen sind ein Handikap und können zu funktionellem Verlust führen. Das vielleicht beste Beispiel, soweit die Verbindung zwischen kreativer Leistung und visuellem Handikap reicht, ist James Joyce. In seinem Meisterwerk *Ulysses* zeigt Joyce uns Dublin, den Liffy-Fluß, Leopold Bloom und dessen Frau, die Cafés, die Stadt bei Tag und Nacht und vieles andere. Wir sehen es, als spazierten wir mit ihm wirklich gemeinsam durch die Stadt, und teilen alle jene Erfahrungen und Eindrücke mit ihm. Hier sei es erlaubt hinzuzufügen, daß Joyce, während er am *Ulysses* arbeitete, in seinen mittleren Lebensjahren, fast blind war. Davor hatte er schon gut zehn Augenoperationen hinter sich gebracht und konnte kaum mehr sehen. Nur ein frühes Werk, *Portrait of the Artist as a Young Man,* berichtet teils direkt, teils zwischen den Zeilen von seinen Augenproblemen und dem Unvermögen der Schullehrer und anderer Erwachsener, sie zu verstehen. Und just dieser Schriftsteller, der fast blind ist, *sieht die Welt, wie sie ist, und läßt sie uns auch sehen.* So unglaublich groß können die Möglichkeiten eines Behinderten sein.

Die vielleicht größten Leistungen auf dem Gebiet technischer Erfindungen erbrachte Thomas Alva Edison mit der Konstruktion des Phonographen und der elektrischen Glühbirne. Mit diesen Erfindungen läutete er ein neues Jahrhundert von Klang und Licht, genauer gesagt, von phonographischem Klang und elektrischem Licht ein.

Edison, dem wir diese bahnbrechenden Erfindungen verdanken, war seit seinen Jugendjahren gehörgestört und wurde später, um sein zwanzigstes Jahr herum, stocktaub. Er erfand als erstes den Phonographen und brachte den Klang der menschlichen Stimme, die er selber durch sein Handikap immer mühsamer hören konnte, in alle Ecken und Enden der Welt.

Danach illuminierte er mit der Erfindung der elektrischen Glühbirne unsere Städte, Häuser, Geschäfte, Kirchen und Millionen andere Orte und Plätze. Doch durch seine mehr als 1100 Erfindungen verlor er sein gesamtes Vermögen. Welch persönliche Tragik und zugleich welch unerhörter Erfolg!

Auch hier – im Lebenslauf Edisons – werden Wege des schöpferischen Geistes sichtbar und sozusagen faßbar, die normalerweise verborgen und unbewußt sind. Der Verlust körperlicher Funktionen führte kompensatorisch zur Entwicklung von Klangprodukten, die weltweit Geltung erlangten. Doch war die kompensatorische Leistung im Gehörbereich nicht das Ende des kreativen Prozesses. Dieser setzte sich ungestört fort, strebte über die Pfade visueller Bereiche hin zu besserer, intensiverer, strahlender Beleuchtung. Die Tatsache des physischen Verlustes auf einem Gebiet – dem Gehör – stimulierte Edison mit Erfolg auf zwei höchst wichtigen Gebieten, denen des Hörens *und* Sehens.

Welche praktische Bedeutung haben diese Überlegungen, die den (wie immer geheimnisvollen) Zusammenhang zwischen körperlichen Handikaps und emotionalen Objektverlusten einerseits und der Entwicklung außergewöhnlich kreativer Vermögen andererseits bei Menschen thematisieren, die sich später zu „charismatischen“ Gestalten entwickelten?

Obgleich klar ist, daß nicht alle gehandikapten Individuen glückliche Besitzer verborgener kreativer Talente sind, so zeigt sich doch ebenfalls eindeutig, daß unser Hang, diese Menschen wie andere Menschen auch zu behandeln, fehl am Platz ist. Eine solch wohlmeinende „Gleichschaltung“ führt zu nichts. Da Kompensation und Restitution bei der Überwindung schwerer Handikaps eine entscheidende Rolle spielen, ist der notwendige weitere Schritt die Herstellung der Verbindung zwischen Erkennen, Entwickeln und methodischem Verfeinern latenter kreativer Begabung. Eltern, Ärzte und Erzieher können durch gezielte Aufmerksamkeit für dieses Potential, in Kombination mit psychologischen Tests, beim Aufspüren verborgener kreativer Fähigkeiten, besonders bei behinderten Kindern, Hilfestellung leisten. Unlängst in Amerika veröffentlichte Studien haben gezeigt, daß diese Form von Aufmerksamkeit empfehlenswert ist. In Connecticut beispielsweise zeigte sich, daß es bei zwölf Prozent der gehandikapten Kinder, die psychologisch getestet wurden, etwa dreimal soviel Kinder mit besonderer kreativer Veranlagung gab wie in der übrigen Schulbevölkerung.

Begabung ist etwas höchst Wertvolles und Kostbares. Wo und wann immer sie sich bemerkbar macht, kann sie durch eine richtige Diagnose wie auch durch Ermunterung und Übung gefördert werden. Sie kann sich allerdings auch spontan entwickeln und selbständig ihren Weg finden.

Übersetzt von Wenda Focke

Anmerkung

1) Vgl. in diesem Band, S. 135 f., 154 f., 196 f.

Goyas Krankheit: eine Blei-Enzephalopathie?

> Welch seltsamer Maler, welch einzigartiges Genie war Goya! ... Seine Art des Malens war so exzentrisch wie sein Talent. Er preßte seine Farben aus Tuben, trug sie mit Schwämmen, Mops, Lappen, mit allem, was er nur fassen konnte, auf. Er warf die Farben an und ließ sie aufklatschen wie ein Maurer, mit einem Daumenstrich bewirkte er eine charakteristische Nuance. Derart improvisierend, bedeckte er in nur wenigen Tagen dreißig Fuß oder mehr Leinwand (Gautier, 1843).

Die medizinische Geschichte der Persönlichkeit und Krankheit (oder Krankheiten) Goyas ist seit langem Forschungsthema von Kunsthistorikern, Biographen, Klinikern und Gelehrten, die sich für den Zusammenhang von Krankheit und Kreativität interessieren. Die gesundheitlichen Probleme in Goyas Leben und künstlerischer Laufbahn sind nicht nur deshalb so bedeutsam, weil er ein außergewöhnlich erfolgreicher Künstler war – er war einer der größten Porträtmaler der Moderne –, sondern auch, weil er in seinem langen Leben ausgedehnte Perioden physischer und/oder psychischer Invalidität durchlitt. Die wirklichen Umstände sind nie völlig geklärt worden.

Die ersten uns bekannten biographischen Notizen über Francisco José de Goya y Lucientes (1746–1828) datieren aus seinem Todesjahr 1828. In einem der frühesten Kataloge des Museums von Madrid, dem heutigen Prado, das ursprünglich als Galería del Museo del Rey bekannt war, finden wir folgende knappe Eintragung:

> Francisco Goya. Geboren in Fuentetodos, Aragón, im Jahre 1746. Zum Königlichen Maler ernannt 1786 und später zum Ersten Hofmaler erhoben; jetzt in Alterspension ... Er hatte keinen anderen Lehrmeister als das, was er selbst an berühmten Gemälden und Malern in Rom und Spanien gesehen hatte, woraus er den größten Gewinn zog.

Diese kurze Mitteilung endet mit der ebenfalls bündigen Bemerkung: „Von ihm selbst mitgeteilt." Sie enthält keinerlei Hinweise auf eine ernste, zeitweilig lebensbedrohende Erkrankung oder auf die anhaltende Taubheit, an der Goya tatsächlich seit Mitte seiner vierziger Jahre bis zu seinem Tod litt. Auch wissen wir, daß bereits zwischen 1778 und 1781 eine Arbeitsunfähigkeit auftrat, ein Zustand von Depression oder Melancholie, der ihn in jenen Jahren bei der Arbeit beeinträchtigte.

Auswirkung der Krankheit auf die Gemälde

Ende 1792 oder Anfang 1793 wurde Goya offenbar plötzlich von einer Krankheit getroffen, die blitzartig zuschlug, ihn arbeitsunfähig machte und dauerhafte Folgen hatte. Aus zeitgenössischen Dokumenten – Briefen, Aufzeichnungen und dergleichen – kennen wir einen Großteil der Symptome dieser Erkrankung, die mehrere Monate dauerte: rechtsseitige Lähmung, heftige Schwindelanfälle, Gleichgewichtsstörungen, Gehör- und Sprachstörungen, teilweise Erblindung, Zittern, konvulsivische Störungen, Lärmgeräusche im Kopf, geistige Konfusion, die wahrscheinlich von halluzinationsartigen Erfahrungen begleitet war, schließlich komatöse sowie halbkomatöse Zustände.

Goya war ein Mann von auffallend robuster Konstitution, der selbst noch im Alter von beinahe achtzig Jahren wiederholt die Pyrenäen überquerte, unterwegs nach Frankreich, seinem politischen Exilland, und der nach gut einem Jahr der Erholung wieder genas. Die Erkrankung rief zwei dauerhafte Veränderungen hervor: Goya blieb bis zum Lebensende völlig taub, nach diesem Schicksalsschlag war er eine gleichsam andere Persönlichkeit, genauer gesagt, ein anderer Künstler. Zunächst ein Maler gefälliger Genrebilder, farbiger Szenen bei Picknick und Spiel, eleganter Tapisserien, Scherzbilder im Rokokostil, wandelte er sich nunmehr zu einem Menschen, der die Welt hart, oft schonungslos, mit Gefühlen tiefen Verdrusses betrachtete. Der Kunstkritiker Canaday (1968) schrieb: „Durch eine Krankheit mit fast tödlichem Ausgang erlebte Goyas Existenz eine regelreche Zweiteilung ... ein neuer Goya kam zum Vorschein, der bittere Menschen- und Gesellschaftskritiker, der anklagende und verzweiflungsvolle Zeichner von Laster und Grausamkeit, ... dessen Alpträume die desparateste Wirklichkeit erkunden."

Obgleich dies im wesentlichen stimmt, fällt doch auf, daß auch einige jener Gemälde Goyas, die vor 1792/93 entstanden sind, hier und da bereits einen düsteren Ton aufweisen, etwa die rätselhaft blickenden grauen Katzen auf dem wunderschönen Kinderporträt des Infanten Don Manuel Osorio de Zuniga oder der melancholische, fast bleierne Charakter des Wintergemäldes (Abb. 1).

Abbildung 1: Der Schneesturm (Madrid, Prado)

Art der Krankheit Goyas

Welcher Art war Goyas Krankheit?

Die meisten Biographen des 19. und frühen 20. Jahrhunderts glaubten, Goya habe die Syphilis gehabt. Um diese Behauptung zu erhärten, führten sie die angeblich zwanzig Schwangerschaften oder Totgeburten seiner Frau Josefa an. Nur ein Kind, sein Sohn Javier, überlebte. Heutige Biographen sind hinsichtlich der vielen Schwangerschaften Josefas nicht mehr so sicher. Manche nehmen an, daß sie in den neununddreißig Ehejahren vier oder fünf Kinder zur Welt brachte, von denen einzig Javier das Mannesalter erreichte.

Diejenigen, die Syphilis noch immer als den wahrscheinlichsten Grund von Goyas Invalidität betrachten, weisen auf einige undeutliche Passagen in zeitgenössischen Handschriften hin, zum Beispiel auf einen Satz in einem Brief von Martin Zapater, Goyas Schulkamerad und lebenslangem Freund, in dem es heißt: „... Goya geriet daran [an diese Krankheit] durch Mangel an Überlegung ..."

Meiner Meinung nach können weder die Anzahl der Schwangerschaften noch Zapaters kritische Behauptung als ausreichender Beweis für eine Syphiliserkrankung gelten. Tatsächlich gibt es andere mögliche Erklärungen für die Tot- und Fehlgeburten der Frau, und Zapater, der ein bescheidener Beamter in Saragossa blieb, während sein Freund zum „Primer Pintor de Cámara" – „Ersten Königlichen Hofmaler" – avancierte, mag begreiflicherweise ungelöste Rivalitäts- und Eifersuchtsgefühle Goya gegenüber gehegt haben. Auch der französische Autor Chabrun (1965) weist auf die Tatsache hin, daß Goya erst „fünfunddreißig Jahre später" (nach der fast tödlichen Erkrankung von 1792/93) starb, und behauptet, daß „die Diagnose einer luetischen Lähmung oder gar einer Lues cerebri nicht aufrechterhalten werden kann".

Psychiater wie Reitmann oder Soler behaupten, Goya habe vermutlich an „schizophrener Psychose" oder an „paranoider Schizophrenie, verbunden mit Taubheit", gelitten. Aus differentialdiagnostischer Sicht betrachtet Reitmann auch die Involutionsmelancholie und manisch-depressive Psychose als klinische Möglichkeiten, doch gelangt er schließlich zur Diagnose der Schizophrenie als der wahrscheinlichsten Ursache von Goyas psychischen Schwierigkeiten.

In einem Buch über psychotische Kunst von Pickford (1967) wird diese Diagnose bestätigt. Eissler (1961) ist wesentlich vorsichtiger und beschränkt sich darauf, daß er auf einige anfängliche Störungen im Wahrnehmungs- und Unterscheidungsvermögen des Malers hinweist, ohne eine endgültige Diagnose anzubieten. Im Hinblick auf die anhaltenden otologischen Symptome (Taubheit, Schwindel) nehmen Cawthorne (1962) und andere Ohrspezialisten, die die Syphilisdiagnose ablehnen, an, daß es sich um eine Neurolabyrinthitis gehandelt habe, mit chronischer Taubheit, zeitweiliger Entzündung des Uvealgebietes sowie Ophtalmia sympathica (Augenentzündung), möglicherweise durch Viren verursacht. Shapiro (1966) wiederum sieht vom otologischen Standpunkt aus eine Syphiliserkrankung als die akzeptabelste Ursache von Goyas Leiden. Wolfenstein (1966) hat in ihrer analytischen Studie den gegenwärtigen Stand unserer Unkenntnis in bezug auf Goyas Krankheit folgendermaßen zusammengefaßt: „Ärzte versuchen noch stets, hinter diese Krankheit zu kommen, doch bleibt sie ihrem Wesen nach im dunkeln."

Mögliche Blei-Enzephalopathie

Um unser medizinisches Wissen wenigstens im Hinblick auf einige dieser Unklarheiten zu erweitern, habe ich das Problem auf andere Art und Weise zu lösen versucht, nämlich einmal anhand klinischer Beobachtungen an Patienten mit Blei-Enzephalopathie, zum andern anhand von Studien über Goyas spezielle Techniken und Arbeitsformen als Maler (vgl. Niederland, 1931). Was diesen letzteren Punkt betrifft, so weiß man, daß Goya ein sehr fruchtbarer und vielseitiger Künstler war. Sein Leben lang war er höchst experimentierfreudig und führte neue Techniken in der Graphik ein. Am Ende seiner Karriere als Porträtmaler, Zeichner, Karikaturist, Hersteller von Aquatinta und Radierungen hatte er sich sogar die neue Technik der Lithographie auf meisterhafte Weise angeeignet. Allein diese Vielseitigkeit spricht meiner Meinung nach gegen die Auffassung, er könne schizophren gewesen sein. Sein Œuvre umfaßt eine unglaubliche Anzahl dekorativer Gemälde und Tapisserieentwürfe, Porträts spanischer Adliger und Könige, prachtvoll in Farbe und Ausführung, hervorragende künstlerische Wiedergabe einfacher Arbeiter und

Bauern in ihrem täglichen Tun und Treiben, etwa wie sie sich während ihrer Arbeit verletzen oder wie sie dabei umkommen, graphische Abbildungen, die Korruption, Aberglauben und Laster bei Adel und Volk anprangern, alles in allem wohl mehr als 1800 Werke, von denen etliche verlorengingen. Diese unglaubliche Produktivität wäre ohne ein außergewöhnliches Tempo im Schaffensprozeß unmöglich gewesen. Wie es heißt, soll Goya das Bild seiner Gattin, das jetzt im Prado hängt, in einer Stunde gemalt haben, auch sei er imstande gewesen, das große Porträt von König Ferdinand nach ein oder zwei Sitzungen zu vollenden, das des Infanten Don Luis habe er an einem einzigen Morgen geschaffen. Sein geradezu rasantes Tempo wurde ebenso bewundert wie die Tatsache, daß der Maler in diese Porträts von hoher künstlerischer Qualität noch einen ganz ungewöhnlichen Charme und Glanz zu legen wußte.

Die Aufträge aus den aristokratischen Kreisen Madrids verdoppelten und verdreifachten sich, das gleiche geschah mit Goyas Einkommen. Sehr bald wurde er der gesuchteste Porträtmaler der Hauptstadt. Soweit ich weiß, war kein Maler vor oder nach Goya in der Lage, ein völlig lebensechtes Porträt in so wenigen Sitzungen zu schaffen. Ich glaube aber, daß er für diese außergewöhnliche Leistung und seinen unglaublichen Erfolg teuer zu zahlen hatte. Der Preis, der weder ihm selbst noch sonst jemandem bewußt war, dürfte der ernste Gesundheitsschaden gewesen sein.

Zu Goyas Zeiten mußte ein Künstler seine Pigmente und Farben selbst mahlen. Farben sind komplexe Mischungen aus festen, löslichen und anderen Substanzen. In einer Studie über Goyas Technik hat Schmid (1941) Goyas Palette abgebildet, die die Farbe Bleiweiß als Farbstoff erster Ordnung ausweist. Allgemein gesprochen, so schreibt Schmid, „ist es bekannt, daß Goya sehr schnell malte ... und drei Farbtöne benutzte, eine helle Fleischfarbe, zusammengestellt aus 4/5 Terre verte, 1/5 Hell plus 1/3 Bleiweiß." Bleiweiß war einer der wesentlichsten und am häufigsten verwendeten Farbtöne in Goyas Kunstwerken (Abb. 2 und 3).

Obgleich nicht alle Gemälde Goyas datiert werden können, sind doch die meisten Kunsthistoriker der Überzeugung, daß sowohl das Porträt der Marquesa de Pontejos als auch das berühmte *Begräbnis der Sardine* vor Ausbruch seiner verheerenden Krankheit 1792/93 entstanden sind, letzteres vielleicht während oder unmittelbar vor

Abbildung 2: Marqués de San Adrián (Pamplona, Diputatión Foral)

Krankheitsausbruch. Auch Doerner (1934), der die Materialien, die Goya in seinen Gemälden benutzte, untersuchte, stellte fest, daß „die meisten seiner Gemälde auf rein weiße Grundfarbe gemalt worden waren ... worauf er freizügig mit Weiß arbeitete, was einen eigentümlichen Charme von Perlmutter erzeugte".

Abbildung 3: Amor und Psyche (Barcelona, Museum; Sammlung Cambó)

Offensichtlich ist keinem der nichtmedizinischen Autoren je der Gedanke gekommen, daß Goya, ihren eigenen Beschreibungen entsprechend, häufig und direkt in Berührung mit giftiger Bleimischung gewesen sein mußte, einer Mischung, deren Hauptbestandteil Bleikarbonat ist, nämlich 2 $PbCO_3Pb(OH)_2$. Diese giftige Komponente mit Farbe zu mengen ist insofern besonders riskant, als sie durch manuelle Zubereitung leichter und direkter eingeatmet oder geschluckt wird. Hier wiederum muß Goyas Technik sorgfältig betrachtet werden. Die charakteristische Leuchtkraft vieler seiner Gemälde erreichte er wahrscheinlich dadurch, daß er sie auf besondere Weise mit verschiedenen Materialien präparierte, etwa zu gleichen Teilen mit Leim, Kalk und Bleiweiß.

Unschädliche weiße Farbstoffe wie Zinkweiß, Lithopone oder Titanweiß wurden erst in der zweiten Hälfte des 19. Jahrhunderts oder in den Anfängen unseres Jahrhunderts eingeführt. Wenn man die Brillanz und Leuchtkraft von Goyas Gemälden untersucht, entdeckt man, daß die Farbe häufig mit breiten, fließenden Pinselstrichen aufgetragen worden ist, was mit dem Verspritzen von Farbe verbunden ist. Um Zeit zu sparen, malte er auch naß in naß. Das Eingangszitat aus Gautiers *Voyage en Espagne* wird im allgemeinen als Übertreibung abgetan. Doch selbst wenn nur die Hälfte davon stimmt, bleibt die Tatsache, daß Goyas Gesundheit den Wirkungen von Blei in übermäßiger Weise ausgesetzt war. Auch sollte man sich vor Augen halten, daß die Malerei in jenen Tagen den Künstler in alle Stadien des technischen Prozesses einbezog, vor allem in die Farbenherstellung.

Die Möglichkeit, sich zu waschen oder sonstwie zu reinigen, war in Madrid notorisch karg, namentlich während der langen und trockenen Sommerperiode. Man kann also annehmen, daß Goya gerade wegen seiner Fähigkeit, unerhört schnell zu malen, den gefährlichen Wirkungen der von ihm benutzten Materialien sehr intensiv und direkt ausgesetzt war. Ich erinnere nochmals an das große Gemälde *Winter* mit seinem „bleiernen" Himmel, seiner „bleiernen" Landschaft und seinen „bleiernen" Gestalten (Abb. 1). Viele von Goyas Gemälden haben eine irisierende, schimmernde Qualität mit nahezu unendlichen Nuancen in Weiß, Weißgrau und Dämmergrau.

Kehren wir zum klinischen Bild der Bleivergiftung zurück: Es wurde zum erstenmal von Tanquerel des Planches (1839) beschrieben, elf Jahre nach Goyas Tod. Bereits 1713 hatte Ramazzini geschrieben: „Ich habe beobachtet, daß fast alle Maler, die ich kenne, sowohl hier wie auch in anderen Städten, krank sind ... man macht dafür die Farbmaterialien verantwortlich, die sie ständig benutzen und einatmen ..."[1] Erst ein Jahrhundert später führte Tanquerel des Planches das klinische Gesamtbild vor, das er „Enzephalopathia saturnina“ nannte. Er unterschied vier Formen der Erkrankung: die delirische, komatöse, konvulsive Enzephalopathie und als vierten Typ das Zusammenspiel aller dieser Symptome.

Wenn wir nun die gut dokumentierte Symptomatologie von Goyas Krankheit analysieren, dann stoßen wir auf mehrere Phänomene, die als Diagnose eine schwere Form von Bleivergiftung nahelegen. Der abrupte Ausbruch der Krankheit mit ihren zerebralen Komplikationen und das Auftreten paralytischer, konvulsiver und geistiger Störungen könnten darauf hinweisen. Die Berichte über Krampfanfälle führten manche Autoren zu der Annahme, es handle sich bei diesen um epileptische Anfälle oder ähnliche Symptome. Selbstverständlich haben wir über den Krankheitsverlauf seit den Tagen von Tanquerel des Planches manches hinzugelernt. In meiner eigenen Arbeit (Niederland, 1931) habe ich weitere Symptome des allgemeinen klinischen Bildes beschrieben, die meines Erachtens in diesem Zusammenhang erwähnenswert sind: plötzliche Lähmung der Arme und Beine, Zittern, vorübergehende Erblindung (Neuritis optica), geistige Verwirrung, zeitweilig begleitet von paranoiden Wahnvorstellungen, Halluzinationen, Delirium und Koma. Einer meiner Patienten hatte eine totale linksseitige Lähmung, epilepsieartige Anfälle, war desorientiert und paranoid, doch er erholte sich vollständig, nachdem er seine Tätigkeit, die ihn mit Blei in Berührung brachte, aufgegeben hatte. Bei zwei Patienten herrschten langwährende Depressionszustände vor; sie wiesen auch Persönlichkeitsveränderungen, Schwindelanfälle und Schädigungen ihrer visuellen und auditiven Funktionen auf. Völliger Gehörverlust kam bei den Fällen, die ich beobachtete, nicht vor. Alle Patienten arbeiteten in einem Industriegebiet.

Was mich am meisten beeindruckte, war die verhältnismäßig gute Erholung, sobald die risikoreiche Umgebung verlassen wurde, und das erneute Auftreten der Symptome bei einigen Patienten, die abermals mit bleihaltigen Materialien in Kontakt kamen. Es gibt auch chronische Formen von Bleivergiftung (vgl. Wolfenstein, 1966). In Goyas Fall dürfte die Enzephalopathie – wesentlich durch Blei verursacht – zumindest während dreier Zeiträume eine Rolle gespielt haben: zwischen 1778 und 1781, als depressive Symptome vorherrschten; 1792/93, als ihn eine vollentwickelte Form der „Encephalopathia saturnina" mit akuter Hirnschädigung ereilte, möglicherweise der vierte Typus von Tanquerel; und abermals in seinen letzten Jahren, etwa zwischen 1820 und 1825, als er wiederum erkrankte.

Eine sorgfältige Untersuchung von Goyas Schaffensperioden zeigt, daß jedem dieser Zeitabschnitte höchst intensive berufliche Aktivitäten vorausgingen, bei denen er häufig Bleiweiß und ähnliche giftige Materialien benutzte. Man könnte einwenden, daß Bleiweiß der wichtigste Farbstoff in der Geschichte der westlichen Malerei war. Es gibt kaum ein großes Gemälde in Europa vor dem 19. Jahrhundert ohne dieses Pigment. Deshalb hätten andere Künstler vergleichsweise ähnliche Symptome entwickeln müssen.[1] Hier sei erneut an Goyas ungestüme Persönlichkeit und an seinen Modus operandi beim Schaffen der großen Gemälde erinnert. Er arbeitete so unvorstellbar schnell, daß er imstande war, mehrere große Gemälde in derselben Zeit zu vollenden, in der andere Maler ein einziges Bild schufen. Daher muß er eine zwei- bis dreimal größere Menge Bleiweiß eingeatmet haben als andere Maler in vergleichbarer Zeit.

Früher blieben 90 bis 100 Prozent aller Vergiftungen unentdeckt. Schließlich sollte man auch den prämorbiden individuellen Zustand nicht außer acht lassen. Sogar in dem Industriegebiet, wo meine Patienten arbeiteten, zeigten sich auffallende individuelle Unterschiede. Von den gefährdeten Personen erkrankte nur eine gewisse Anzahl an Bleivergiftung, während andere, die in derselben Umgebung arbeiteten, gesund blieben.

Es gibt eine Reihe subtiler Beobachtungen, die die Diagnose einer Enzephalopathie im Falle Goyas ebenfalls plausibel machen. Kunsthistoriker haben darauf hingewiesen, daß Goya „nicht gern Hände malte" (Trapier, 1955). In einem seiner Porträts ist die Hand des Modells im Mantel verborgen, „in napoleonischer Geste", wie Trapier sich ausdrückt, „während die andere ... seltsame Proportionen aufweist und dem Blick entzogen im Schatten bleibt". Ähnliche Phänomene finden sich in anderen Gemälden. Könnte diese Art, die Hände eines Modells zu malen, Goyas eigene Schwierigkeiten mit den Händen widerspiegeln (Zittern, Muskelschwäche)? Obgleich kein Beweis einer dauerhaften Schädigung des Nervus radialis vorliegt, die bei vielen Fällen von Bleivergiftung üblich ist, ist bekannt, daß Goya in seinen Krankheitsphasen und auch in der Zeit danach unfähig war zu malen, daß sein rechter Arm in der Periode 1792/93 gelähmt war und daß mindestens eines seiner Selbstporträts, außer auffällig mißgestalteten Händen, die typische Blässe von Patienten mit Bleikolik aufweist.

Die besondere Heftigkeit der Symptome könnte jedoch sein Leben gerettet haben. Dadurch war er gezwungen, seine Malerei über relativ lange Zeiträume fast ganz aufzugeben, das heißt, den Umgang mit Blei zu reduzieren oder fast völlig auszuschalten. Derart gelang es ihm, nach jeder Episode wieder physisch zu gesunden. Daß seine robuste Konstitution im Genesungsprozeß gleichfalls mitspielte, darf man als sicher annehmen.

Anfangs erwähnte ich die sogenannten Fehlgeburten seiner Frau. Einige von Goyas Kindern kamen lebend zur Welt, doch scheinen sie früh gestorben zu sein. Mehrere Autoren haben dies als Beweis für Goyas Syphilis angeführt. Ohne aus dem Auge zu verlieren, daß bei angeborener Lues frühkindlicher Tod vorkommt, sei es erlaubt, nicht nur an die allgemeine hohe Kindersterblichkeit jener Tage zu erinnern, sondern auch an die erhöhte Säuglingssterblichkeit bei elterlicher Bleivergiftung. Mit anderen Worten: Dasselbe Argument, das so oft zum Beweis der Syphilis angeführt wurde, könnte ebenso als Beweis von Bleivergiftung gelten.

Alle Pathographien bergen Risiken, besonders dann, wenn wie bei dieser posthum versucht wird, zu einer klinischen Diagnose *ex post facto* zu gelangen. Wie frühere ähnliche Versuche kann auch diese Studie mit keinem eindeutig schlüssigen Beweis aufwarten. Sie beschränkt sich im wesentlichen auf diagnostische Daten. Doch da diese Daten, vielleicht zum erstenmal in einer Studie über Goyas Krankengeschichte, auch dokumentiertes Material über die Berufsrisiken enthalten, denen Goya zweifelsohne ausgesetzt war, hoffe ich, daß meine kleine Skizze zu weiteren Arbeiten anregen möge, die das Rätsel der Krankheit eines der größten Maler der Moderne am Ende lösen.

Zusammenfassung

Die Verwandtschaft, die zwischen Kreativität und psychiatrischer Krankheit offenbar besteht, hat viel Aufmerksamkeit in der Literatur gefunden. Psychisches und/oder physisches Leiden, so wird behauptet, rege die künstlerische Aktivität an. In Goyas Fall zeigt sich die oft diskutierte Verbindung zwischen psychiatrischer Krankheit und hoher Kunst in besonderer Klarheit, obgleich Natur und Wurzeln des kreativen Prozesses selbst noch im dunkeln liegen. Die Krankheit von 1792/93 beeinflußte nicht nur sein persönliches Leben, sondern auch seinen künstlerischen Stil und sein Schaffen.

Übersetzt von Wenda Focke

Anmerkung

1) Ramazzini (1713) berichtet über die schlechte Gesundheit von Malern jener Zeit und fügt nachdrücklich hinzu: „... einschließlich jener sehr berühmten ..."

Die Narbe – ein Fall von angeborener Gesichtsentstellung

„Ich habe immer eine Narbe in meinem Gesicht gehabt", sagte eine Frau mittleren Alters mit gespannter, fast unhörbarer Stimme während ihrer ersten Sitzung. Ich sah keine Narbe. Alles, was ich sah, war eine ziemlich attraktive Frau mit guter Figur, sichtlich ängstlich, etwas niedergeschlagen, von mädchenhaftem, beinahe kindlichem Aussehen und ebensolcher Kleidung. Es gab keine erkennbaren Zeichen einer narbigen oder sonstigen Gesichtsveränderung. Aber nachdem sie erklärt hatte, daß sie eine Narbe auf ihrer rechten Wange habe, bemerkte ich eine leichte Asymmetrie ihrer Gesichtszüge und eine dicke Make-up-Schicht auf der rechten Seite.

Es stellte sich heraus, daß sie wirklich eine Narbe auf der Wange hatte, oder genauer: ein entstellendes angeborenes Hämangiom, das ihrer *ersten* Beschreibung nach ungefähr die Größe eines Vierteldollarstücks hatte und sich in der Mitte ihrer rechten Wange etwa zweieinhalb Zentimeter unterhalb des Jochbeins befand. Dies war ihre Narbe oder, wie sie mir sagte, ihr Geburtsmal. Ich sah es aber nie. Viel später, nachdem sie im Lauf der langen Analyse genügend Ichstärke gewonnen hatte, um die Wahrheit sagen zu können, bekannte die Patientin, daß sich das Hämangiom in Wirklichkeit über den größten Teil der Wange von der Augenpartie bis zum unteren Rand des Unterkiefers ausdehnte. Es war so gut unter Kosmetik, Puder und Cremes verborgen, daß es außer von ihren nächsten Familienangehörigen von keinem Außenstehenden je gesehen wurde.

Was ich in diesem Fallbericht diskutieren werde, sind die vielen massiven psychischen Auswirkungen des entstellenden Hämangioms, die langsam, schmerzvoll, zumeist in Andeutungen und Fragmenten im Verlauf mehrerer Jahre analytischer Arbeit an der Bewußtseinsoberfläche auftauchten.

Die Patientin war wegen häufiger Angstzustände (mit Tachykardie und Atemnot ohne organische Ursache), phobischer Ängste (speziell vor Fremden) und wiederkehrender Depressionszustände an mich überwiesen worden. Es stellte sich bald heraus, daß das, was sie ihre

„Narbe" nannte, von ihr als überwältigende Last empfunden wurde und seit ihrer Kindheit den größten Kummer ihres Lebens ausgemacht hatte. Es war eine schwere narzißtische Kränkung und eine Quelle ständiger Angst.

Trotz ihrer anfänglichen teilweisen Enthüllung benutzte die Patientin die Verleugnung als hauptsächlichen Abwehrmechanismus, und zwar in solchem Ausmaß, daß Realitätsprüfung, Objektbeziehungen, Ich- und Über-Ich-Entwicklung dadurch beeinträchtigt wurden. Obgleich sie sich fast ihr Leben lang bewußt war, daß ihre Gesichtsanomalie den entscheidenden Faktor in ihrem Leben darstellte, behauptete sie eine große Distanz dazu und sagte während des ersten Jahres der Behandlung fast nichts über das Mal.

Was sie mir während der ersten Sitzung kurz berichtete und dem überweisenden Kollegen verschwiegen hatte, versuchte sie für viele Monate, die der ersten Enthüllung folgten, verborgen („under cover") zu halten. Damit die mit ihrer Gesichtsdeformation zusammenhängenden Probleme nicht in den Mittelpunkt rückten, versuchte die Patientin, ganze Bereiche ihres Lebens aus der Analyse herauszuhalten, vor allen Dingen das Gefühl, häßlich zu sein und das Gesicht eines „Monstrums" zu haben. John Rickman sagt in seiner Abhandlung über Häßlichkeit: „Häßlichkeit schmerzt, ist nicht nur in höchstem Maße unangenehm, ein Grund seelischen Schmerzes, der einen nicht zur Ruhe kommen läßt; es ist etwas, das die Phantasie so tief erregt, daß unsere Gedanken sich nicht davon abwenden können" (1940, S. 311). So war es auch bei meiner Patientin, die wegen ihrer Anomalität weder Frieden noch Ruhe fand, jedoch fast ihr ganzes Leben lang darüber geschwiegen hatte und dies auch während der Analyse lange Zeit tat.

In ihrer Kindheit hatte sie häufig Temperamentsausbrüche, zerbrach Spiegel und Gläser, zerriß ihre Kleider usw. Auch als Erwachsene geriet sie schon bei geringfügigen Provokationen ohne Anlaß schnell in Wut. Diese Ausbrüche dauerten aber nur kurze Zeit, darauf folgten tiefe, lang anhaltende Depressionsperioden. Da ich solche Probleme ausführlich in einer früheren Arbeit über angeborene oder früh erworbene körperliche Mißbildungen beschrieben habe (Niederland, 1965 a), will ich hier nur kurz die narzißtische Pathologie erörtern und die floriden, oft depressiven und archaisch gefärbten Phantasien dieser Menschen schildern.

Das englische Wort „ugly" (= häßlich) kommt vom gotischen „ogan", es bedeutet „Furcht erregen, erschrecken". Es hat eine Beziehung zum deutschen Wort „äugen" = „anstarren, intensiv und ängstlich mustern". Das altskandinavische „uggligr" bedeutet etwas Schreckliches oder Scheußliches, im Sinne von „ekelhaft anzusehen". Das deutsche Wort „häßlich" gibt dem eine weitere Bedeutung. Es kommt von „hassen". Das italienische „brutto" ist mindestens phonetisch mit dem englischen „brutal", „brutality" verwandt, und das spanische „feo" stammt vom lateinischen „foedus" = „abstoßend, Abscheu fühlen oder Abscheu erregen"; „foeditas" bedeutet Scheußlichkeit.

Ich habe diese etymologischen und psycholinguistischen Einzelheiten erwähnt, weil alle diese Bedeutungen und noch andere sich aus der Tiefe und mit aller Macht während der analytischen Explorationen meiner Patientin ins Bewußtsein drängten, während sie sich mit ihrer Gesichtsläsion befaßte. (Nebenbei bemerkt, sprach meine Patientin nur englisch, benutzte aber niemals das Wort „ugly" oder verwandte Wörter.) Als sie zwischen drei und sechs bzw. sieben Jahre alt war, brachten ihre Eltern sie in der Hoffnung auf Heilung zu zahlreichen Ärzten. Nach Aussage der Patientin „kneteten" die Ärzte bei der Untersuchung ihr Gesicht, „zerrten" an ihrer Wange, schlugen dann vor, zu späterer Zeit eine „Korrektur" vornehmen zu lassen. In Wirklichkeit führte man diese „Korrektur" nie durch, weil die Ärzte sagten, daß es aus den hämangiomatösen Gefäßen zu stark bluten würde und es zweifelhaft sei, ob die Läsion durch eine plastische Operation behoben werden könnte. Während ihrer ersten Schuljahre hatte die Patientin immerfort Furcht, daß Lehrer wie Schüler „erbarmungslos" auf ihr Gesicht starren würden, obwohl sie nie gehänselt oder beleidigt wurde. Als die Mutter dem Kind zu zeigen begann, wie es sich schminken sollte, rebellierte es und zerschlug oft die Make-up-Töpfe. Etwa vom neunten Lebensjahr an bestand die Mutter energisch darauf, das Mal mit Cremeschichten zu überdecken. Dies wurde zur Methode der Patientin – und ist es großenteils noch heute –, mit der Läsion umzugehen: Sie verbringt etwa zwanzig bis dreißig Minuten täglich vor dem Badezimmerspiegel und bedeckt ihre Wange mit sorgfältig ausgewählten Cremes, Pudern und Salben. Sie gerät in Panikstimmung, wenn dieses Ritual unterbrochen wird, und verläßt niemals das Badezimmer, bevor es beendet ist. Diese „Zudeck"-Prozedur, die von verschiedenen Mißgeschicken begleitet wird, etwa Fallenlassen und Zerbrechen von Töpfchen etc., geht unter angsteinflößenden Zweifeln vor sich. Wird das Make-up den ganzen Tag halten? Ist es zu intensiv oder zu schwach? Wird sich die Farbe unter dem Einfluß des Sonnenlichts oder bei elektrischer Beleuchtung verändern oder verblassen? Das waren ihre täglich wiederkehrenden Befürchtungen seit sie neun oder zehn Jahre alt war.

Die Patientin litt sehr unter den ihr durch die häßliche Anomalie auferlegten Beschränkungen. Während ihrer ganzen Kindheit und der frühen Adoleszenz schickte die Mutter sie ins Badezimmer, sobald ein unangemeldeter Besucher kam oder ein Nachbar an der Haustür läutete, damit sie während der Dauer des Besuches versteckt blieb, oder sie bat sie, das Versteck heimlich zu verlassen, damit der Fremde sie nicht sähe. Zu Ausflügen der Familie wurde sie selten mitgenommen, und wenn sie dabei war, hatte sie sich unauffällig und – im wörtlichen Sinne – ihr Gesicht verleugnend („self-effacing“) zu benehmen, so daß ihre Entstellung nicht bemerkt wurde. In der Übertragung während der Analyse wiederholte sich dies lange Zeit in der Art, wie sie leise, fast schattenhaft, das Ordinationszimmer betrat und verließ, im stummen Verharren während des ersten Teils der Sitzung und in einem Verhalten, als sei sie gar nicht anwesend. Als Heranwachsende und junge Erwachsene sagte man ihr, daß sie niemals heiraten würde, weil kein Mann jemals mit ihr würde zusammenleben wollen. (In Wirklichkeit war sie mit einem verständnisvollen, zartfühlenden Mann verheiratet und hatte zwei Kinder.)

Ich kann nicht alle Facetten dieses Falles berücksichtigen, etwa das gestörte Mutter-Kind-Verhältnis, das in Fällen angeborener Mißbildung so hervorstechend ist (vgl. Niederland, 1965 a), oder die sadomasochistischen, oralen, analen, kastrativen, narzißtischen, aggressiven und exhibitionistischen Komponenten. Statt dessen werde ich mich auf spezifische Grundzüge teils magisch-zwanghaft-adaptiver, teils auch therapeutisch-restitutiv-kreativer Natur konzentrieren.

Während der Kindheit und bis weit in die Adoleszenz hinein erwachte die Patientin oft morgens ohne die leiseste Erinnerung an ihr verunstaltetes Gesicht. Sie lief zum Spiegel und war entsetzt, wenn sie das Geburtsmal sah. Sie beschrieb es als rötlich-grellrosa-bläulich schimmerndes Netz von Adern, verfärbtem Fleisch und Haut, das sich „heiß“ anfühlte und vibrierte. In der Analyse wurde offenbar, daß sie das Mal unbewußt mit dem weiblichen Genitale gleichsetzte, es auch als Medusenhaupt mit gefahrdrohender, entsetzlicher Bedeutung betrachtete. Die befallene Körperregion hat laut Erikson (1946) einen besonderen Egotonus. Manchmal empfand die Patientin die rechte Wange als größer, stärker vorstehend, kribbelnd und „heißer" als andere Körperteile; manchmal wiederum fühlte sie sich kleiner, geschrumpft und fast unkörperlich an. Häufig schien die Wange vom übrigen Gesicht abgelöst zu sein, wobei die Patientin gerade dann das Gefühl hatte, daß sich die Aufmerksamkeit ihrer Gesprächspartner darauf richtete. Sie vermied es, mit anderen Leuten, vor allem mit Fremden, zu sprechen. Wenn sie doch dazu gezwungen war, machte sie es so, daß sie ihre rechte Wange abwandte, mit seitwärts gedrehtem Kopf unbeweglich auf ihrem Stuhl saß, so daß der Fremde nur ihre linke Wange sah.

Sie träumte oft von Ungeheuern und Hexen, die die Menschen angriffen und töteten oder die selbst von monströsen Geschöpfen angegriffen wurden. In ihren Assoziationen waren diese Monster ihre Mutter und sie selbst, die in einen grausamen Kampf verwickelt waren und zu guter Letzt einander verschlangen. Sie hatte aber auch zahlreiche Träume von Wasser, in denen sie friedlich am Meerufer saß oder aus dem „blauen Wasser" auftauchte, d. h. Träume von Geburt und Wiedergeburt, in denen sie als Junge ohne körperlichen Makel wiedergeboren wurde.

Die Patientin reagierte auf Licht und Farbe äußerst empfindlich. Sie beschäftigte sich zwanghaft mit den verschiedenen Arten leuchtender Flächen, besonders mit der „Reflexion und Intensität des Lichts" und dem „Zusammenspiel von Farben". Sie wußte, ja, sie studierte geradezu, wie das Sonnenlicht durch die Fenster ihrer Wohnung einfiel und wie es von den Wänden, den Stühlen, den Teppichen usw. reflektiert wurde. Wenn sie Kleider kaufte, wählte sie Gewebe, Farbe und Struktur mit äußerster Sorgfalt aus. Sie sagte: „Stoffe bedeuten mir sehr viel ... Farbe, Muster, Glanz des Materials und seine Lichtreflexe – das alles ist für mich äußerst wichtig." Sie beschäftigte eine ganze Reihe von Schneiderinnen, die ihre Kleider, Blusen und Hüte immer und immer wieder umändern mußten, damit sie „perfekt" würden. Da es aber keiner einzigen gelang, sie völlig zufriedenzustellen, stritt sie heftig mit diesen Frauen – die häufig etwas ältlich („Mütter") waren –, geriet in Wut, warf die Kleider auf den Boden, trampelte auf ihnen herum und schleuderte sie weg, brachte die Schneiderinnen zum Weinen und fühlte voller Verzweiflung, daß sie niemals die absolut perfekte Kleidung finden würde. Über ihre zwanghafte Beschäftigung mit Licht und Lichtquellen sagte sie: „Ich habe mehr Glühlampen in meinem Haus als ein Elektrogeschäft. Die Lichtreflexe bedeuten mir alles."

Die Patientin sammelte zwanghaft Edelsteine und Halbedelsteine von bestimmter Beschaffenheit und bestimmtem Aussehen. Die Steine mußten eine spezielle Farbkombination mit Aderungen und in die Struktur einfließenden Spaltlinien aufweisen. Sie erwarb die Steine (Rubine, Saphire, Opale, Smaragde, Jade) in Antiquitätenläden oder ersteigerte sie auf Auktionen; sie mußten in Materialien gefaßt sein, die das Licht „in sich überschneidenden Bändern und Streifen" reflektierten. Sie sprach von der „pigmentierten faserigen Struktur" dieser Steine, und obgleich sie ihren realen Wert nicht ignorierte, hatten diese Steine für sie die magische Eigenschaft, Vollkommenheit mit Trost, Wissen mit Reinheit zu verbinden und so der „Unreinheit" ihres entstellten Körpers entgegenzuwirken. Unbewußt zielte sie darauf ab, ihr Körperschema von seinem Defekt zu befreien. Es bedurfte gründlicher analytischer Arbeit, bis sie den Zusammenhang zwischen ihrem zwanghaften Interesse für die Aderung und Färbung von Mineralien und der Oberflächenzeichnung ihres Muttermals erkannte.

Jahrelang hatte die Patientin das Make-up in ihrem Gesicht bei verschiedenster Beleuchtung überprüft, um, wie sie sagte, sicher zu sein, daß „ihr Aussehen und ihr Spiegelbild" sowohl bei Tageslicht als auch bei künstlicher Beleuchtung „unverändert" blieben. Die von ihr schon von früher Jugend an benutzten Kosmetika gaben ihrem Gesicht „ein undurchsichtiges, lebloses, unbewegliches Aussehen, ähnlich einer toten Mumie (‚dead mummy'[1])", wie sie sagte. Tatsächlich handelten viele ihrer Träume von Mumien. Sie konnte lange Zeit nichts dagegen unternehmen, da Risse in ihrem Make-up entstanden, sobald sie lächelte oder ihre Gesichtsmuskeln bewegte. Sie fürchtete sich vor solchen Rissen, die sie mit dem „Medusenhaupt" in Verbindung brachte, wie sich im Laufe der Behandlung herausstellte, während der sie allmählich weniger ängstlich, weniger zwanghaft und gleichzeitig fachkundiger in ihrer Sammeltätigkeit wurde. Sie wendete sogar ihre Kosmetika geschickter an. Die Träume über Mumien hatten eine doppelsinnige Bedeutung: Der Todeswunsch gegen ihre

Mutter kam darin ebenso zum Ausdruck wie das Gefühl für ihr eigenes „mumienähnliches“ Gesicht.

Sie war eine leidenschaftliche Käuferin und Verkäuferin von Häusern. Sie konnte Jahre damit verbringen, ein neuerworbenes Haus instand zu setzen, zu dekorieren und wieder zu verändern. Dann verkaufte sie es wieder, da ihr die Anstrengungen, es zu reparieren und zu verschönern, sinn- und nutzlos erschienen. Wenn sie bemerkte, daß das geplante „Erneuerungsunternehmen“ fehlschlug, wurde sie ängstlich und niedergeschlagen, wandte aber bald ihre ganze Konzentration und Aufmerksamkeit einem anderen Gebäude oder Appartement zu, in dem sie zwanghaft ähnliche Umänderungs- und Instandsetzungsversuche startete. In jedem neuen Haus befaßte sie sich ganz speziell mit den Fenstern, den Gardinen und dem Faltenwurf der Vorhänge, sie beobachtete gespannt, wie das Licht durch die Öffnungen fiel und die Räume erleuchtete, sich im Mobiliar spiegelte usw. Wenn der Erfolg ihrer Bemühungen ausblieb, was öfter vorkam, warf sie prompt das „alte“ Material fort und schaffte neue Gardinen und Vorhänge an. Ein Aspekt der in diesem zwanghaften Abwehrsystem verborgenen Aktivitäten war die Wut der Patientin auf ihre Mutter, in der das Gefühl von Häßlichkeit und Entstellung auch mit ödipalen Schuldgefühlen verknüpft war. („Ich tötete die Mutter.“)

Die Patientin kam oft in einem Kleid und mit einem Hut in sehr lebhaften Farben in meine Sprechstunde. Im allgemeinen wirkte sie um viele Jahre jünger, als sie war. Indem sie dies analysierte, sprach sie selbst von „Tinkerbell“, der zaubermächtigen Fee aus Barries *Peter Pan*.[2] Bei einer weiteren Analyse kam ihre unbewußte Wunschvorstellung zutage, ein makelloses Gesicht zu bekommen, das in ihrer Phantasie *vor* der Entstellung vorhanden gewesen war. Das verbarg sich hinter der jugendlichen, mädchenhaften Erscheinung und Kleidung. Daß es sich dabei um exhibitionistisches Verhalten handelte, ist ebenfalls klar. Aber es steckte noch mehr dahinter. Ohne die „Tinkerbell“-Zauberkraft hatte sie das Gefühl, daß ihr Gesicht und damit – pars pro toto – ihr ganzes Selbst einem „abstoßenden, mißgebildeten Klumpen“ glich.[3] In der Übertragung war ich oft der sie in der Kindheit verwöhnende Vater. Ein andermal war ich die „böse“, gefürchtete Mutter, der sie ihre Gesichtsentstellung und das verhaßte weibliche Genitale zu verdanken hatte. Schließlich, nach der Aufdekkung vieler komplexer Zusammenhänge und der Durcharbeitung damit einhergehender unbewußter Phantasien, etwa über Geburt, Wiedergeburt, Kastration, Häßlichkeit und Monstrosität, des Gefühls, einer anderen Spezies anzugehören, usw. wurde die Patientin weniger ängstlich und verkrampft. Ihre Wutausbrüche wurden seltener und weniger intensiv und blieben schließlich ganz aus. Ihre depressiven Zustände traten nicht mehr so oft auf, und sie begann, Gedichte zu schreiben. Sie hatte das gelegentlich auch auf der Oberschule getan, es aber als Erwachsene ganz aufgegeben. Während der Arbeit mit mir in den letzten zwei Jahren schrieb sie viele Gedichte über das Meer, über Flüsse, Seen, Wasser, Geburt und Wiedergeburt – Gedichte, die meiner Meinung nach sehr schön waren. Obwohl sie ihnen verschiedene Titel gab, sprach sie von ihnen als ihren „Gedichten der Wiedergeburt".

Aus einleuchtenden Gründen kann ich kein Beispiel von den Gedichten der Patientin geben,[4] in denen Leid, Einsamkeit, Häßlichkeit und das, was sie ihre „Wiedergeburt durch die Behandlung" nannte, bewegenden Ausdruck fanden. Aus denselben Gründen muß ich darauf verzichten, das klinische Material in allen Einzelheiten zu erörtern. Ich vervollständige deshalb die klinischen Befunde durch einige Beobachtungen über Gesichtsentstellungen, die ich aus angewandter analytischer Forschung gewonnen habe. Als Beispiel wähle ich das Werk eines Künstlers aus einem anderen Gebiet und einer anderen Epoche – das des großen französischen Malers Jacques Louis David (1748–1825), des Begründers der neoklassizistischen Schule und späteren Hofmalers Napoleons.

Ich war immer überrascht von der Glätte und auffallenden Ebenmäßigkeit vieler Bilder Davids. Sie haben eine glasige, fast frostige, eisig ebenmäßige Art. Die meisten Kunstkritiker haben dies angemerkt und den Maler oft wegen der übertriebenen Ebenmäßigkeit und der Glätte seiner Werke kritisiert, die dem Betrachter ein Gefühl von Kälte oder zumindest Gleichgültigkeit vermitteln, nichtsdestoweniger aber als große Kunst anerkannt sind. Andere Künstler, wie etwa Delacroix, sprachen bei Davids Bildern von der „frostigen Ausführung", und zeitgenössische Kunsthistoriker wiesen auf den „Verbreiter eisiger Kälte" und das „sterile", eisglatte und übertrieben „reine" Aussehen vieler seiner Gemälde hin.

Als ich die Kunst Davids mit den Augen eines Psychoanalytikers betrachtete, kam ich aus theoretischen Gründen zu der These, daß in der körperlichen Erscheinung des Künstlers etwas sein müsse, das die Eigenart seines künstlerischen Werks und seine Suche nach klassischer Perfektion bedingt habe. Beim Studium von Leben und Kunst Davids stieß ich auf ein unvollendetes, im Jahre 1794 gemaltes Selbstportrait, das eine entstellende Geschwulst auf des Künstlers rechter Wange nahe der Oberlippe zeigte. Ferner entdeckte ich die biographische Bestätigung: Jacques Louis David hatte eine störende, dauernde Entstellung seines Gesichtes, die es asymmetrisch, ungleichmäßig und verzerrt aussehen ließ, das Gegenteil dessen, was auf seinen in klassischer Ebenmäßigkeit gestalteten Bildern zu sehen ist. Daß es sich hier sowohl um Umkehrung ins Gegenteil als auch um Verleugnung handelt, kann man natürlich nur vermuten. Darüber werde ich in einer späteren Arbeit berichten.

Michelangelo z. B. hatte eine deutliche Gesichtsentstellung. Im Jugendlichenalter wurde seine Nase durch den Schlag eines älteren Jungen gebrochen; sein Gesicht wurde zerdrückt, „come un biscotto", wie ein Zwieback (vgl. R. und E. Sterba, 1956), und es blieb eine dauernde Entstellung zurück, die sehr „häßlich" machte.

Michelangelos Kunstwerke, die strahlende männliche Schönheit und Ebenmäßigkeit zur Darstellung bringen, etwa die berühmten Statuen des David und des Moses, verdanken ihre Entstehung vielleicht zum Teil den psychischen Auswirkungen dieses entstellenden Mals. Diese hervorragenden, wahrhaft klassischen Werke besitzen eine Vollkommenheit und Schönheit, wie sie einem Künstler in seiner Schaffenszeit nur selten gelingen.

Obwohl es wahrscheinlich unrichtig wäre, die Erreichung solcher künstlerischen Größe und Schönheit einzig dem inneren Drang nach Wiederherstellung zuzuschreiben, so wäre es aus meiner Sicht ebenso irrig, die Bedeutung eines unbewußten Verlangens nach Wiederherstellung und nach Vollkommenheit im schöpferischen Streben mancher Künstler zu übersehen. Es ist vor allem das menschliche Gesicht, für das Begriffe wie schön und häßlich verwendet werden, und „das Gesicht wahren" ist in vielen Gebieten der Erde auch noch heute nahezu gleichbedeutend mit Leben oder Tod.

Übersetzt von W. Rechmann

Anmerkungen

1) „Dead mummy" – engl. Wortspiel, das sowohl „tote Mumie" als auch „tote Mutter" bedeuten kann.

2) In der Analyse erwies sich die „Tinkerbell"-Phantasie als Variante des Phänomens des „kleinen Mannes", über das ich an anderer Stelle berichtet habe (Niederland, 1956).

3) Ich beschrieb entsprechende Vorgänge in einer Abhandlung über Menschen, die unter angeborenen oder in früher Jugend erworbenen körperlichen Verunstaltungen litten (Niederland, 1965 a).

4) Sie erschienen in Buchform in einem amerikanischen Verlag.

Drei Bemerkungen zum Fall Schreber

Seit Freuds berühmter Interpretation des Falles (Freud, 1911) sind viele Jahre vergangen (und nahezu ein halbes Jahrhundert seit Veröffentlichung der *Denkwürdigkeiten*). Das Material ist uns zugänglicher geworden. Hier soll nun der Versuch unternommen werden, den klassischen Text durch weitere Untersuchungen zu ergänzen.

1. Der Beginn der beiden Erkrankungen Schrebers

Schreber führt den Beginn seiner ersten beiden Nervenkrankheiten auf „geistige Überanstrengung" zurück. Ich halte es für wichtig, die Umstände zu untersuchen, die diese „geistige Überanstrengung" bewirkten. Wenn auch wenig über Schrebers erste Erkrankung bekannt ist – außer daß sie als Zustand „schwerer Hypochondrie" beschrieben wurde und mehrere Monate anhielt, die der Patient in einer Nervenklinik verbrachte –, so ist doch der Zeitpunkt ihres Ausbruches gut gesichert. Sie setzte 1884 ein, als Schreber für die Wahl zu einem Sitz im Reichstag kandidierte.

Da Schreber zu Beginn seiner ersten Erkrankung Kandidat für ein wichtiges politisches Amt war, lohnt es sich, die zu damaliger Zeit in Deutschland herrschenden politischen Verhältnisse näher zu betrachten. Bismarck, der Eiserne Kanzler, befand sich damals nicht nur auf der Höhe seiner Macht im Vaterland, sondern konnte auch als höchster Beamter und Kanzler des Reichs eigenmächtig den Reichstag einberufen oder auflösen, wie er es wiederholt vor 1884 getan hatte. Wichtig ist weiterhin für das Verständnis der Situation Schrebers, daß die Auflösung des Reichstags im allgemeinen als Bestrafung aufgefaßt wurde und daß allein schon eine Kandidatur für den Reichstag Opposition gegen Bismarck, die unbestrittene Vaterfigur, bedeutete, der zeitlebens eine Einmischung durch das Parlament („die Kinder") nicht billigte. Zeigte der Reichstag gegenüber Bismarck ein schlechtes Betragen, indem er gegen seine Politik stimmte, löste er ihn kurzerhand auf. Seine Mitglieder wurden nach Hause geschickt ganz in der Art, wie ein Zuchtmeister oder ein autoritärer Lehrer voller

Unwillen und väterlichem Zorn mit seiner aufsässigen Schulklasse verfährt.

Wir wissen nicht genau, wie es zu Schrebers Reichstagskandidatur kam, noch, was daraus geworden ist.[1] Bekannt ist uns jedoch, daß sie mit seiner ersten Erkrankung zusammentraf, und da niemals etwas über den Reichstagsabgeordneten Schreber, noch über einen von ihm geführten Wahlkampf berichtet oder geschrieben worden ist, kann es als nahezu sicher gelten, daß seine Kandidatur durch Rückzug oder Niederlage ein Ende fand.

Die zweite Erkrankung ist uns natürlich detailliert bekannt, da Schrebers *Denkwürdigkeiten* (1903) wie Freuds Interpretation derselben ihr fast ganz gewidmet sind. Zum Beginn des erneuten Auftretens seiner Krankheit bemerkt Schreber, daß sich nach seiner Beförderung zum hohen Amt des Senatspräsidenten beim Oberlandesgericht in Dresden eingesetzt habe. Er erkrankte genau zu Beginn dieser Laufbahn, als er sich auf die vielfältigen Pflichten und Aufgaben dieses wichtigen richterlichen Amtes vorbereitete.

Im Licht dieser besonderen Umstände kann man sich der Annahme schwerlich entziehen, daß beide Erkrankungen – unter ähnlichen entscheidenden Bedingungen auftretend – in ihrer auslösenden Ursache einen gemeinsamen Nenner haben könnten. Darüber hinaus scheinen zunächst geringe klinische Unterschiede zwischen beiden Erkrankungen bestanden zu haben: in beiden Fällen war der Beginn gekennzeichnet durch schwere hypochondrische Symptome, die eine Hospitalisierung notwendig machten. Vor Ausbruch der zweiten Erkrankung träumte Schreber zwei- oder dreimal, daß seine frühere Nervenkrankheit zurückgekehrt sei. Wir erfahren also vom Patienten selbst, daß ihm beide Krankheiten eng miteinander verknüpft erschienen. Er berichtet uns weiter, daß jedesmal ein ähnlicher Zustand sein Leben beherrscht habe, den er „geistige Überanstrengung" nennt. Im zweiten Fall betont er die „ungewöhnliche Arbeitslast". Weitere Parallelen zwischen beiden Episoden lassen sich nach Schrebers *Denkwürdigkeiten* über seine damalige Situation nicht ziehen. Bemerkenswert ist, daß er zu Beginn beider Zusammenbrüche Suizidversuche unternahm.

Unsere Frage nach der unmittelbaren Ursache beider Erkrankungen reduziert sich also auf die Erforschung möglicher auslösender Faktoren, die die wohlbekannten latenten Kräfte in einem paranoiden

Menschen aktiviert haben könnten, über die sich der Patient selbst – wie es oft bei diesen Fällen vorkommt – nicht völlig im Unklaren war. Seine vorsichtigen Verallgemeinerungen wie „geistige Überanstrengung" oder „ungewöhnliche Arbeitslast" dürften wohl – gemessen an den Folgen – auf Spezifischeres hinweisen. Was mag er damit meinen?

Freud, der vor allem an der langwierigen zweiten Psychose interessiert war, erwähnt nichts über den Beginn oder die Bedeutung der ersten Erkrankung Schrebers. Zum Ausbruch der zweiten macht Freud (1911, S. 281) nur auf „einen somatischen Faktor ..., der sehr wohl in Betracht kommen könnte" aufmerksam und bemerkt, daß Schreber sich damals „in jener für das Sexualleben kritischen Lebenszeit" befand – dem Klimakterium. Abgesehen von Freuds eigenen Zweifeln an dieser Erklärung, die wiederholt in seiner Schrift deutlich werden, und ohne die Bedeutung des von ihm betonten somatischen Faktors schmälern zu wollen, scheint es mir, daß die mögliche Auswirkung eines solchen somatischen Faktors lediglich den Ausbruch der zweiten Erkrankung klären würde, nämlich als Schreber 51 Jahre alt war. Er kann kaum als ein genügend wirksames Element für die Auslösung der ersten Episode angesehen werden, die sich acht oder neun Jahre zuvor ereignete. Akzeptiert man also das „männliche Klimakterium" als Faktor in der Entwicklung der zweiten Krankheit, kann man unmöglich diesem die gleiche Bedeutung für den Ausbruch der ersten beimessen. Außerdem schließt die Annahme derartiger somatischer Faktoren nicht die Bedeutung äußerer Ereignisse im Leben des Patienten bei jeder Erkrankung aus. Trifft meine Ansicht zu, daß Schrebers beide Erkrankungen eng miteinander verknüpft und identisch seien, so darf auf keinen Fall die Annahme psychologisch auslösender Faktoren übergangen werden, die bei beiden Gelegenheiten oder kurz vor Beginn wirksam gewesen sein müssen.

Nach dem Studium der *Denkwürdigkeiten* Schrebers kam Freud zu dem Schluß, daß wir uns in diesem Fall „auf dem wohlvertrauten Boden des Vaterkomplexes" befinden (ebd., S. 291), wie er am klinischen Bild, den Phantasien und Wahnvorstellungen des Patienten und ihrer analytischen Interpretation nachwies. Hierbei können wir nicht übersehen, daß Schreber in seinen sozialen Beziehungen zu Flechsig wie auch in seinen Wahnvorstellungen (Gott-Sonne-Vater) während seiner Krankheit passiv-femininen Phantasien erst unterlag, nachdem er vor jedem Krankheitsausbruch in die ihm unerträgliche Situation gekommen war, im realen Leben eine aktiv-maskuline Rolle einzunehmen, in der er entweder als rebellierender Sohn mit dem Vater konfrontiert oder selbst zur Vaterfigur wurde.

Wir können annehmen, daß Schrebers größte Angst darin bestand, den Platz des Vaters einzunehmen. Aus uns unbekannten Gründen blieb seine Ehe kinderlos, obgleich er offensichtlich Kinder wünschte. Besser bekannt sind uns jedoch die Umstände, unter denen Schreber die aktiv-maskuline Rolle im weiteren Sinne nicht annehmen konnte. Als er Mitglied des Reichstags werden sollte, d. h. ein rebellierender, dem ehrfurchtgebietenden Bismarck[2] die Stirn bietender Sohn, wurde er zum ersten Male krank. Als er neun Jahre später durch seine Ernennung zum Senatspräsidenten des Oberlandesgerichts auf den Platz eines Vaters berufen wurde, erkrankte er erneut und diesmal für immer. Da er nicht imstande war, sich als Reichstagsmitglied dem mächtigen Vater im Wettstreit zu stellen oder als Senatspräsident die Position des Vaters einzunehmen, wurde er jedesmal kampfunfähig, wenn er einer derartigen Gefahr begegnete. Statt einer politischen Laufbahn oder der Berufung in ein hohes Amt zu folgen, wurde er davon verfolgt, getrieben von seinen Kastrationsphantasien, die unmittelbar dann einsetzten, wenn die gefürchtete männliche Rolle Realität zu werden drohte.

Wie unerträglich ihm seine Lage erschien, beweisen Schrebers eigene Worte, wenn er fast mit Einsicht in das Dilemma beschreibt, in dem er sich nach seiner Beförderung 1893 befand:

> Diese Aufgabe war um so schwerer und stellte auch an den Takt im persönlichen Verkehr um so größere Anforderungen, als die Mitglieder des (Fünfrichter-)Kollegiums, in dem ich den Vorsitz zu führen hatte, mir fast sämmtlich im Alter weit (bis zu 20 Jahren) überlegen und obendrein mit der Praxis des Gerichtshofs, in den ich neu eintrat, immerhin in gewisser Beziehung vertrauter waren." (Schreber, 1903, S. 31)

Mit anderen Worten: Der Patient sah sich umgeben von drohenden Vaterfiguren, in deren Mitte er sich als hilfloser und gefährdeter Eindringling erlebte.

Schreber hat daher völlig recht, wenn er – au diese Situation anspielend – von „geistiger Überanstrengung" und „ungewöhnlicher Arbeitslast", der er unterlag, spricht. Wir brauchen nur zu ergänzen, daß diese Anstrengung nicht von Überarbeitung im üblichen Sinne herrührte, sondern von der unerträglichen und überwältigenden Belastung des Jahres 1884 mit der drohenden Wahl und des Jahres 1893 mit der Berufung zu politischer (richterlicher) Männlichkeit. Wie sehr allein der Gedanke an eine aktive männliche Rolle Schreber ängstigte, zeigt die Tatsache, daß er kurz nachdem er in Kenntnis gesetzt worden war „von seiner *bevorstehenden* Ernennung zum Senatspräsidenten" und einige Zeit vor Amtsantritt die unheilvolle Phantasie hatte, „daß es doch eigentlich recht schön sein müsse, ein Weib zu sein, das dem Beischlaf unterliege." (ebd., S. 30). Unter dem Druck dieser bedrohlichen Realität, die von ihm gebieterisch die Übernahme einer aktiven männlichen Rolle forderte (eben genau die von ihm gefürchtete Situation, die er bewußt als „geistige Überanstrengung" und „ungewöhnliche Arbeitslast" wahrnahm), brachen seine latenten passiven Strebungen ins Bewußtsein ein, und er erkrankte.

Daß tatsächlich der gleiche auslösende Mechanismus am Ausbruch der ersten Erkrankung neun Jahre zuvor beteiligt gewesen sein muß, kann man aus seiner Äußerung über die wiederholten Träume von der Rückkehr der früheren Kindheit schließen. Im Unbewußten des Patienten waren offensichtlich die determinierenden seelischen Kräfte wie ihre klinischen Auswirkungen eng miteinander verknüpft. Sie basierten in der Tat in ganz ähnlicher Weise auf den gleichen Mechanismen und wurden ungeachtet der An- oder Abwesenheit eines zusätzlichen somatischen Faktors aus der Verdrängung unter praktisch gleichen Bedingungen entlassen.

Sieht man den Beginn und die Dauer beider Erkrankungen unter diesem Aspekt, so möchte ich eine Hypothese über den unterschiedlichen Verlauf der beiden Krankheiten wagen. Wenn sie ähnlich in Struktur und Ursprung sind, warum zeigen sich dann so unterschiedliche klinische Verlaufsformen, indem die erste nach einem Jahr zur Genesung führt, die andere hingegen sich deutlich über Jahre hinweg zu einem offenbar lebenslangen Prozeß entwickelt? Ich glaube, daß hier im protrahierten Verlauf der zweiten Erkrankung der vom Alter des Patienten bedingte somatische Faktor eine Rolle spielt. Wir können aber nicht die Tatsache übersehen, daß die relativ leicht und zeitlich begrenzt verlaufende erste Erkrankung 1884 in Verbindung mit einer politischen Kandidatur auftrat, die – selbst wenn sie erfolgreich gewesen wäre – ihn bestenfalls nur eine verhältnismäßig kurze Zeit in ein öffentliches Amt versetzt hätte. Die zweite und endgültige

Krankheit erfolgte auf eine Beförderung, die für ihn unter normalen Umständen eine dauerhafte und praktisch irreversible Lebensstellung bedeutet hätte. Eine Weigerung wäre in diesem Falle einem Verbrechen gleichgekommen, einer Art *lèse-majesté* oder noch Schlimmerem, da solche Beförderungen durch den König von Sachsen ausgesprochen oder wenigstens durch königlichen Erlaß bestätigt wurden und nicht zurückgewiesen werden konnten. Krankheit war also der einzige Ausweg – und mit einer lebenslangen Position dieser Art als ständige Bedrohung vor Augen konnte sie nicht von kurzer Dauer sein.

2. Linguistische und erläuternde Bemerkungen

Verschiedene unklare Passagen in den *Denkwürdigkeiten* wurden in Freuds Schrift unverändert und ohne Erläuterungen übernommen und blieben es auch, vielleicht weil ihre weitere Bearbeitung nicht für erforderlich gehalten wurde.

Eine dieser Stellen beschäftigt sich mit der Sprache Gottes, die von Schreber „Grundsprache" genannt wird. In diesem Zusammenhang ist daran zu erinnern, daß Schreber ein belesener und gelehrter Mann war, geschult in Philosophie und abstraktem Denken. Er kannte sicherlich philosophische Grundbegriffe wie „Prima Causa" oder „der Grund allen Seins" usw. Wird Gott als der „Grund" begriffen, so wird auch verständlich, das die von ihm gesprochene Sprache die „Grund-Sprache" ist. Man kann wirklich annehmen, daß es nach Schrebers Denkweise so sein mußte: es ist durchaus möglich, daß die von ihm so oft erwähnte „Weltordnung" dies fordert. Genauso jedenfalls wie ein Deutscher deutsch und ein Engländer englisch spricht, ist es nur natürlich, daß Gott, der Grund, Seine Sprache verwendet – die „Grund"-Sprache. Das Wort „Grund" ist aber darüber hinaus hier noch besonders passend, da es auf die Denkweise Schrebers hindeutet. Er spricht auch von „Grundteufel", und gewissen „Untergrund-Erscheinungen", die zusammen mit der „Grundsprache" und anderen Verwendungen analer Wörter charakteristisch für Schrebers Neigung sind, anal zu denken und zu schreiben.

Als Schreber während seiner Krankheit Gott einmal erblickte und reden hörte, wurde ein Wort ausgesprochen, das in der „Grundsprache" geläufig und eindringlich war. Dieses Wort war „Luder". „Luder" hängt zusammen mit „liederlich" und ist eindeutig auf ein weibliches Wesen bezogen. Es ist eine starke, veraltete, doch in Süddeutschland oft verwendete Beleidigung für eine liederliche Frau, ein freches Weibsbild oder sogar eine Hure, ein Wort, das vollkommen in die „Grundsprache" paßt, die Schreber als „ein etwas alterthümliches, aber immerhin kraftvolles Deutsch" (ebd., S. 16) beschreibt. Der Ausdruck wird häufig verwendet in Verbindung mit anderen, ausdrücklich als Beleidigung für eine Frau gemeinten Attributen wie „Dreckluder" oder „Sauluder". Schreber wird also „Dirne", „Hure", oder „Schlampe" genannt, was im Kontext seines Wahnsystems völlig verständlich wird.

Auf seine Entmannung hinweisend bemerkt Schreber, daß die Gottesstrahlen glaubten, ihn als „Miss Schreber" verhöhnen zu dürfen. Das Wort „Miss" ist eines der sehr wenigen englischen Wörter, die in den *Denkwürdigkeiten* vorkommen. Man fragt sich, warum Schreber hier einen englischen Ausdruck verwenden sollte. In manchen Gegenden Deutschlands hatte das Wort „Miss" auch eine durchaus abfällige Bedeutung. Es bezeichnete eine unverheiratete Frau von zweifelhaftem Ruf und Charakter, die prahlerisch Dünkel und Herablassung zur Schau trug. Die Bedeutung von „Miss" im Deutschland jener Tage ist am besten zu vergleichen mit dem Gebrauch des Wortes „Fräulein" durch die amerikanischen Besatzungstruppen nach dem Zweiten Weltkrieg. Schreber stellt selbst klar heraus, daß seine Benennung als „Miss" nur in diesem Sinne verstanden werden kann. Als er berichtet, daß ihn die Gottes-Strahlen „Miss Schreber" riefen, bemerkt er, daß die mit den Strahlen identischen Stimmen ihn verlachten und verhöhnten. Wie machten sie das? Indem sie ihn „Miss" nannten.

Schreber schreibt von „flüchtig hingemachten Männern", deren volle Bedeutung jedoch unklar bleibt, da Schreber, der sich diese Erscheinungen äußerst verwirrt fühlte, keine näheren Ausführungen hierzu bringt. Freud meint, sie könnten sich auf Kinder oder Spermatozoen oder eine Verdichtung beider beziehen. Katan hat kürzlich Schrebers „kleinen Männern" eine besondere Studie gewidmet.

Ein genaues Verständnis der „Grundsprache" kann die Bedeutung dieser unklaren Stelle erschließen. Nach Schrebers Behauptung gehören die Ausdrücke „flüchtig hingemachte Männer", „kleine Männer", „Luder", „Grundteufel", „Untergrund" usw. in der einen oder anderen Form zur „Grundsprache". Von Schreber erfahren wir, daß diese Sprache ein „etwas alterthümliches, aber immerhin kraftvolles Deutsch" sei, und wir wissen von bestimmten Wörtern dieser Sprache wie „Grund" oder „Luder", daß sie besonders reich an Ausdrücken zu sein scheint, die aus der analen Terminologie abgeleitet oder ihr zugehörig sind. Betrachtet man Schrebers „flüchtig hingemachte Männer" unter diesem Gesichtspunkt und weiß man außerdem, daß „hinmachen" nicht nur „machen", sondern auch „defäzieren" bedeutet und daß es weiterhin besonders in Süddeutschland oft im Sinne von „töten" oder „morden" verwendet wird, ist der Zusammenhang dieser häufig vorkommenden Stellen, so dunkel sie auch sein mögen, mit anal-sadistischem Sprachgebrauch deutlich. Dies ist zweifellos keine allzu befremdliche Entdeckung an Schreber, der viele Seiten seines Buches der Beschreibung von Gottes Entleerungsvorgängen und anderem analen Geschehen widmet.

Diese Ansicht wird gestützt durch nähere Untersuchung derjenigen Kapitel in den *Denkwürdigkeiten,* in denen die verwirrenden „flüchtig hingemachten Männer" erwähnt werden. Im ersten Teil des Buches erscheinen sie häufig in Verbindung mit Wörtern, die „tot", „sterbend", „aufgelöst", „verschwunden" usf. bedeuten – d. h. „zerstört". An anderen Stellen tritt die engere anale Bedeutung noch deutlicher hervor – z. B. wenn Schreber schreibt: „[Die Wärter] M. und Schl. luden auch zuweilen, um ‚sich wegzusetzen', einen Theil ihrer Leiber als eine faulige Masse in meinem Körper ab" (ebd., S. 86). Schreber schildert die Geräusche, die er wiederholt in Verbindung mit dem „Wegsetzen" der „flüchtig hingemachten Männer" hörte, als „röcheln", das wörtlich „rasseln" oder „Totenrassel" bedeutet. An anderen Stellen bezeichnet er diese Phänomene als „wirkliche Seelen" und setzt „unter den flüchtig hingemachten Männern" gleich mit „amongst the fossils" – also wiederum eine deutliche Anspielung auf tote, zerstörte und anale Objekte. Der Ausdruck „amongst the fossils" ist besonders charakteristisch für die „Grundsprache": Selbst wörtlich übernommen sind Fossilien Grund-Objekte, in einem weiteren Sinne jedoch bezieht sich „Fossilien" auf Menschen, die tot sind oder die man tot wünscht, und wurde auch in dieser Bedeutung häufig in deutschen Universitätskreisen verwendet. Schreber sagt auch von den „kleinen Männern", daß sie einen abstoßenden Geruch ausströmten und von seltsamer Farbe, nämlich „möhrenrot" waren, ein sehr ungewöhnliches und, wie ich meine, einzigartiges deutsches Wort. Dieser Schrebersche Neologismus ist nur verständlich im Sinne der fäkalen bräunlich-gelben Farbe der Möhre ebenso wie ihrer Form, während „rot" vermutlich die sadistische Bedeutung des Blutes und des Tötens repräsentiert.

Ein ähnlicher Sinn erhellt sich bei näherer Untersuchung jener Stellen, in denen Schreber die „kleinen Männer" direkt mit bestimmten Personen verbindet. Er erwähnt mehrmals die „kleinen Männer" in enger Verknüpfung mit „kleiner Flechsig" und „kleiner von W.",[3] seinen beiden Hauptverfolgern. Im assoziativen Kontext und nach der Wortwahl findet sich hier eindeutig die gleiche anal-sadistische, paranoische Bedeutung.

Offen bleibt noch eine weitere, bisher unzureichend untersuchte Nebenbedeutung. Das deutsche „hinmachen" meint nicht nur „machen", „defäzieren", „töten", sondern auch „zeichnen" oder „skizzieren". Im letzteren Sinne könnte es sich auf die zahlreichen Diagramme, Bilder und Zeichnungen von männlichen Figuren beziehen, die das von Schrebers Vater verfaßte Buch *Ärztliche Zimmergymnastik* illustrieren. Einige ausführliche Stellen in den *Denkwürdigkeiten* über die „Vorhöfe Gottes", Seine „hinteren" Höfe, oberen und unteren Teile usw. lesen sich wie – wenn auch entstellte – graphische Beschreibungen der anatomischen Illustrationen, die in dem Buch des älteren Schreber enthalten sind. Einige Abschnitte der *Denkwürdigkeiten* befassen sich außerdem ausdrücklich mit Überlegungen zum Zeichnen und Skizzieren.

3. Der Aufstieg von Flechsig zu Gott in Schrebers Wahnsystem

Freud interessierte sich besonders für den psychopathologischen Prozeß der „den Aufstieg von Flechsig zu Gott" bewirkte, ein Vorgang, in dem die Person des Arztes Flechsig schließlich durch die höhere Gottes ersetzt wurde.

Ohne hier näher auf die klinischen Details in Schrebers Wahnsystem einzugehen, möchte ich darauf hinweisen, daß dieser Aufstieg ind en *Denkwürdigkeiten* klar nachvollzogen werden kann. Die Zwischenstufen dieser Entwicklung werden in Schrebers Chronologie der verschiedenen wahnhaften Namen dargestellt, die zu diesem Teil seines Wahnsystems gehören.

Aus dieser Chronologie werden die letzten vier Punkte von Freud behandelt. Die ersten vier sind den *Denkwürdigkeiten* entnommen, um die verschiedenen Zwischenstufen in der Produktion des Wahnsystems Schrebers aufzuzeigen, das in seinem charakteristischen Flechsig-Vater-Gott-Wahn seinen Höhepunkt erreicht. Diese Stadien seines Wahnes findet man in den Kapiteln, die von seinen Entstellungen der engen Beziehungen zwischen den Familien Schreber und Flechsig handeln.

Das Diagramm auf Seite .... zeigt die wahnhafte Verwendung des Wortes „Gott" in den Namen des Vaters und Großvaters und „Theo" (Gott) in dem des Arztes zur Vergottung der Vorfahren – und mit Hilfe der psychotischen Übertragung – Flechsigs.

Die sich einander ablösenden Wahnideen kann man am besten im Sinne von Freuds Analyse der psychotischen Denkprozesse des Patienten als einen „Restitutionsversuch" verstehen. Eine charakteristische Manifestation dieses Versuches besteht in dem Bemühen, die verlorenen libidinösen Objekte (denen die Besetzung entzogen wurde) dadurch zurückzugewinnen, daß die Besetzung der für das verlorene Objekt entstehenden Wortrepräsentanzen verstärkt wird. Hierauf beruht die hervorragende Rolle, die den verbalen Produktionen wie Neologismen, Verbigenerationen, Wortsalat etc. in der Schizophrenie zukommt. Das wesentliche libidinöse Objekt, dem in Schrebers Fall die Besetzung entzogen wurde, ist der Vater. Die Wortrepräsentanz seines Vaters – der Vorname Daniel Gottlieb – wird wiederbesetzt. Bemerkenswert ist, daß in allen Variationen der wahnhaften Namen das Wort „Gott" in der einen oder anderen Kombination vorkommt. Darunter ist *Fürchte*gott von besonderem Interesse, da er die Ambivalenz des Patienten, seine Furcht vor Gott wie seine gegen Gott gerichtete Drohung, enthüllt.

Man muß beachten, daß der Patient den Namen Daniel mit seinem Vater, Paul mit seinem Arzt gemeinsam hatte. Im Wahnsystem wird der Arzt mit dem Namen des Vaters Daniel und Gottlieb in verschiedenen Vergottungen ausgestattet, so daß Schreber ihn deutlich mit einem Repräsentanten des Vaters identifiziert. Zu den Kombinationen Paul Theodor Flechsig, Daniel Fürchtegott und Abraham Fürchtegott

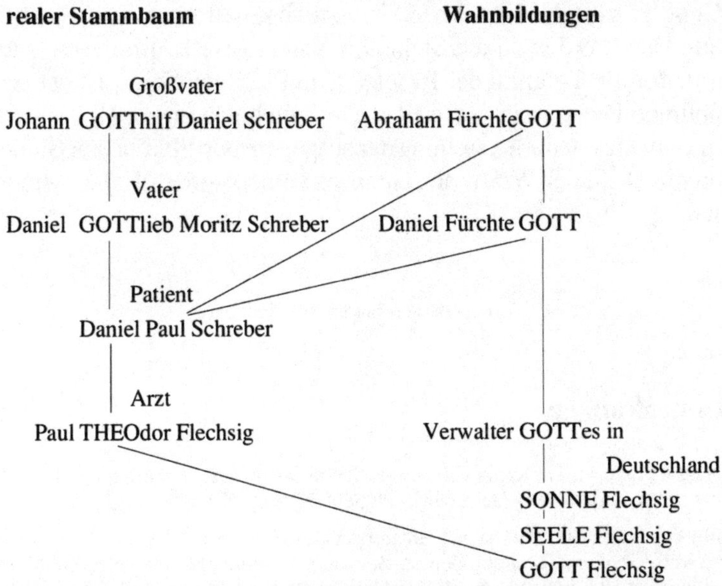

sagt Schreber: „Ich habe Theile ihrer Seelen in meinem Körper." Daß er für Theodor, wörtlich „Gottes Gabe", seine Griechisch-Kenntnisse heranzog, bestätigt Schreber selbst. Die Namen Abraham und Daniel sind biblischen Ursprungs – der erstere bedeutet „Vater einer Menge", der letztere „göttlicher Richter" oder „von Gott berufener Richter". Man kann darüber spekulieren, ob seine Verwendung des Namens Daniel, in dem die hebräischen Wörter Dan (= Richter) und El (Gott) enthalten sind, als eine zweischneidige Drohung zu verstehen sei entsprechend der Doppelsinnigkeit von Fürchtegott. Die Vergottung des Vaters, ein Vorgang für den der reale mittlere Name des Vaters Gottlieb eine willkommene Gelegenheit bot, kann auf jeden Fall über die verschiedenen Zwischenstufen verfolgt werden.

Der Vater selbst ist durch Besetzungsentzug verschwunden. Sein Name aber, Daniel Gottlieb, blieb erhalten. Die Besetzungen, die er erfährt, können in diesem System eindeutig identifiziert werden, indem man den verschiedenen Vergottungen nachgeht. In diesem Prozeß gelangt der Patient Schritt für Schritt zur Inthronisierung Flechsigs als Gottes Verwalter oder Prokonsul in Deutschland, vermutlich eine Anspielung auf Bismarck. Von hier aus schreitet die Besetzung der Wortrepräsentanzen schnell voran, um schließlich in

„Gott" zu gipfeln. Der Prozeß ist nun abgeschlossen. Erst Flechsig, dann Gott werden an die Stelle des Vaters gesetzt. Im neuen Vater, Gott, der die Totalität der Besetzung auf sich vereinigt, ist der schizophrene Denkprozeß so weit wie möglich gegangen. Er hat in der Suche nach Wiederherstellung der aufgegebenen libidinösen Bindungen mit Hilfe der Wortrepräsentanzen seinen vollen Verlauf genommen.

Übersetzt von Jeannette Friedeberg

Anmerkungen

1) Diese Frage wird in Kapitel 10 meines Schreber-Buches (Niederland, 1974, S. 116 ff.) geklärt, in dem dargestellt wird, daß Schreber eine Niederlage erlitt.

2) In Schrebers Buch findet sich ein versteckter Hinweis auf Bismarck, der möglicherweise in diese Richtung deutet: Bismarck, Goethe und andere große Männer gehören zu den „bedeutenden Seelen", die später zu höheren göttlichen Einheiten werden.

3) Einer der Wärter in der Klinik.

Weitere Ergebnisse meiner Schreber-Forschung

Was können wir aus der gründlichen Erforschung des Falles Schreber lernen? Die Antwort auf diese Frage reicht über eine psychiatrische Falldarstellung hinaus und schließt eine Vielzahl komplizierter Probleme klinischer, psychologischer, analytischer, biologischer, psychosozialer, ätiologischer, pädagogischer und sogar politischer Natur ein.

Es gibt Grund zu der Annahme, daß ab 1985 etwa zwei Millionen erstmals an Schizophrenie Erkrankter das Gesundheitssystem der USA in Anspruch nehmen werden. Allein diese Tatsache macht deutlich, daß es notwendig ist, dem psychotischen Prozeß, seinen Determinanten, Bestandteilen und Folgen größere Aufmerksamkeit zu widmen – und zwar sowohl seitens der Medizin und der im Gesundheitswesen Tätigen als auch von Erziehern, Soziologen, Historikern, Juristen und der Öffentlichkeit insgesamt. Ein grundlegender Aspekt, den die exakte wissenschaftliche Erforschung des Falles Schreber hat herausarbeiten können, ist klar: der hochbedeutsame Einfluß schädigender Kindheitserfahrungen auf die Entwicklung psychischer Pathologien, die plötzlich oder allmählich, nach relativ symptomfreien Intervallen von mehreren Jahren, manchmal Jahrzehnten, auftreten können.

Die gegenwärtige Psychiatrie, die auf dem Fortschritt in der Biochemie basiert, ist weitgehend auf Studien zur Hirnchemie, zu anatomischen Abweichungen bei zerebraler Aktivität, auf die Entdeckung neurologischer Anomalien und ähnliches fixiert.

Es ist festzuhalten, daß – ohne diese Forschungsansätze zu entwerten – der gegenwärtig zu beobachtende Vorrang der Erforschung der sogenannten „neurologischen Wildnis“ dazu führt, eine in die Tiefe der psychologischen Mechanismen – die den psychotischen Prozeß ausmachen – reichende Forschung ebenso zu vernachlässigen wie die zugrundeliegenden Konflikte und ihre Beziehung zur Pathologie, die in der Verzerrung der psychischen Realität in Form von „Visionen“, Wahnbildungen und Halluzinationen ihren Ausdruck findet. Daß die letzteren einen Kern von Wahrheit (im Sinne von Realität) enthalten können, der durch engagierte und gewissenhafte Untersuchung auffindbar ist, hat sich am Fall Schreber durch das Herausarbeiten dieses Kerns verifizierbarer Fakten demonstrieren lassen. Gezielte Aufmerksamkeit gegenüber der Symptomatologie des Patienten, seinen geistigen Schöpfungen und Verhaltensmustern, seinem Wort- und Satzbau, seinen assoziativen Bezügen bestimmter Worte und Sätze, seiner regressiven Kontamination in der Sprache und dem verbalen Ausdruck mit infantilen Zügen und Konflikten gibt Hinweise, die notwendig sind, um verborgene Kindheitserfahrungen ans Licht zu bringen. Einige Forscher unserer Zeit scheinen noch unter dem Eindruck von Karl Jaspers' *Allgemeiner Psychopathologie* (1913) und ähnlicher – besonders in Deutschland weitverbreiteter – sogenannter klassischer Lehrbücher zu stehen, in denen die Auffassung vertreten wird, daß „externale" (äußerlich wahrnehmbare) psychogene Reaktionen ausbleiben, wenn die sie begründenden Ursachen beseitigt sind und das traumatisierende Ereignis in seiner Wirkung nachläßt. Jaspers (ebd., S. 321) lehrt, daß „nach jeder Reaktion ... bezüglich der Art der psychischen Mechanismen und Funktionen, der Leistungsfähigkeit usw. eine Rückkehr zum *Status quo ante* erreicht [wird] ..." Im folgenden Abschnitt beharrt er darauf, daß psychogene Reaktionen oder Abnormitäten, die „in enger zeitlicher Verbindung mit dem reaktiven Zustand stehen, ... sich ... im Laufe der Zeit ausgleichen" (ebd., S. 327). Obwohl derselbe Autor – was immerhin interessant ist – sich auf die Arbeiten von Freud und anderen frühen Analytikern als epochal für die Psychiatrie bezieht, kommt im Gegensatz dazu seine Auffassung vom Trauma durch die erwähnten Zitate zum Ausdruck. Diese kuriose Ambiguität taucht in dieser oder jener Form in allen Schriften der „biochemischen" oder organorientierten Forschung auf. Berücksichtigt man die Kenntnisse über das Seelenleben, die durch die Analyse von Phantasien, Träumen und Wahnbildungen gewonnen wurden, und zitiert noch einmal Jaspers: „Der Aufschluß für die Erkenntnis des Seelenlebens bleibt doch nur gering" (ebd., S. 313), so bildet wahrscheinlich Wunschdenken bezüglich der Wiederherstellung des Status quo ante die Basis für derart unrealistische Bemerkungen.

Eine kurze Darstellung dessen, was mich dazu gebracht hat, den Wahrheitskern des Schreber-Falles ans Tageslicht zu bringen, mag dem Leser behilflich sein, die Methoden zu verstehen, mit deren Hilfe die verdrängten traumatischen Ereignisse aus den schriftlichen Darstellungen des Patienten herausgeschält werden konnten, um auf diese Weise Elemente seines Unbewußten zu entdecken.

Ein halbes Jahrhundert lang haben die meisten psychoanalytischen Institute es versäumt, Freuds Pionierarbeit, die er mit der Schreber-Analyse geleistet hat, sowohl hinsichtlich Schrebers Kindheit als auch mit Blick auf die Rolle der Sprache, die für die *Denkwürdigkeiten* so signifikant ist, angemessen zu würdigen.[1] Über Schrebers näheren und weiteren Familienhintergrund war nichts bekannt. Er schien ein Patient ohne Vergangenheit zu sein, eine Person ohne Kindheit. Ich war stark beeindruckt von Freuds Arbeit an dem Fall, die *Denkwürdigkeiten* mit ihrer weitschweifigen Ausdrucksweise beeindruckten mich ebenfalls. Seit den fünfziger Jahren bis in die Gegenwart fand ich es nicht nur ein „unschätzbares Buch", wie Freud sagte, sondern ebenso ein fesselndes. Durch wiederholtes Lesen der verwirrenden und oft redundanten Kapitel des deutschen Originals vertiefte ich mich in den Text. Es schien mir, als ob ich durch ein endloses Labyrinth voller Dunkelheit und unverständlicher Komplexität irrte. Nach und nach aber begann ich mich zu fragen, ob nicht viele der Details in Schrebers Buch – obwohl verwirrend und undurchsichtig – ebensogut die Wahrheit enthalten könnten. Eingefügt in das, was eine Enzyklopädie irrationaler Wortschöpfungen, morbider Phantasien und undurchdringlicher Neologismen zu sein schien, gab es einleuchtende Wahrnehmungsfragmente, z. B. seine Aversion gegen die „Kopfzusammenschnürungsmaschine" oder seine große Furcht vor Gottes schrecklichem „Aufschreibesystem", durch das er sich außerordentlich geängstigt fühlte.

Meine Bestrebung, die Forschung voranzutreiben, konzentrierte sich auf die Korrektur der Übersetzungsfehler von Schrebers Text im Englischen. Der nächste Schritt meiner Arbeit wurde durch die Aufmerksamkeit von Dr. Norman Reider, Analytiker und Bibliograph in San Francisco, erleichtert. Er hatte meine Publikation zu bestimmten linguistischen Eigentümlichkeiten der *Denkwürdigkeiten* gelesen und besaß ein Buch, von dem er glaubte, daß ich es besser verstehen könne als er, da er kein Deutsch konnte. Es war ein altes, von Schrebers Vater geschriebenes Buch, das er in einem Wiener Antiquariat aufgestöbert und mir 1957 zur Kenntnisnahme und Durchsicht mit den Worten „wenn irgend jemand davon Gebrauch machen kann, sind Sie es" weitergeleitet hatte. Es war eine freudige Überraschung für mich, und ich bin ihm immer noch dankbar. Als ich das schmale Bändchen öffnete, glaubte ich meinen Augen nicht zu trauen. Vor mir lag eine genaue *zeichnerische* Darstellung der *detaillierten verbalen* Beschreibung der marternden „Kopfzusammenschnürungsmaschine" – so hatte sie der Sohn charakterisiert und bezeichnet; ich erinnerte mich, davon in den *Denkwürdigkeiten* gelesen zu haben. Der Name, den der Vater dieser Erfindung in seinem Buch gegeben hatte, war *Kopfhalter*; Schreber senior hatte diese Vorrichtung konstruiert, um das symmetrische Wachstum von Kinn, Backen und den entsprechenden Strukturen des gesamten Schädels zu gewährleisten; kleine Kinder sollten diesen *Kopfhalter* zu diesem Zweck jeden Tag für mehrere Stunden tragen.

Was vor mir lag, war klar; der „Code" war geknackt, und meine dokumentarische Untersuchung zum Schreber-Fall konnte mit voller Kraft vorangetrieben werden. Ich stellte mir selbst die Aufgabe, zu den Ursprüngen der Erfahrung des Patienten zurückzufinden, die bis dahin entweder ignoriert oder als „phantastisch" betrachtet worden waren. Ich ging in die Bibliothek der New Yorker Akademie für Medizin, wo ich einige weitere von Schrebers Vater in den vierziger und fünfziger Jahren des vorigen Jahrhunderts veröffentlichte Arbeiten fand. Weitere Quellenforschung führte mich zu den Bibliotheken von Washington D. C. und Bethseda, Maryland, ebenso wie zu den Archiven Frankfurt/Main, Freiburg/Breisgau und Berlin, wo ich weiteres biographisches und autobiographisches Material fand. Es entwickelte sich eine ausführliche Korrespondenz mit Mitgliedern der Schrebervereine in der Bundesrepublik Deutschland, ich wollte so viel wie möglich über Schreber und seine Ahnen in Erfahrung bringen.

Es stellte sich heraus, daß Schrebers Vater sowohl ein fruchtbarer als auch ein furchtbarer Autor war und mit der in seinen Schriften streng vertretenen Auffassung als Bekehrer zu angemessener und „gesundheitsfördernder" Kindererziehung großen Einfluß hatte. Durch ein sorgfältiges Studium seiner massiven literarischen Produktion fühlte ich mich aus der ausschweifenden wahnhaften Welt der Autobiographie des psychotischen Sohnes ins Reich der diktatorischen Persönlichkeit des Vaters – mit allen Anzeichen eines idiosynkratischen, patriarchalisch-pädagogischen Verhaltens – versetzt. Des

Vaters Erziehungsvorstellungen waren bis ins Detail peinlich genau aufgeführt und enthielten zahlreiche Illustrationen und Beschreibungen der Anwendung orthopädischer Prozeduren, dazu bestimmt, eine „gesunde" Entwicklung des kindlichen Rückens, der Augen, der Beine, des Gesäßes, der Brust und anderer Körperteile zu erziehen. Auf der Basis dieses aufschlußreichen Quellenmaterials und weiterer relevanter Informationen war ich in der Lage, die Erziehung des Patienten und die realen Ursachen vieler seiner Wahnbildungen zu rekonstruieren. Es ging darum, die Entsprechungen zwischen den wörtlichen Beschreibungen der „wahnhaften" Erfahrungen des Sohnes und den väterlichen Torturen herzustellen; diese tauchen in den medizinischen Schriften ununterbrochen auf und werden dort als absolut notwendig für die Entwicklung eines gesunden und perfekt funktionierenden Körpers bezeichnet.

Trotzdem wurde mir klar, daß die Enträtselung unvollständig war; sie betraf im wesentlichen Schrebers ödipale, adoleszente und postadoleszente Entwicklung, erhellte jedoch die früheren Stufen nicht ausreichend. Die Arbeit, in den Bereich präödipaler Konflikte und prägenitaler Fixierungen vorzustoßen und insbesondere die intensive anal-konflikthafte Natur verschiedener Passagen der *Denkwürdigkeiten* – „flüchtig hingemachte Männer", „kleine Männer" (vgl. Niederland, 1974, S. 69 f.; Katan, 1950, S. 32 ff.) analsadistische Ausdünstungen und ähnliches – zu durchdringen, blieb noch zu tun.

Vor der Klärung der präödipalen Aspekte sei daran erinnert, daß Schrebers psychische Hervorbringungen einerseits unverstellter Ausdruck, andererseits entstellte Zusammenfügung vergangener Ereignisse sind, die uns eine unbewußte Selbstdarstellung der qualvollen Jugend des Autors liefern. Der Analytiker sollte stets bedenken, daß viele Klagen paranoider Patienten berechtigte Klagen sind, weil sie sehr wohl auf die Realität bezogen sind und konkrete Ereignisse des frühen Lebens widerspiegeln können. Als ich den Versuch unternahm, die implizite Bedeutung dieser Produktionen zu verstehen und zu entschlüsseln und ihre kausalen Bezüge zu erforschen suchte, wurde offensichtlich, daß vielleicht an keiner Stelle unserer Literatur die Verknüpfung zwischen Kindheitserfahrungen und später auftretenden psychischen Symptomen so unmittelbar, so klar und einleuchtend festgestellt werden kann – und zwar ungeachtet der *manifesten* Verwirrung und chaotischen Unordnung – wie in den *Denkwürdig-*

keiten.[2] Daher ist es wichtig, Ordnung in das Chaos zu bringen. Freud hatte schon erkannt, daß Gott in Schrebers Schriften den Vater repräsentiert. Ich füge hinzu, daß die eigenartige Teilung der überragenden Figur Gottes in „oberer Gott" und „niederer Gott" mit „vorderen" und „hinteren Gotteshöfen" sich wahrscheinlich auf die kranke Mutter des Patienten bezieht. Kein Zweifel, des Vaters „Sonne" (ein väterliches Symbol von herausragender Bedeutung in der Autobiographie des Sohnes) und sein Einfluß auf Schrebers frühe Erziehung überstrahlt bei weitem die Rolle der Mutter. In früheren Studien zur Schizophrenie betonte Freud, daß die Sprache psychotischer Patienten oft den Charakter einer „Organsprache" annimmt: die buchstäbliche Verwandlung von Wörtern in körperliches Erleben.

Wir wissen heute, daß der Einfluß von Schrebers charismatischem Vater weit über die eigene Familie hinausreichte. Die Schrebervereine breiteten sich in vielen Gegenden West- und Zentraleuropas aus. Die Lehren und Einflüsse des älteren Schreber waren weder auf die europäischen Länder noch auf seine Zeit begrenzt. Die Anwendung seiner Methoden und orthopädischen Erfindungen, von denen die meisten körperertüchtigenden Erfahrungen dienen sollten, machte weit über das Ursprungsland Deutschland hinaus Schule. Consuelo Vanderbilt (1952), bekanntes Mitglied der amerikanischen „Aristokratie", berichtet in ihrer Autobiographie über ihre Kindheit: „Geradesitzen war eines der entscheidenden Proben damenhaften Verhaltens. Ein fürchterliches Instrument wurde erfunden, das ich während meiner Hausaufgaben zu tragen hatte. Es war ein Stahlstab, der an meiner Wirbelsäule entlanggeführt und an der Taille und über meinen Schultern festgezurrt wurde – ein anderes Band führte um meinen Kopf an diesen Stab. Wenn ich las, mußte ich mein Buch hochhalten, und es war beinahe unmöglich, in so unbequemer Haltung zu schreiben ..." Ihre Beschreibung des „fürchterlichen Instruments" deckt sich so vollständig mit der Darstellung von Schrebers „Geradehalter", daß offensichtlich ist, daß der Apparat, den zu benutzen sie gezwungen wurde, Schrebers orthopädischer Erfindung nachgebaut worden war.

Ebenso verbreitet und einflußreich waren die Anweisungen und Erfindungen von Schrebers Vater zur Verhinderung der Masturbation. Wie systematisch in dieser Antimasturbationskampagne „Verbesserungen" betrieben wurden, zeigt sich u. a. daran, daß um die

Jahrhundertwende weitere Erfindungen, die dazu dienen sollten, Kinder vom Masturbieren abzuhalten, von der Behörde des staatlichen Patentamtes in Washington D.C. patentiert wurden.[3] Diese technischen Neuheiten sollten während des Schlafes im Genitalbereich angebracht werden. Eine davon bestand aus scharfen Dornen, die, sobald eine Erektion auftrat, in den Penis drangen; gleichzeitig wurde eine Alarmglocke, die mit der Vorrichtung verbunden war, betätigt, um Kind und Eltern zu wecken: So groß war die Furcht, daß „gefährliche Verirrungen" (lies Masturbation) – wie Schreber senior sie nannte – zu Siechtum, Blindheit, Perversion, Debilität und Feigheit führen und eine Disposition zu allgemeiner Schwächlichkeit begünstigen würden. Andere Konstruktionen ähnelten Schnürkorsetts, die fast den gesamten kindlichen Körper umschlossen.

Um zu den präödipalen Erfahrungen Schrebers in seinem Elternhaus zurückzukehren, sei an Schreber seniors Beschreibungen des Klistiers als die „subtilste Form des Laxativs" erinnert. Bei weiteren Nachforschungen nach seinen umfangreichen Veröffentlichungen fiel mir ein Buch mit dem Titel *Die Kaltwasser-Heilmethode in ihren Grenzen und ihrem wahren Werthe* (1842) in die Hände; 1842 wurde der spätere Patient, der zweite Sohn des Autors, geboren. Eine weitere Ausgabe erschien 1885.[4] Keines dieser medizinischen Lehrbücher war mir vor meiner Schreber-Arbeit, die erstmals 1974 erschien, zugänglich. Ihre wortreichen Untertitel machen deutlich, daß sie alle wissenschaftlich-praktisch verfügbaren Ergebnisse der therapeutischen Kaltwassermethode enthalten, wie sie von Dr. D. G. M. Schreber angewandt und geprüft worden waren. Ein besonderes Kapitel beschäftigt sich mit dem Gebrauch von „Klistier und ähnlichen Prozeduren". Unter Bezugnahme auf den „wissenschaftlichen" Test ist die Anwendung von Klistieren wohltuend und begrüßenswert und dient einem dreifachen Zweck:

1. Beschleunigung der Defäkation, weil das Wasser als ein „belebender und angenehmer Reiz auf die Membrane des Dickdarms" wirkt.
2. Beruhigende und kühlende Wirkung auf das fiebrig gereizte Kreislaufsystem; aus diesem Grund sollten mehrere Klistiere in schneller Folge angewendet werden, da das Wasser, das zu diesem Zweck benutzt wird, schnell warm wird und dadurch seinen ursprünglich wohltuenden Effekt verlieren kann.

3. Kräftigung der benachbarten Körperregionen wie Blase und Sexualorgane; daher ist die wiederholte Anwendung mit Sicherheit von Vorteil.

Während in diesen beiden Büchern nicht ausdrücklich gesagt wird, daß solche Prozeduren bei Säuglingen oder kleinen Kindern Anwendung finden sollen, wird in einem anderen Buch des Vaters mit dem Titel *Die Eigentümlichkeiten des kindlichen Organismus in gesundem und krankem Zustande* (1852) direkt dafür plädiert, mit Kaltwasseranwendungen im Alter von *3 Monaten* zu beginnen. Unter Berücksichtigung dieser Aussage und des analen Konflikts des Sohnes kann man sicher sein, daß solche Klistiere im Hinblick auf ihre „wissenschaftlich erprobte" Wirkung tatsächlich während der Kindheit des Sohnes angewendet wurden, und zwar insbesondere in Zeiten von Erkältungen, Fieber, gastrointestinalen Störungen usw.

Diese Zitatstellen können vermutlich zwei bisher unzureichend geklärte Aspekte des Schreber-Falles erhellen: die präödipale Fixierungsstelle, die man mit hoher Wahrscheinlichkeit als anale charakterisieren kann, und die Rolle der Mutter während der Kindheit. Auch wenn ich davon absehen möchte, Schrebers Mutter „schizophrene" Eigenschaften zuzuschreiben, glaube ich, daß die offensichtlich häufige Anwendung von Kaltwasserklistieren in der frühen Kindheit nicht ohne ihre Anwesenheit und wahrscheinlich aktive Beteiligung stattgefunden haben kann. Denn die Anwendung von Klistieren bei Kindern erfordert die Beteiligung von zwei Erwachsenen, einer, der das Kind in der gewünschten Position hält, und den anderen, der die Zwangshandlung ausübt. Was Vater Schreber wörtlich als die „subtilste Form des Laxativs" beschreibt, stellt sich bei genauer Prüfung als eine keineswegs feinfühlige, sondern für das Kind verwirrende und schmerzvolle Prozedur heraus. Deren „therapeutische" Effizienz – vom Vater als solche gepriesen – kam in Wirklichkeit einer Traumatisierung gleich. Diese Behandlungen scheinen – neben anderen analsadistischen Aspekten – mit den späteren Wahnideen über das „Steißbeinwunder" und darüber, „den Entleerungs- und Pißdrang ... wieder zurückzuwundern", zusammenzuhängen. An einer Stelle der *Denkwürdigkeiten* bezieht sich der Patient direkt darauf. Bei der Erwähnung des „Engbrüstigkeitswunders" beschreibt er die Beschwerden über die Erbarmungslosigkeit von „Gottesstrahlen, ... die sich wie ein Keil in meine Därme schoben und den Fäulnißgehalt aufsogen ..." (Schreber, 1903, S. 108 f.). Im gleichen Kapitel heißt es: „Später richteten sich die Wunder eine Zeit lang mit Vorliebe gegen den Magen ... Die genossenen Speisen und Getränke ergossen sich dann ohne Weiteres in die Bauchhöhle und die Oberschenkel, ein Vorgang, der, so unglaubwürdig er klingen mag, nach der Deutlichkeit der Empfindung für mich außer Zweifel lag" (ebd., S. 107). In diesem Zusammenhang erwähnt Schreber Essen und Trinken. Es ist äußerst aufschlußreich, daß er fortfährt: „Mir aber konnte die Verbreitung ... in beliebigen Körpertheilen Nichts schaden; weil alle unreinen Stoffe in meinem Körper durch Strahlen wieder aufgesogen wurden" (ebd., S. 107 f.). All diese Aussagen scheinen die Glaubwürdigkeit und die Gewalttätigkeit der direkten Anwendung solcher Prozeduren zu bestätigen und stellen *in toto* eine Reihe infantiler Traumen dar.

Die entscheidende präödipale Fixierungsstelle in der Entwicklung von Schrebers Persönlichkeit scheint mir damit geklärt. Sie ist überwiegend analnarzißtisch, schließt aber orale Anteile ein. Die persekutorische Objektbeziehung und anhaltendes Mißtrauen waren in Schrebers früher Kindheit gegenwärtig und kulminieren später – in Übereinstimmung mit unserem heutigen Wissen – in einer Prädisposition zur paranoiden Erkrankung. Neuere Untersuchungen zur Kindheit haben gezeigt, daß das kognitive und affektive Potential von Kindern höher entwickelt ist, als man früher annahm. Affektives Verhalten seitens der Eltern oder der Mangel daran beeinflußt die Beziehungen des Kindes zu seiner Umgebung und ist praktisch von Geburt an erfahrungsbildend. Meine jüngsten Ergebnisse ergänzen und erweitern nicht nur unser Wissen über Erziehung, sondern auch unsere Konzepte bezüglich dieser Aspekte der Kinderentwicklung im allgemeinen. Es bedarf weiterer Forschung, um unsere Auffassungen über die Schizophrenie – mit Betonung der Bedeutsamkeit traumatischer Kindheitsereignisse – zu erweitern.

Insofern muß leider festgestellt werden, daß Wissenschaftler, die sich mit Lebensläufen beschäftigen, der Schizophrenie weniger Aufmerksamkeit entgegengebracht haben als anderen psychiatrischen Störungen. Obgleich weitgehend Übereinstimmung darin herrscht, daß z. B. die Depression sehr eng mit bestimmten Ereignissen im Leben (Verlusten, Abbrüchen etc.) verknüpft ist, hat man die besondere Natur von Ereignissen, die der schizophrenen Dekompensation vorausgehen, kaum ausreichend erforscht. Freuds Überlegungen zu den *Denkwürdigkeiten* gehen – so einleuchtend und überzeugend sie im Lichte des analytischen Wissens seiner Zeit auch waren – nicht über eine Interpretation der Schilderungen des Patienten hinaus. Was ich während der Arbeit am Schreber-Fall gelernt habe, hat mich zu der Auffassung gebracht, daß Äußerungen wie jene, die in den *Denkwürdigkeiten* vorkommen, großen kommunikativen Wert besitzen und vielleicht sogar der Schlüssel sein können, einige der komplexen Zusammenhänge des psychotischen Prozesses zu erschließen.

Wie Cicero es vor 2000 Jahren formulierte: „Die Gründe von Ereignissen sind stets interessanter als die Ereignisse selbst." Als Psychoanalytiker, Therapeut und Forscher möchte ich diese klugen Worte ergänzen: Die Ursachen psychischer Störungen zu erforschen ist – wenn auch leidvoll – nicht nur an sich interessant; es ist vor allem hilfreich für den Patienten, seine Familie und sein weiteres Schicksal.

Ich möchte festhalten, daß ich nach wie vor mit Freuds grundsätzlicher Anschauung übereinstimme: Wogegen Schreber ankämpfte, ist die feminine Einstellung gegenüber seinem Vater – ein Kampf, der sich durch die pathologische Vater-Mutter-Gott-Sohn-Beziehung verstärkte. Freud untersuchte jedoch nicht die traumatischen Kindheitserfahrungen des Patienten; sie blieben ihm verborgen. Ebenso wußte Freud wahrscheinlich nichts vom Suizid des Bruders, der sich ereignete, als Schreber ein erwachsener Mann war – die emotionale Wirkung dieses Selbstmords auf Schreber muß auch bedacht werden. Obwohl gegenwärtig der Stellenwert der meisten Hinweise klar zu sein scheint, sind bei weitem nicht alle Probleme, die sich mit Schrebers Pathologie – wie in der Autobiographie mitgeteilt – zu tun haben, gelöst. Es bleiben vor allem etliche historische Aspekte zu untersuchen – aber all dies würde aufwendige Dokumentation und Interpretation erfordern.

Schrebers Wahnbildungen über das Jüngste Gericht, Bestandteil seines psychotischen Denkens und einer weltvernichtenden Feindseligkeit, regen dazu an, sein fast hundert Jahre altes Buch als ingeniösen modernen Traktat zu lesen, der uns gegenwärtige Gefährdungen überraschend aktuell vor Augen führt – Gefährdungen, die nicht im Wahn bestehen, sondern in der Möglichkeit des nuklearen Holocaust.

Ich möchte, wenn ich am Ende zur analytischen Bedeutung des Schreber-Falles zurückkehre, der Hoffnung Ausdruck verleihen, daß meine Forschungen dazu beitragen mögen, der Beziehung zwischen Erfahrungen der frühen Kindheit und später auftretenden seelischen Pathologien intensiver als bisher nachzuspüren.

Übersetzt von Reinhard Hildisch

Anmerkungen

1) „Ich glaube, daß Dr. Niederlands faszinierende Forschungen zu Schrebers Kindheitswelt einen bedeutenden Beitrag zur Psychoanalyse darstellen. Es kommt einem inzwischen unglaublich vor, daß die Schriften von Schrebers Vater von früheren Analytikern nicht zur Kenntnis genommen wurden und daß die Entdeckung des Wahrheitskerns von Schrebers Wahn rund fünfzig Jahre, nachdem Freud seine Arbeit publizierte, unterblieben ist. Dank an Dr. Niederland, alles scheint jetzt so einfach und klar" (Kohut, 1978, S. 305).

2) „Niederlands Untersuchungen enthüllten neues Material, das sowohl ein bleibender Beitrag zur Literatur über die Beziehung zwischen Kindheitserfahrungen und nachfolgenden psychischen Symptomen als auch ein unverzichtbarer Beitrag für das Verstehen des Falles Schreber bleiben wird" (Kanzer und Glenn, 1979, S. 4).

3) Ich danke Dr. Gerhart S. Schwarz, New York, der mir die einschlägigen Illustrationen zugänglich gemacht hat.

4) Ich möchte meinen besonderen Dank Miss Eleonore Screb, Kongreßbibliothek, Washington, D.C., und Frau Hanks, Bibliothek für Medizin, Bethesda, ausdrücken, die mir das einschlägige Material freundlicherweise zugänglich machten.

Bibliographie

Abraham, K. (1909): Traum und Mythus. Eine Studie zur Völkerpsychologie, in: Psychoanalytische Studien, Bd. I, Frankfurt a. M. 1969, S. 261 ff.
Abraham, K. (1914): Über Einschränkungen und Umwandlungen der Schaulust bei den Psychoneurotikern nebst Bemerkungen über analoge Erscheinungen in der Völkerpsychologie, in: Psychoanalytische Studien, Bd. I, a. a. O., S. 324 ff.
Abraham, K. (1917): Über Ejaculatio praecox, in: Psychoanalytische Studien, Bd. I, a. a. O., S. 43 ff.
Altman, L. L. (1959): „West as a Symbol of Death", in: Psa. Quart., 18, S. 236 ff.
Beres, D. (1957): Communication in Psychoanalysis and the Creative Process, in: J. Am. Psa. Assn., 5, S. 408 ff.
Beres, D. (1960): The Psychoanalytic Psychology of Imagination, in: J. Am. Psa. Assn., 8, S. 252 ff.
Blanton, S. (1940): Analytical Study of a Cure of Lourdes, in: Psa. Quart., 9
Bonaparte, M. (1933): Edgar Poe. Eine psychoanalytische Studie, Wien 1934
Bonaparte, M. (1946): The Legend of the Unfathomable Waters, in: Am. Imago, 4
Bush, M. (1969): Psychoanalysis and Scientific Creativity, in: J. Am. Psa. Assn., 17, S. 136 ff.
Canaday, J. (1968): Goya and Horror, in: Horizon, 10, S. 90 ff.
Cassirer Bernfeld, S. (1951): Freud und die Archäologie, in: S. Bernfeld und S. Cassirer Bernfeld, Bausteine der Freud-Biographik, Frankfurt a. M. 1981, S. 237 ff.
Castiglioni, A. (1946): Adventures of the Mind, New York
Cath, S. H. (1965): Some Dynamics of Middle and Later Years. A Study in Depletion and Restitution, in: M. A. Berezin und S. H. Cath (Hg.), Geriatric Psychiatry, New York, S. 21 ff.
Cawthorne, T. (1962): Goya's Illness, in: Proc. Roy. Soc. Med., 55, S. 213 ff.
Chabrun, J. F. (1965): Goya – His Life and Work, New York
Despert, J. L. (1949): Dreams of Children in Preschool Age, in: Psa. Study Child, 2–4

Deutsch, H. (1951): Agoraphobia, in: Psychoanalysis of Neuroses, London
Doerner, M. (1934): The Materials of the Artist and Their Use in Painting, New York
Doolittle, H. (1956): Huldigung an Freud, Frankfurt a. M., Berlin, Wien 1975
Eissler, K. R. (1955): Der sterbende Patient. Zur Psychologie des Todes, Stuttgart 1978
Eissler, K. R. (1958): Notes on Problems of Technique in the Psychoanalysis of Adolescents, in: Psa. Study Child, 13, S. 223 ff.
Eissler, K. R. (1961): Leonardo da Vinci, New York
Eissler, K. R. (1963): Goethe. Eine psychoanalytische Studie, Basel, Frankfurt a. M. 1983–85
Eissler, K. R. (1971 a): Talent and Genius. The Fictitious Case of Tausk contra Freud, Chicago
Eissler, K. R. (1971 b): Discourse on Hamlet and „Hamlet". A Psychoanalytical Inquiry, New York
Erikson, E. H. (1946): Ich-Entwicklung und geschichtlicher Wandel, in: Identität und Lebenszyklus, Frankfurt a. M. 1966, S. 11 ff.
Fenichel, O. (1945): Psychoanalytische Neurosenlehre, Olten, Freiburg 1974–77
Ferenczi, S. (1913): Zur Ontogenese der Symbole, in: Schriften zur Psychoanalyse, Bd. I, Frankfurt a. M. 1970, S. 172 ff.
Ferenczi, S. (1921): Die Symbolik der Brücke, in: Schriften zur Psychoanalyse, Bd. II, Frankfurt a. M. 1972, S. 70 ff.
Ferenczi, S. (1922): Die Brückensymbolik und die Don-Juan-Legende, in: Schriften zur Psychoanalyse, Bd. II, a. a. O., S. 116 ff.
Ferenczi, S. (1924): Versuch einer Genitaltheorie, in: Schriften zur Psychoanalyse, Bd. II, a. a. O., S. 317 ff.
Frazer, J. G. (1890): Der goldene Zweig. Eine Studie über Magie und Religion, Köln, Berlin 1968
Freud, S. (1898): Zum psychischen Mechanismus der Vergeßlichkeit, G. W. I, S. 517 ff.
Freud, S. (1900): Die Traumdeutung, G. W. II/III
Freud, S. (1901): Zur Psychopathologie des Alltagslebens, G. W. IV.
Freud, S. (1907): Der Wahn und die Träume in W. Jensens „Gradiva", G. W. VII. S. 29 ff.
Freud, S. (1908): Über infantile Sexualtheorien, G. W. VII, S. 169 ff.

Freud, S. (1909): Analyse der Phobie eines fünfjährigen Knaben, G. W. VII, S. 241 ff.
Freud, S. (1910–12): Beiträge zur Psychologie des Liebeslebens, G. W. VIII, S. 65 ff.
Freud, S. (1911): Psychoanalytische Bemerkungen über einen autobiographisch beschriebenen Fall von Paranoia (Dementia Paranoides), G. W. VIII, S. 239 ff.
Freud, S. (1913): Totem und Tabu, G. W. IX
Freud, S. (1914): Zur Einführung des Narzißmus, G. W. X, S. 137 ff.
Freud, S. (1916/17): Vorlesungen zur Einführung in die Psychoanalyse, G. W. XI
Freud, S. (1917): Eine Kindheitserinnerung aus „Dichtung und Wahrheit", G. W. XII, S. 13 ff.
Freud, S. (1923): Das Ich und das Es, G. W. XIII, S. 235 ff.
Freud, S. (1925): Selbstdarstellung, London 1946
Freud, S. (1926): An Romain Rolland, G. W. XIV, S. 553
Freud, S. (1927): Die Zukunft einer Illusion, G. W. XIV, S. 323 ff.
Freud, S. (1928): Dostojewski und die Vatertötung, G. W. XIV, S. 397 ff.
Freud, S. (1930 a): Das Unbehagen in der Kultur, G. W. XIV, S. 419 ff.
Freud, S. (1930 b): Goethe-Preis, G. W. XIV, S. 543 ff.
Freud, S. (1936): Brief an Romain Rolland, G. W. XVI, S. 250 ff.
Freud, S. (1986): Briefe an Wilhelm Fließ 1887–1904, hrsg. von J. M. Masson, Frankfurt a. M.
Freud, S., und Arnold Zweig (1968): Briefwechsel, hrsg. von E. L. Freud, Frankfurt a. M.
Frey, A. (1900): Conrad Ferdinand Meyer. Sein Leben und seine Werke, Stuttgart
Friedman, P. (1951): The Nose. Some Psychological Reflections, in: Am. Imago, 8, S. 337 ff.
Friedman, P. (1952): The Bridge: A Study in Symbolism, in: Psa. Quart., 21, S. 49 ff.
Gautier, T. (1843): Tra los montes – voyage en Espagne, Paris
Glenn, J. (1974): Twins in Disguise. A Psychoanalytical Essay on Sleuth and the Royal Hunt of the Sun, in: Psa. Quart., 43, S. 288 ff.
Greenacre, P. (1955): The Biological Economy of Birth, in: Psa. Study Child, 10

Greenacre, P. (1957): The Childhood of the Artist, in: Psa. Study Child, 12, S. 47 ff.
Greenacre, P. (1958): The Family Romance of the Artist, in: Psa. Study Child, 13, S. 9 ff.
Grinstein, A. (1968): On Sigmund Freud's Dreams, Detroit
Herrmann, P. (1954): Conquest by Man, New York
Hoffer, W. (1949): Mund, Hand und Ich-Integration, in: Psyche, 18, 1964/65, S. 81 ff.
Hoffer, W. (1950): Development of the Body Ego, in: Psa. Study Child, 5, S. 18 ff.
Hug-Hellmuth, H. (1919): Tagebuch eines halbwüchsigen Mädchens, Frankfurt a. M. 1987
Irving, W. (1828): The Life and Voyages of Christopher Columbus, New York
Jackel, M. (1966): Interruptions in Analysis and the Wish for a Child, in: J. Am. Psa. Assn., 14
Jacobson, E. (1959): The Exceptions – An Elaboration on Freud's Character Study, in: Psa. Study Child, 14, S. 135 ff.
Jaspers, K. (1913): Allgemeine Psychopathologie, Berlin 1959
Jones, E. (1911): Das Problem des „Gemeinsamen Sterbens", namentlich mit Bezug auf den Selbstmord Heinrich von Kleists, in: Zentralblatt für Psychoanalyse und Psychotherapie, 1, S. 563 ff.
Jones, E. (1912): Die Bedeutung des Salzes in Sitte und Brauch der Völker, in: Imago, 1, S. 361 ff., S. 454 ff.
Jones, E. (1916): Die Theorie der Symbolik, in: Die Theorie der Symbolik und andere Aufsätze, Frankfurt a. M. 1987, S. 50 ff.
Jones, E. (1951): Essays in Applied Psycho-Analysis, Bd. 1, London
Jones, E. (1953–57): Das Leben und Werk von Sigmund Freud, 3 Bde., Bern, Stuttgart, Wien, 1960–62
Kanzer, M., und J. Glenn (Hg.) (1979): Freud and his Self-Analysis, Bd. 1, New York
Katan, M. (1950): Schreber's Halluzinations about the „Little Men", in: Int. J. Psa., 31, S. 32 ff.
Kirsch, R., und W. S. Murphy (1967): West of the West, New York
Kohut, H. (1966): Formen und Umformungen des Narzißmus, in: Die Zukunft der Psychoanalyse. Aufsätze zu allgemeinen Themen und zur Psychologie des Selbst, Frankfurt a. M. 1975, S. 140 ff.
Kohut, H. (1978): Research for the Self: Selected Writings of Heinz

Kohut 1950–1978, New York
Kramer, S. N. (1959): History Begins at Sumer, Garden City
Kris, E. (1950 a): Einleitung zu: S. Freud, Aus den Anfängen der Psychoanalyse, London, S. 5 ff.; wiederabgedruckt in: S. Freud, Briefe an Wilhelm Fließ 1887–1904; hrsg. von J. M. Masson, Frankfurt a. M. 1986, S. 540 ff.
Kris, E. (1950 b): On Preconscious Mental Processes, in: Psa. Quart., 19, S. 540 ff.
Kris, E. (1952): Die ästhetische Illusion. Phänomene der Kunst in der Sicht der Psychoanalyse, Frankfurt a. M. 1977
Kubie, L. S. (1953): The Distortions of the Symbolic Process in Neurosis and Psychosis, in: J. Am. Psa. Assn., 1, S. 59 ff.
Kubie, L. S. (1966): Die Wechselwirkungen zwischen schöpferischen und neurotogenen Vorgängen, in: A. Mitscherlich (Hg.), Psycho-Pathographien I: Schriftsteller und Psychoanalyse, Frankfurt a. M. 1972, S. 1 ff.
Langer, S. K. (1942): Philosophie auf neuem Wege. Das Symbol im Denken, im Ritus und in der Kunst, Frankfurt a. M. 1965
Lewin, B. D. (1950): Das Hochgefühl. Zur Psychoanalyse der gehobenen, hypomanischen und manischen Stimmung, Frankfurt a. M. 1982
Lewin, B. D. (1952): Phobic Symptoms and Dream Interpretation, in: Psa. Quart., 21, S. 295 ff.
Lewin, B. D. (1953): Reconsideration of the Dream Screen, in: Psa. Quart. 22, S. 174 ff.
Lewin, B. D. (1958): Dreams and the Uses of Regression, New York
Linn, L. (1955): Some Developmental Aspects of the Body Image, in: Int. J. Psa., 36, S. 36 ff.
Lowenfeld, H. (1941): Psychic Trauma and the Productive Experience in the Artist, in: Psa. Quart., 10, S. 116 ff.
Macalpine, J., und R. Hunter (1955): Daniel Paul Schreber: „Memoirs of my Nervous Illness“, Cambridge
Mass, M. L. (1971): Some Considerations of a Psychoanalytical Interpretation of Music, in: Psa. Quart., 40, S. 303 ff.
Meyer, B. C. (1972): Panel on „Creativity“, in: Int. J. Psa., 53, S. 21 ff.
Meyer, B. C. (1975): Persönliche Mitteilung
Meyer, C. F. (1885): Die Richterin, in: Sämtliche Werke in zwei Bänden, München 1968

Meyer, E. (1969): Heinrich Schliemann, Kaufmann und Forscher, Göttingen

Müller-Braunschweig, H. (1974): Psychopathologie und Kreativität, in: Psyche, 28, S. 600 ff.

Muensterberger, W. (1961): The Creative Process, in: Psa. Study Soc., Bd. 2, New York 1962

Nabokov, V. (1960): Sprich, Erinnerung, sprich. Wiedersehen mit einer Autobiographie, München 1984

Niederland, W. G. (1929): Der gerichtlich-medizinische Sperma-Nachweis, in: Medizin. Welt, 50

Niederland, W. G. (1931): Encephalopathia Saturnina, Bonn

Niederland, W. G. (1954): Jacob's Dream, in: J. Hillside Hospital, 3

Niederland, W. G. (1956): Clinical Observations on the „Little Man" Phenomenon, in: Psa. Study Child, 11, S. 381 ff.

Niederland, W. G. (1956/57): Flußsymbolik, in: Psa. Quart., 25, S. 469 ff., und in: Psa. Quart., 26, S. 50 ff. (in diesem Band, S. 13 ff.)

Niederland, W. G. (1957): The Earliest Dreams of a Young Child, in: Psa. Study Child, 12, S. 190 ff.

Niederland, W. G. (1960): Die erste Anwendung der Psychoanalyse auf ein literarisches Werk, in: Psa. Quart., 29, S. 228 ff. (in diesem Band, S. 79 ff.)

Niederland, W. G. (1964 a): Einige ontogenetische Determinanten im Prozeß der Symbolbildung, in: Psa. Study Soc., Bd. 3, S. 98 ff., New York (in diesem Band, S. 95 ff.)

Niederland, W. G. (1964 b): Freud and Jones, in: J. Am. Psa. Assn., 12, S. 223 ff.

Niederland, W. G. (1965 a): Narcissistic Ego Impairment in Patients with Early Physical Malformation, in: Psa. Study Child, 20, S. 518 ff.

Niederland, W. G. (1965 b): Analytische Studie über das Leben und Werk Heinrich Schliemanns, in: A. Mitscherlich (Hg.), Psychopathographien I: Schriftsteller und Psychoanalyse, Frankfurt a. M. 1972, S. 90 ff.

Niederland, W. G. (1967 a): Das Schöpferische im Lebenswerk Heinrich Schliemanns, in: Provokation und Toleranz. Festschrift für Alexander Mitscherlich zum siebzigsten Geburtstag, Frankfurt a. M. 1978, S. 450 ff. (in diesem Band, S. 63 ff.)

Niederland, W. G. (1967 b): Klinische Aspekte der Kreativität, in:

Psyche, 23, 1969, S. 900 ff. (in diesem Band, S. 109 ff.)
Niederland, W. G. (1968/69): Conrad Ferdinand Meyer. Eine tiefenpsychologische Studie, in: Carolinum. Historisch-literarische Zeitschrift, 34, S. 28 ff.
Niederland, W. G. (1971 a): Freud's Literary Stile. Some Observations, in: Am. Imago, 28, S. 17 ff.
Niederland, W. G. (1971 b): The Naming of America, in: M. Kanzer (Hg.), The Unconscious Today, New York
Niederland, W. G. (1972): Goyas Krankheit – eine Blei-Enzephalopathie?, in: N.Y. State J. Med., 72, S. 413 ff. (in diesem Band, S. 175 ff.)
Niederland, W. G. (1973): Psychoanalytical Concepts of Creativity and Aging, in: J. Ger. Psychiat., 6, S. 160 ff.
Niederland, W. G. (1974): Der Fall Schreber. Das psychoanalytische Profil einer paranoiden Persönlichkeit, Frankfurt a. M. 1978
Niederland, W. G. (1975): Die Narbe – ein Fall von angeborener Gesichtsentstellung, in: Psyche, 31, 1977, S. 263 ff. (in diesem Band, S. 189 ff.)
Niederland, W. G. (1976): Psychoanalytische Überlegungen zur künstlerischen Kreativität, in: Psyche, 32, 1978, S. 329 ff. (in diesem Band, S. 141 ff.)
Onians, R. (1951): The Origins of European Thought, Cambridge
Philippson, L. (Hg.) (1858): Die Israelitische Bibel, Leipzig
Pickford, R. W. (1967): Studies in Psychotic Art, Springfield, Ill.
Poe, E. A. (1846): Die Methode der Komposition, in: Werke, Bd. 4, Olten 1973, S. 531 ff.
Pollock, G. H. (1975): On Mourning, Immortality, and Utopia, in: J. Am. Psa. Assn., 23, S. 334 ff.
Ramazzini, B. (1713): Deseases of Workers, New York 1964
Rickman, J. (1940): On the Nature of Ugliness and the Creative Impulse, in: Int. J. Psa., 21, S. 294 ff.
Róheim, G. (1932): Animism and Religion, in: Psa. Quart., 1
Róheim, G. (1946): Charon and the Obolus, in: Psa. Quart., Suppl. 20
Róheim, G. (1952): The Gates of the Dream. New York
Rose, G. (1973): On the Shores of the Self. Irredentism and the Creative Impulse, in: Psa. Rev., 60, S. 587 ff.
Rosenfeld, E. M. (1956): Dream and Vision. Some Remarks on Freud's Egyptian Bird Dream, in: Int. J. Psa., 37, S. 97 ff.

Roske, J. R. (1968): Everyman's Eden. A History of California, New York
Rothenberg, A. (1969): The Iceman Changeth, in: J. Am. Psa. Assn., 17, S. 549 ff.
Rothenberg, A. (1971): The Process of Janusian Thinking in Creativity, in: Arch. Ger. Psychiat., 24, S. 195 ff.
Rubinfine, D. (1961): Perception, Reality Testing, and Symbolism, in: Psa. Study Child, 16, S. 73 ff.
Rycroft, C. (1956). The Nature of the Analyst's Communication to the Patient, in: Int. J. Psa., 37, S. 1 ff.
Sachs, H. (1945): Freud, Meister und Freund, Frankfurt a. M., Berlin, Wien 1982
Sadger, I. (1908): Conrad Ferdinand Meyer. Eine pathographisch-psychologische Studie, in: L. Löwenfeld (Hg.), Grenzfragen des Nerven- und Seelenlebens, Wiesbaden
Schliemann, H. (1878): Mykenae, Leipzig
Schliemann, H. (1881 a): Ilios. Stadt und Land der Trojaner, Leipzig
Schliemann, H. (1881 b): Reise in der Troas im Mai 1881, Leipzig
Schliemann, H. (1892): Selbstbiographie, Leipzig
Schmid, F. (1941): The Technique of Goya, in: D. C. Rich (Hg.), The Art of Goya, Chicago
Schönau, W. (1968): Sigmund Freuds Prosa, Stuttgart
Schreber, D. P. (1903): Denkwürdigkeiten eines Nervenkranken, Wiesbaden 1973
Schuchhardt, C. (1891): Schliemanns Ausgrabungen, Leipzig
Schur, M. (1972): Sigmund Freud. Leben und Sterben, Frankfurt a. M. 1973
Shapiro, S. L. (1966): The Fateful Illness of Francisco Goya, in: Eye Ear Nose & Throat Month., 45, S. 89 ff.
Sharpe, E. F. (1937): Dream Analysis, London
Shengold, L. (1979): Freud and Joseph, in: Freud and His Self-Analysis, Bd. 1, New York
Silberer, H. (1912): Zur Symbolbildung, in: Jahrb. für psychoanalytische und psychopathologische Forschungen, 3
Slochower, H. (1972): Introducing Ernst Bloch, in: Judaism, 21, S. 110 ff.
Spence, D. P. (1982). Narrative Truth and Historical Truth, New York
Steinberg, S., und J. Weiss (1954): The Art of Edvard Munch and its

Function in His Mental Life, in: Psa. Quart., 23, S. 409 ff.
Sterba, R. und E. (1956): The Anxieties of Michelangelo Buonarotti, in: Int. J. Psa. 37, S. 325 ff.
Tanquerel de Planches, L. (1839): Traité des Maladies de Plombes ou Saturnin, Paris
Trapier, E. de Gué (1955): Goya – A Study of His Portraits, New York
Vanderbilt-Balsam, C. (1952): The Glitter and the Gold: The World of my Youth, New York
Waelder, R. (1960): Die Grundlagen der Psychoanalyse, Bern, Stuttgart 1963
Wells, H. G. (1895): Die Zeitmaschine, Frankfurt a. M., Berlin 1988
White, T. H. (1954): The Book of Beasts, New York
Wittkower, R. und M. (1963): Born under Saturn, New York
Wolfenstein, M. (1966): Goya's Dining Room, in: Psa. Quart., 35, S. 47 ff.

Quellennachweis

Flußsymbolik. Zuerst erschienen in: Psa. Quart., 25, 1956, S. 469 ff., und Psa. Quart., 26, 1957, S. 50 ff.
Psychoanalytische Bemerkungen zur Geschichte und Bedeutung Kaliforniens. Zuerst erschienen in: Psa. Quart., 40, 1971, S. 485 ff.
Freuds „Déjà-vu" auf der Akropolis. Zuerst erschienen in: Am. Imago, 26, 1969, S. 373 ff.
Die Philippsonsche Bibel und Freuds Faszination für die Archäologie. Zuerst erschienen in: Psyche, 42, 1988, S. 465 ff.
Das Schöpferische im Lebenswerk Heinrich Schliemanns. Zuerst erschienen in: Psychother. Psychosom., 15, 1967, S. 200 ff.
Die erste Anwendung der Psychoanalyse auf ein literarisches Werk. Zuerst erschienen in: Psa. Quart., 29, 1960, S. 228 ff.
Die Geburt von H. G. Wells' „Zeitmaschine". Zuerst erschienen in: Am. Imago, 35, 1978, S. 106 ff.
Einige ontogenetische Determinanten im Prozeß der Symbolbildung. Zuerst erschienen in: Psa. Study Soc., 3, 1964, S. 98 ff.
Klinische Aspekte der Kreativität. Zuerst erschienen in: Am. Imago, 24, 1967, S. 6 ff.

Psychoanalytische Überlegungen zur künstlerischen Kreativität. Zuerst erschienen in: Psa. Quart., 45, 1976, S. 185 ff.

Handikap, Verlust und Kreativität. Erstveröffentlichung

Goyas Krankheit: eine Blei-Enzephalopathie? Zuerst erschienen in: N.Y. State J. Med., 73, 1972

Die Narbe – ein Fall von angeborener Gesichtsentstellung. Zuerst erschienen in: Psa. Quart., 44, 1975, S. 450 ff.

Drei Bemerkungen zum Fall Schreber. Zuerst erschienen in: Psa. Quart., 20, 1951, S. 579 ff.

Weitere Ergebnisse meiner Schreber-Forschung. Zuerst erschienen in: The Schreber Case: Psychoanalytic Profile of a Paranoid Personality, New York 1984